JN216211

ベンダーと
ユーザーのための

ソフトウェア会計実務 Q&A

新日本有限責任監査法人
ソフトウェアセクター 編著

EY
Building a better
working world

清文社

刊行にあたって

　第2次安倍内閣による経済政策、いわゆるアベノミクスの効果もあり、日本企業の業績は総じて改善してきています。しかしながら、ビジネス環境はグローバルな競争等にもさらされ、楽観できる状況とはなっておりません。各企業の生き残りのための戦略が今まで以上に重要になっています。情報通信技術(ICT)が著しく進化している今日、ICTの活用が多くの企業で重要な課題となってきています。ICTは単に販売管理システム等の業務処理、効率化等を図るためのツールではなく、IoT(モノのインターネット)が話題になっているとおり、世の中に存在するモノ(自動車、家電製品、住宅、機械等)がインターネットに接続されることにより、新たなサービス、ビジネスが生み出される等ビジネス戦略に欠かせないものとなってきています。そのため、既存のビジネスにICTをどのように活用するかが事業戦略の一つの要素となってきています。

　本書はICTに欠かせないソフトウェアを取り扱っています。ソフトウェアビジネスはICTの技術革新等により、ビジネスモデルが大きく変化してきています。そのような中、ソフトウェアの提供企業及び利用企業はソフトウェアに関する取引を適切に財務諸表に反映するための会計処理等について多くの課題を抱えています。

　新日本有限責任監査法人では、ソフトウェアセクターという組織を設けて、ソフトウェアの提供企業及び利用企業の各団体ならびにソフトウェアの新たな開発手法を研究している団体とも情報交換を行うことでソフトウェアビジネスに関する知見の吸収や新たなビジネスモデルに対する会計処理等の研究等を実施しています。

　本書は単にソフトウェアに関する会計基準の解説を行うものではなく、当

該ソフトウェアセクターの日々の活動成果を盛り込んだものとなっており、実務に従事されている方々が抱えている課題を取り上げるとともに、その課題に対する実務的な対応を意識して執筆しています。

　本書がソフトウェアの提供企業、利用企業が直面している実務の課題に対する一助となれば幸いです。

平成 28 年 4 月

新日本有限責任監査法人

ソフトウェアセクター

執筆者一同

はしがき

　本書は平成 21 年 7 月に出版された『Q＆A ソフトウェア業の会計実務 ―工事進行基準対応―』の増補改訂版です。前書は「工事契約に関する会計基準」や内部統制報告制度 (J―SOX) の適用が始まった時期にソフトウェアの提供企業に対し、それらへの実務対応に資することを主な目的に刊行いたしました。それから 6 年を超える時間が経過しました。その間に IFRS に基づいた財務諸表の開示が認められ、ソフトウェアの提供企業や利用企業で IFRS を適用している企業が増えてきています。

　また、クラウドサービスが一般化してくる等、従来の請負契約に基づくソフトウェア開発ビジネスやパッケージソフトウェアの販売ビジネスから、ソフトウェアを含めた業務提供ビジネスへとソフトウェアを取り巻くビジネス自体も大きく変化してきています。

　さらに、残念なことですが、ソフトウェアを含む情報機器を利用した会計不正も相変わらず発生しています。これらの状況を踏まえ、本書の執筆に当たっては、以下のように大幅に増補改訂を行いました。

- ●ソフトウェアに関する IFRS の取扱いを一つの章を設けて解説する。
- ●ソフトウェアの提供企業のみを対象とするのではなく、利用企業の立場でのソフトウェアの会計処理を解説する。
- ●クラウドサービスやアジャイル開発といったソフトウェアビジネスの変化に対応した解説を行う。
- ●ソフトウェアビジネスの提供企業の会計不正事例を解説することで内部統制の留意事項を解説する。

本書がソフトウェアの会計処理の精度向上や内部統制制度の向上の一助になれば幸いです。また、ソフトウェアを含む情報機器を利用した会計不正を防ぐヒントとなれば執筆者一同、望外の喜びです。

　なお、本書における意見は執筆者の私見であることを申し添えます。最後に本書の執筆にあたり、清文社鶴崎敦氏、大久保彩音氏に大変ご尽力いただきました。この場をお借りして関係の皆様に厚くお礼申し上げます。

平成 28 年 4 月

ソフトウェアセクター
出版プロジェクト担当　**林 一樹**

CONTENTS

第3章
ベンダーの会計処理
（市場販売目的のソフトウェア）

第4章
ベンダーの会計処理
（ソフトウェアの収益認識）

第5章
ユーザーの会計処理
（自社利用のソフトウェア）

第**6**章

ソフトウェア業界の会計不正事例

第7章
ソフトウェア業の内部統制

第8章 ソフトウェア業の開示

[凡例]

本書では、適宜、会計基準等を以下のように略しています。

略　称	名　称
研究開発費等会計基準	「研究開発費等に係る会計基準」 (企業会計審議会)
研究開発費等会計基準(注)	「研究開発費等に係る会計基準注解」 (企業会計審議会)
研究開発費等会計基準意見書	「研究開発費等に係る会計基準の設定に関する意見書」 (企業会計審議会)
ソフトウェア実務指針	「研究開発費及びソフトウェアの会計処理に関する 実務指針」 (日本公認会計士協会　会計制度委員会報告第 12 号)
ソフトウェア実務指針 Q&A	「研究開発費及びソフトウェアの会計処理に関する Q&A」 (日本公認会計士協会　会計制度委員会)
ソフトウェア収益実務対応報告	「ソフトウェア取引の収益の会計処理に関する実務 上の取扱い」 (企業会計基準委員会　実務対応報告第 17 号)
工事契約会計基準	「工事契約に関する会計基準」 (企業会計基準委員会　企業会計基準第 15 号)
工事契約会計基準適用指針	「工事契約に関する会計基準の適用指針」 (企業会計基準委員会　企業会計基準適用指針第 18 号)
固定資産減損会計基準	「固定資産の減損に係る会計基準」 (企業会計審議会)
固定資産減損会計基準適用指針	「固定資産の減損に係る会計基準の適用指針」 (企業会計基準委員会　企業会計基準適用指針第 6 号)

略　　称	名　　称
法法	法人税法
法令	法人税法施行令
法規	法人税法施行規則
法基通	法人税基本通達
財務諸表等規則	財務諸表等の用語、様式及び作成方法に関する規則

第 1 章

序 論

1 ソフトウェア業界の特徴と財務・会計上の課題

Q 1-1 ソフトウェア業界における財務・会計上の課題

ソフトウェア業界における財務・会計上の課題にはどのようなものがあるか、業界の取引慣行を踏まえて教えてください。

経済産業省が公表した、「情報サービスにおける財務・会計上の諸問題と対応のあり方について」では、ソフトウェアの「無形」という特質、及びソフトウェア取引における仕様の「変化」という特質に鑑み、財務・会計上の4つの課題と10の検討事象が掲げられています。

財務・会計上の4つの課題	10の検討事象
① 取引や資産の実在性と評価	① 架空売上の発覚 ② 発注内容が固まらない段階での制作作業の開始 ③ ソフトウェアを巡る新たな取引の発生
② リスク管理と評価	④ 受託制作に伴う赤字案件の発生 ⑤ アフターコストと収益との期間未対応
③ 収益認識	⑥ 不適切な「検収」による売上の早期計上、ユーザーとのトラブル ⑦ 不適切な契約の分割 ⑧ 複数要素取引における売上高の計上
④ 複合的事象	⑨ 売上高の総額表示、純額表示 ⑩ 「進行基準」による収益認識

❶ 取引や資産の実在性と評価

ソフトウェアが「無形」であることから、取引の実在性を客観的に証明することや、恣意的な資産評価を完全に排除することが困難である、という課題です。

この課題を示す事象として、次の例があげられています。

> ① 架空売上の発覚
>
> 架空の取引を迂回させて売上高、利益の水増しを行うという不正取引事例がいくつか発生しました。ソフトウェア取引が書類の上だけで経由しているケースでは、取引の実在性を確かめることが難しいといえます。

ソフトウェア業界における取引慣行の一つに、多段階請負構造があります。

ソフトウェア業界は技術環境が著しく変化し、これまで市場が急激なペースで拡大してきたことから、慢性的な人手不足が生じているといわれています。加えて、需要の増減に応じて柔軟に雇用調整を行うことは困難であるため、常時多数の人員を雇用することは事実上不可能といえます。このような状況下において、ユーザーから要求される納期や契約金額等に応えるには、ベンダー側の要員だけでは十分に対応できないケースも多々あります。

そのためソフトウェア業界においては、必要に応じてソフトウェア制作の一部又は全部を外注先に委託することが広く行われています。それは一次的な段階に留まらず、外注先がさらに外注先に業務を発注するといった、多段階請負構造が業界として慣行化しているといえます。

こうした多段階請負構造の存在は、ソフトウェアの「無形」という特質とともに、売上高、利益の水増しのための不正取引が行われる背景として、ソフトウェア業界における課題であるといわれています。

ソフトウェア業界では、ソフトウェア制作着手後に詳細な機能仕様を詰めていくケースがあることから、ソフトウェアの制作局面において、ベンダーとユーザーとの間で契約が締結されないまま作業が進むケースが少なくありません。例えば口頭での発注に基づいて制作作業が行われたり、覚書は取り交わされているものの、費用負担等の取り決めがなされていないまま作業が開始されるといったケース等がこれに該当します。

このような場合、制作内容に変更が生じてそれまでの作業が無駄になってしまったり、本契約に至らないまま失注してしまったりする可能性があります。こうしたケースにおいて、作業の進捗に伴って仕掛品が計上されている場合には、会計上、その資産性の有無については慎重に判断することになります。

ソフトウェアについては、「研究開発費等会計基準」に従った会計処理が求められています。しかしながら、資産性の判断等については会計基準を適用する際の解釈や判断が恣意的になりやすいとの指摘がなされています。また、

情報技術等の発展により、会計基準公表時には想定されていなかったクラウドを通してソフトウェアを提供する形態も増加してきており、これは、ソフトウェアそのものを販売(使用許諾等)する伝統的なビジネスモデルとは異なっています。

　このようにソフトウェア業のビジネスモデルが変化してくると、今後も様々な新しい取引形態が発生してくることが予想されます。

❷ リスク管理と評価

　取引の過程において、仕様変更などの取引内容の「変化」が生じますが、その「変化」を想定したリスク管理やリスク評価について、ユーザーとベンダーとの間で具体的な合意形成をすることは容易ではなく、合意してもその内容は不明瞭になってしまう、という課題です。

　具体的な事象としては、次の例があげられています。

> **④　受託制作に伴う赤字案件の発生**
> 　ソフトウェアの受注制作案件について、例えば仕様変更が何度も行われ追加作業が発生しているにも関わらず、契約金額の増額をユーザーに請求できないケースなど、制作途中で採算が悪化し、その結果赤字が発生する場合があります。このように赤字が見込まれる場合には、受注損失引当金の計上が必要になります。

　ソフトウェア業界の取引の特徴の一つに、仕様変更があげられます。

　仕様設計段階から制作段階に移行した後において、ユーザーから追加要求が出されることで、幾度となく仕様そのものが変更され、その結果、追加作業が発生するといったことが、実務上多く見受けられます。これはソフトウェアの要件定義の高度化・複雑化に起因していると考えられます。

またソフトウェアに関して、ユーザー側の要件を明確に定義し、これをベンダーに適切に伝達することは、その性質上容易ではありません。さらに一定規模のソフトウェア制作には、通常相応の期間を要することが多いため、時間の経過とともにユーザーを取り巻く環境変化に応じて、要求している仕様に変化をもたらすこともしばしばあります。

　これらの仕様変更により追加作業が発生した場合、契約金額を超過して費用が生じてしまい、その結果、赤字プロジェクトが発生する可能性があります。

---

⑤　**アフターコストと収益との期間未対応**

　アフターコストは将来発生するものであり、通常販売に起因する費用であることから、収益計上時に売上高と対応させて費用計上する必要がありますが、発生コストが少額として費用計上しないケースが見受けられます。

　検収後にソフトウェアに瑕疵が発見され、そのアフターコストが発生することがあります。この場合、そのアフターコストが多額となる場合は、そもそもソフトウェアが完成していたのかどうかについて疑義が生じます。本来、検収できる状態ではないにも関わらず、形式的に検収書を受領している可能性もあり、ソフトウェアの売上計上の妥当性についての検討が必要になります。

　一方、上記とは異なり、多額ではないものの、売上計上後に必然的に瑕疵担保に係るアフターコストが発生する場合、売上計上の妥当性の問題ではなく、引当金の計上の要否の問題となります。

　すなわち、企業会計原則注解18に従い、瑕疵補修等のアフターコストが発生する可能性が高く、その金額を合理的に見積ることができる場合には、瑕疵担保引当金を計上することが必要となります。

　瑕疵担保引当金を計上する際には、アフターコスト発生の実績を捕捉し、その発生可能性について判断することになります。➡ **Q 2-22** 参照

❸ 収益認識

　ソフトウェアが「無形」であるという特質、及びソフトウェア取引における仕様の「変化」という特質に鑑み、収益認識についてより明確にする必要がある、という課題です。

　この課題を示す事象として、次の例があげられています。

---

⑥　**不適切な「検収」による売上の早期計上、ユーザーとのトラブル**

　契約どおりの要求水準を満たしているかどうかを確認しないまま検収書が発行されることで、売上の早期計上あるいはユーザーとベンダーとのトラブルが発生するケースが見受けられます。

---

⑦　**不適切な契約の分割**

　分割した契約が一つの請負単位を形成していないケースや、一連の契約終了後に一括払いという支払条件になっているケースなど、個々の契約が独立していないと考えられる取引については、分割された契約に係る売上の計上が適切ではないものと考えられます。

---

⑧　**複数要素取引における売上高の計上**

　一つの契約の中に、複数のサービス要素 (要件定義、制作作業、メンテナンス等) が含まれているにもかかわらず、「システム一式」と契約し個々の内訳を明示しないケースにおいては、サービス要素ごとの売上計上額を恣意的に決定する余地があり、売上計上が適切になされない可能性があります。

---

⑥について、形式的な検収書の入手が「検収」の目的となってしまい、契約で要求されている仕様を満たしているかどうかについて、ベンダーとユーザーとの間で確認できていないケースがあります。この場合、ベンダー側において売上の早期計上の可能性があり、また、成果物に係る機能や性能について、ベンダーとユーザー間でトラブルが発生するリスクがあります。

　⑦について、ソフトウェア制作は、フェーズを区切って契約されるケースがありますが、そのフェーズの区切りを成果物と対応させずに、恣意的に契約金額を分割することで利益操作がなされるリスクが存在します。また、各フェーズの対価をまとめて最終フェーズの後に支払うという条件である場合等、各フェーズの独立性が疑われる場合には、各フェーズ毎に売上を計上することが妥当なのかという問題も生じます。

　⑧について、ソフトウェア業界では、契約書での合意内容が不十分なケースが少なくありません。これは仕様変更が頻繁に発生するという特質から、取引開始にあたって、詳細を詰められないという事情があるものと考えられます。

　また、未確定事項の取扱いや合意された事項が変更される場合の取扱いについて、契約書において十分に取り決めていないケースもあります。

　仕様変更や仕様追加といった、制作中における合意事項の変化や、想定していない事象に対して、例えば「本契約書に記載なき事項は、契約当事者は双方誠意を持って協議を行う」という曖昧さを残した一文で対応する、というケースも見受けられます。

　事前の取り決めが十分になされていない場合、検収や契約の分割処理、複合取引の取扱い等、売上計上における重要なポイントとなる部分が曖昧になり、その結果、不適切な売上計上が行われてしまう可能性があります。

❹ 複合的事象

　上記 ❶ ～ ❸ の課題が、複合的に関連した事象です。具体的には次の事象があげられています。

　企業会計基準委員会から「ソフトウェア取引の収益の会計処理に関する実務上の取扱い」(実務対応報告第17号) が公表され、ソフトウェア取引の収益の総額表示に係る会計上の考え方が示されており、対応は図られています。

　複数企業が関与する取引が多く見受けられる中で、在庫リスクや代金回収リスク等を負担せず、また製品やサービスに対する付加価値を付与することなく、手数料相当額を収受する取引については、収益を総額で認識することは適切ではなく、手数料相当額を純額により収益認識することになるものと考えられます。➡ Q4-10 参照

　企業会計基準委員会から、「工事契約に関する会計基準」(企業会計基準第15号) が公表され、一定の要件を満たす受注制作のソフトウェアについて、進行基準を適用することになりました。

2 研究開発費の会計処理

Q 1-2 研究開発費の会計処理及び表示

研究開発費の会計処理及び表示の概要について教えてください。

❶ 研究開発費の会計処理

「研究開発費等会計基準」では、研究・開発について、次のように定義されています。

区　分	定　義
研究	新しい知識の発見を目的とした計画的な調査及び探求。
開発	新しい製品・サービス・生産方法（以下、「製品等」という。）についての計画若しくは設計又は既存の製品等を著しく改良するための計画若しくは設計として、研究の成果その他の知識を具体化すること。

　研究開発費は、資産に計上することなく、すべて発生時の費用として処理する必要があります。

　これは、研究開発費は、発生時に将来の収益を獲得できるか否か不明であり、また、研究開発計画が進行し、将来の収益の獲得期待が高まったとしても、依然としてその獲得が確実とはいえないことから、その支出に資産性が認められないためです。

❷ 研究開発費の表示及び開示

　研究開発費は、将来の収益獲得に貢献するか否かが不確実であり、一般的には収益との直接的な関連性が希薄であるため、通常は、一般管理費の「研究開発費」として損益計算書に記載することとなります(研究開発費の制作原価への算入の可否については、Q1-4参照)。

　また、当期に発生した研究開発費については、一般管理費及び当期製造費用に計上した総額を注記する必要があります。企業が研究開発活動にどの程度の支出を行ったかについての情報は、投資者にとって企業の将来性等を判断する上での重要な指標であり、また、研究開発の規模について、企業間の比較等を行う上でも有用な情報となるためです。

会計処理	開　　示
通常、発生時に一般管理費として費用処理(一定の場合、当期製造費用として処理)。	一般管理費及び当期製造費用に計上した総額を注記。

関連規定
研究開発費等会計基準意見書三2、四1、四2
研究開発費等会計基準一1、三
研究開発費等会計基準(注)(注2)、(注6)
ソフトウェア実務指針3、4
ソフトウェア実務指針Q&A Q1

Q 1-3　研究開発費の範囲

研究開発費には具体的にどのような支出が含まれますか。

① 研究・開発の範囲

　　研究・開発の範囲については、活動の内容が実質的に研究・開発活動であるか否かにより判断されます。

　その範囲には、新しいソフトウェア製品等の研究開発に係る支出のほか、既存のソフトウェア製品等を著しく改良するための支出を含んでいます。これは、既存のソフトウェア製品等の改良であっても、それが著しい改良である場合は、技術的な実現可能性が不明確であり、研究開発費として取り扱うことが妥当であるためです。逆にいうと、現在制作しているソフトウェア製品や業務を前提とした場合に、著しいと判断できない改良・改善等を行う活動は、ここでいう研究・開発には該当しないこととなります。

　例えば、制作現場で行われる改良研究であっても、それが明確なプロジェクトとして行われている場合には、著しい改良に該当する場合が多いと考えられますが、制作現場で行われる品質管理活動やクレーム処理のための活動は研究開発には含まれないと解されます（「著しい改良」の判断基準については、**Q 3-7** 参照）。

② 研究・開発に含まれるものと含まれないものの具体例

　上記のような考え方に照らすと、研究・開発に含まれるものと含まれないものの具体例としては、以下のようなものがあげられます。

研究・開発に含まれるもの	研究・開発に含まれないもの
① 従来にはない製品、サービスに関する発想を導き出すための調査・探求 ② 新しい知識の調査・探求の結果を受け、製品化又は業務化等を行うための活動 ③ 従来の製品に比較して著しい違いを作り出す制作方法の具体化 ④ 従来とは異なる部品の制作方法の具体化 ⑤ 既存の製品、部品に係る従来とは異なる使用方法の具体化 ⑥ 新製品の試作品の設計・制作及び実験 ⑦ 取得した特許を基にして販売可能な製品を制作するための技術的活動	① 製品を量産化するための試作 ② 品質管理活動や完成品の製品検査に関する活動 ③ 仕損品の手直し、再加工など ④ 製品の品質改良、制作工程における改善活動 ⑤ 既存製品の不具合などの修正に係る設計変更及び仕様変更 ⑥ ユーザーの要望等による設計変更や仕様変更 ⑦ 通常の制作工程の維持活動 ⑧ 特許権や実用新案権の出願等の費用 ⑨ 外国等からの技術導入により製品を制作することに関する活動

 関連規定　研究開発費等会計基準意見書三1
研究開発費等会計基準一1
ソフトウェア実務指針2、26

Q 1-4 研究開発費を制作原価に計上することの可否

研究開発費を制作原価に算入することが認められる場合とは、どのような場合でしょうか。

❶ 制作原価への算入が認められる可能性がある場合

研究開発費は、将来の収益獲得へ貢献するか否かが不明確であるため、通常は、発生時に一般管理費として処理されます。

ただし、制作現場で研究開発活動が行われ、かつ、当該研究開発に要した費用を一括して制作現場で発生する原価に含めて計上しているような場合は、研究開発費を当期制作原価に算入することが認められています。例えば、ソフトウェア制作要員として研究開発部門の担当者が常時制作活動を行っており、制作過程において絶えず新製品に結びつく要素に係る研究開発を行っているような場合には、研究開発費を制作原価に算入することが認められるものと考えます。

❷ 制作原価への算入が認められない場合

研究開発に係る費用を制作原価に算入するにあたっては、研究開発費としての内容を十分に検討してその範囲を明確にすることが必要です。また、たとえ制作現場で発生していても制作原価に含めることが不合理であると認められる研究開発費については、制作原価に算入できないことに留意する必要があります。

例えば、ソフトウェア制作費のうち、研究開発費部分を制作原価として処理した結果、その大部分が期末にソフトウェア仮勘定として資産計上されることとなるような場合には、「研究開発費等会計基準」の趣旨にそぐわない結

果となるため、妥当な会計処理とは認められません。また、研究開発に係る
ソフトウェア制作費を従来の繰延資産(試験研究費、開発費)等として資産計上
することと結果的に変わらなくなってしまうことからも妥当とはいえません。

関連 規定	ソフトウェア実務指針 4 ソフトウェア実務指針 Q&A Q5

3 ソフトウェアの会計と税務の取扱い

Q 1-5　ソフトウェアの定義と分類

企業会計上のソフトウェアの定義と分類はどのようなものでしょうか。

A

❶ ソフトウェアの定義

「ソフトウェア実務指針」では、ソフトウェアとは、「コンピュータを機能させるように指令を組み合わせて表現したプログラム等をいう。」と定義されており、ソフトウェアの範囲は、以下のように定められています。

① コンピュータに一定の仕事を行わせるためのプログラム
② システム仕様書、フローチャート等の関連文書

このように企業会計上のソフトウェアは、「プログラム」だけでなく仕様書、フローチャート等の「文書」も含まれることが特徴です。

なお映像、画像等のコンテンツは、ソフトウェアの処理対象となる電子データである情報の内容であり、ソフトウェアの範囲には含まれません。

❷ ソフトウェアの分類

「研究開発費等会計基準」では、ソフトウェアはその制作目的に応じて、販売目的のソフトウェア及び自社利用のソフトウェアに分類され、販売目的の

ソフトウェアはさらに受注制作のソフトウェア、市場販売目的のソフトウェアに分類されます。

〈ソフトウェアの定義と分類〉

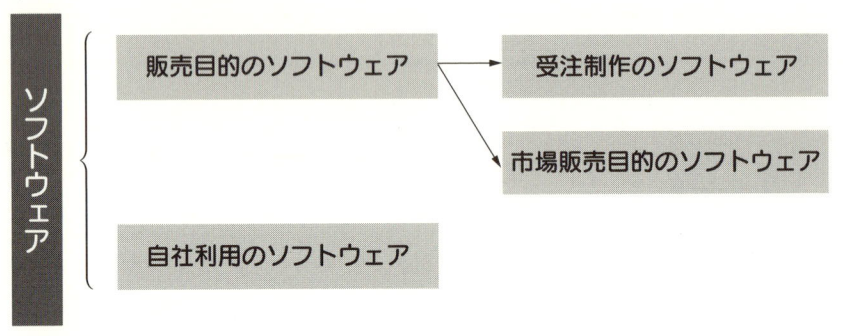

1 販売目的のソフトウェア

① 受注制作のソフトウェア

受注制作のソフトウェアは、特定のユーザーから、特定の仕様で、個別に制作することを受託して制作するソフトウェアを指します。

② 市場販売目的のソフトウェア

市場販売目的のソフトウェアは、ソフトウェア製品マスターを制作し、これを複製して不特定多数のユーザーに販売するパッケージ・ソフトウェア等を指します。

2 自社利用のソフトウェア

自社利用のソフトウェアは、ユーザーへのサービス提供を行ってその対価を得るために用いられるソフトウェアと、社内の業務遂行を効率的に行うなど、社内の管理目的等で利用するためのソフトウェアとに分類されます。

 研究開発費等会計基準ー2
ソフトウェア実務指針6

Q 1-6 ソフトウェアに関する会計ルール

ソフトウェアに関する会計の基準等にはどのようなものがありますか。

 現在公表されている会計基準・実務指針等は以下のとおりです。

会計基準・実務指針等	趣旨・内容
① 「研究開発費等に係る会計基準の設定に関する意見書」及び「研究開発費等に係る会計基準」「同注解」（企業会計審議会）	研究開発費やソフトウェアの会計処理についての基本的事項が定められています。
② 「研究開発費及びソフトウェアの会計処理に関する実務指針（会計制度委員会報告第 12 号）」及び「研究開発費及びソフトウェアの会計処理に関する Q&A」	上記①「研究開発費等会計基準」の公表を受け、研究開発費及びソフトウェアの会計処理等についての具体的な取扱いを明らかにし、実務上の指針が提供されています。
③ 「情報サービス産業における監査上の諸問題について」（IT 業界における特殊な取引検討プロジェクトチーム報告）	情報サービス産業については、取引の複雑性、透明性の欠如等が指摘されていた中で、架空取引による粉飾決算の事例が複数発生したことから、ソフトウェア業における会計環境の特質を踏まえ、監査上の留意事項及び収益の認識等に係る会計基準の明確化が提言されています。

会計基準・実務指針等	趣旨・内容
④ 「ソフトウェア取引の収益の会計処理に関する実務上の取扱い」（企業会計基準委員会　実務対応報告第 17 号）	ソフトウェア業において、架空取引などの不適切な会計処理が指摘されていることを背景に、収益の認識及び測定に関する会計基準の明確化を目的として、次の会計上の論点に関する会計処理の考え方を明らかにし、実務上の留意事項について記載されています。 （会計上の論点） ①ソフトウェア取引の収益認識 ②ソフトウェア取引の複合取引 ③ソフトウェア取引の収益の総額表示
⑤ 「棚卸資産の評価に関する会計基準」（企業会計基準委員会 9 号）	棚卸資産の期末における評価基準及び開示について定めることを目的として公表されており、受注制作のソフトウェアの仕掛品はその対象となります。
⑥ 「工事契約に関する会計基準」（企業会計基準第 15 号）及び「工事契約に関する会計基準の適用指針」（企業会計基準適用指針第 18 号）	受注制作のソフトウェアの内、一定の要件を満たすものについては、工事進行基準を適用することとされています。 その他、受注損失引当金の会計処理等が示されています。
⑦ 「工事進行基準等の適用に関する監査上の取扱い」（監査・保証実務委員会実務指針第 91 号）	「工事契約会計基準」「工事契約会計基準適用指針」を適用して工事進行基準により収益及び原価の認識を行っている企業の財務諸表監査における留意事項について記載されています。

〈ソフトウェアに関する会計ルール〉

研究開発費とソフトウェアの会計処理についての基本的な基準	① 「研究開発費等に係る会計基準の設定に関する意見書」「研究開発費等に係る会計基準」「同注解」の公表 ② 「研究開発費及びソフトウェアの会計処理に関する実務指針」の公表 →①の具体的な取扱いを明らかにし、実務上の指針を提供

 粉飾事例の発生

	③ 「情報サービス産業における監査上の諸問題について」 ④ 「ソフトウェア取引の収益の会計処理に関する実務上の取扱い」の公表
受注制作ソフトウェアの仕掛品の期末評価及び開示の基準	⑤ 「棚卸資産の評価に関する会計基準」の公表 ⑥ 「工事契約に関する会計基準」「工事契約に関する会計基準の適用指針」の公表 ⑦ 「工事進行基準等の適用に関する監査上の取扱い」
受注制作ソフトウェアを含む請負工事に関する収益認識基準の検討事項	

Q 1-7 「工事進行基準等の適用に関する監査上の取扱い」について

平成 27 年 4 月 30 日公表の「工事進行基準等の適用に関する監査上の取扱い」(以下「監査上の取扱い」)とはどのようなものでしょうか。

　　この「監査上の取扱い」は、財務諸表監査に当たって会計士の参考に資するために公表されたものですが、会計士だけでなく、工事進行基準で収益認識をする企業にとっても、内部統制の整備・運用にあたって有用な内容であると考えられます。

① 「監査上の取扱い」の概要

日本公認会計士協会は平成 27 年 4 月 30 日に、監査・保証実務委員会実務指針第 91 号「工事進行基準等の適用に関する監査上の取扱い」を公表しました。これは、「工事契約会計基準」及び「工事契約会計基準適用指針」を適用して工事進行基準により工事収益と工事原価の認識を行っている企業の財務諸表の監査において、留意すべき事項を適用指針として取りまとめたものとされています(平成 27 年 4 月 1 日以後開始事業年度から適用)。

以下のとおり 4 項目から構成されており、会計士がリスク・アプローチに基づく監査を実施する際に、参考となる手続等が整理されています。

> Ⅰ　本実務指針の適用範囲
> Ⅱ　リスク評価手続とこれに関する活動
> Ⅲ　リスク対応手続
> Ⅳ　適用

なお、「監査上の取扱い」の公表に伴い、「建設業における工事進行基準の適用に係る監査上の留意事項」(業種別監査委員会報告第 27 号・公認会計士協会)は

廃止されています。

❷ 企業にとって参考になるポイント

「Ⅱリスク評価手続とこれに関する活動」の「3．内部統制の理解」において
は、統制環境などの全社的な内部統制に触れており（**Q 7-18** 参照）、また以下の
業務プロセスごとに、会計士が内部統制を評価する際のポイントを示してい
ます。

項　目	業務プロセス
①　工事契約に係る認識の単位の決定	工事契約に係る認識の単位の決定に関する業務プロセス
②　工事収益総額の見積り	受注登録（変更を含む）に関する業務プロセス
	成果の確実性の事後的な獲得及び喪失に関する業務プロセス
③　工事原価総額の見積り	実行予算の策定手続及び承認手続に関する業務プロセス
	予算実績管理及び工事原価総額の見積りの見直しに関する業務プロセス
	成果の確実性の事後的な獲得及び喪失に関する業務プロセス
	発注に関する業務プロセス
	適切な工事原価総額の見積りが困難となる可能性のある契約に関する業務プロセス
④　決算日における工事進捗度の見積り	原価比例法の基礎となる発生した工事原価に関する業務プロセス
	人件費に関する業務プロセス
	関連のない他の工事契約に係る認識の単位との間の工事原価の振替及び付替えの防止に関する業務プロセス
	原価比例法を用いた決算日における工事進捗度の算定に関する業務プロセス

項　目	業務プロセス
	原価比例法以外の方法を用いた決算日における工事進捗度の見積りに関する業務プロセス
	工事進行基準の適用の網羅性に関する業務プロセス
⑤　工事損失引当金	工事損失引当金の計上に関する業務プロセス
	工事損失引当金の網羅性に関する業務プロセス
⑥　ITを利用した情報システム	

　これは企業にとって、工事収益・工事原価を計上するにあたっての内部統制のポイントを示しているものとも考えられます。また、当該業務プロセスは、会計上の見積が介在する重要なプロセスでもありますので、今一度、「監査上の取扱い」に基づき再点検することも有用と考えられます。

Q 1-8 ゲーム用ソフトウェアの会計処理

ゲーム用ソフトウェアの会計処理はどのようなものでしょうか。

　　　ゲーム用のソフトウェアの会計処理について、制作側と購入側に区分して説明します。

❶ 制作側の処理

「ソフトウェア実務指針」において、ソフトウェアとコンテンツは別個のものとして取り扱うべきとされていますが、ゲーム用ソフトウェアは、「一般的にソフトウェアとコンテンツが高度に組み合わされて制作されるという特徴を有している」とされており、ソフトウェアとコンテンツとを区分して会計処理することは困難な場合が多いと考えられます。そのように両者が区分できない場合には、その主要な性格がソフトウェアかコンテンツかを判断して、どちらかとみなして会計処理することも認められています。

① ソフトウェアとして会計処理する場合

制作するソフトウェアの特性に応じて、①市場販売目的のソフトウェア、②受注制作のソフトウェアに区分して処理する必要があります。また研究開発費に該当する部分がある場合には、研究開発費として費用処理する必要があります。

> ① **市場販売目的のソフトウェア**
>
> 　研究開発費に該当する部分（製品マスター完成までに要したコスト）を除き、資産計上
>
> ② **受注制作のソフトウェア**
>
> 　請負工事の会計処理に準じて処理（進行基準又は完成基準）

② コンテンツとして処理する場合

　コンテンツとみなされた場合には、その性格に応じて関連する会計処理慣行に準じて処理することになります。

　現状では、コンテンツに係る会計処理に関しては、統一的なルールはなく、その性格に応じて関連する会計処理慣行に準じて処理すべきものと考えられます。

❷ 購入側の処理

　ゲーム用ソフトウェアの売買を行う流通業者であれば、DVD等が包装された有形の商製品を取り扱うことになり、通常の棚卸資産として会計処理を行いますが、ゲーム用ソフトウェアを機器と一体で取得し、有機的一体として利用するような場合には、当該機械等の取得原価に算入し、機械及び装置等の科目を用いて有形固定資産として処理することになります。

　また、ゲーム制作会社からゲーム用ソフトウェアを購入し、オンラインゲーム等に供する場合に、購入したゲーム用ソフトウェアを自社利用ソフトウェア（サービス提供目的）として無形固定資産として処理する方法や、無形固定資産のライセンス料として処理する方法など、実務上様々な方法が採用されているのが現状です。

ホームページの会計処理

ホームページの会計処理について教えてください。

 「研究開発費等会計基準」では、ソフトウェアは、「コンピュータを機能させるように指令を組み合わせて表現したプログラム等」とされていますので、ホームページがこの定義に当てはまるかどうか検討します。

❶ 自社の会社紹介、商品紹介等のみのホームページ

自社の会社紹介、商品紹介等のみを表示するホームページに関しては、「コンピュータを機能させるように指令を組み合わせて表現したプログラム等」には該当しませんので自社利用のソフトウェアには該当せず、広告宣伝費等の一時の費用として会計処理されると考えられます。なお、1年以上使用する場合には、法人税法上の繰延資産に該当しますので、税務申告上調整が必要になる場合があります。

❷ オンラインショッピング機能やゲーム機能などのあるホームページ

オンラインショッピング機能等は「コンピュータを機能させるように指令を組み合わせて表現したプログラム等」と考えられますので、自社利用のソフトウェアに該当します。この場合、将来の収益獲得又は費用削減が確実であると判断される場合には、自社利用のソフトウェアとして資産計上する必要があります。

また、ホームページ上でコンテンツ配信を行う場合、コンテンツ配信機能をもつソフトウェア部分は、「外部へ業務処理等のサービスを提供する」ソフ

トウェアとして自社利用のソフトウェアに該当することになります。

　なお会計上は将来の収益獲得又は費用削減効果が不明な場合は、資産計上することはできませんが、法人税法上は、将来の収益獲得又は費用削減が不明である場合も資産計上が求められる点に留意が必要です。➡ Q 1-11 参照

Q 1-10 取締役がソフトウェア制作を行った場合の会計処理

取締役がソフトウェアの制作作業に携わった場合、当該取締役の報酬は制作費に含める必要がありますか。

❶ 原価計算基準における役員報酬の取扱い

原価計算基準においては、制作費として集計される労務費は以下のように分類されています。

> 労務費とは、労働用役の消費によって生じる原価をいい、概ね次のように細分する。
> ① 賃金(基本給のほか割増賃金を含む)
> ② 給料
> ③ 雑給
> ④ 従業員賞与手当
> ⑤ 退職給付費用(※条文上は、退職給与引当金繰入額)
> ⑥ 福利費(健康保険料負担金等)

ここでいう「賃金」「給料」は、通常、従業員に対するものをいい、役員報酬は含まれません。したがって、原価計算基準の労務費には役員報酬は含まれていないと解されます。

❷ 小規模ソフトウェア会社の特殊性と役員報酬の取扱い

上記 ❶ のような取扱いは、一般的に取締役は会社の経営管理業務に専念し、個別の製品の製造活動に関わることがほとんどないということが前提となっていると考えられます。

しかし、小規模なソフトウェア会社においては、取締役がソフトウェア制

作に従事するケースがしばしば見受けられます。そのような場合に、役員報酬を制作費から除外してしまうと、取締役の関与割合が大きい製品については、制作費が過少に算定されてしまうことになり適切ではありません。また、小規模ソフトウェア会社においては、従業員よりもむしろ取締役の方が高度なソフトウェア制作技術を持っている場合が少なくありません。

したがって、資産計上されるソフトウェアの資産価値を適正に表現し、減価償却の手続を通した適正な期間損益計算を実施するためにも、取締役への報酬のうち、ソフトウェアの制作に対応する部分については、適切に集計した上で、ソフトウェア制作費に含めるべきと考えられます。

関連規定 原価計算基準 8

Q 1-11　ソフトウェアに関する法人税法の取扱いと企業会計との違い

ソフトウェアについての法人税法の取扱いはどのようになっていますか。また企業会計との違いを教えてください。

A

❶ 受注制作のソフトウェア

① 長期大規模工事

法人税法上、以下の3つの要件をすべて満たす工事契約は「長期大規模工事」とされ、工事進行基準が強制適用されます。

受注制作のソフトウェアについても、これらの要件を満たす場合には「長期大規模工事」と認定され、法人税法上、工事進行基準が強制適用となります。

長期大規模工事の用件
①　工事期間（着手から引渡期日までの期間）は1年以上
②　工事の請負対価の額が10億円以上
③　工事契約上、請負対価の額の2分の1以上が引渡の日から1年を経過する日後に支払われることが定められていないこと

② 長期大規模工事以外

長期大規模工事以外の受注制作のソフトウェアに関しては、制作を開始した事業年度から引渡日の属する事業年度まで継続して工事進行基準を適用することを条件に、工事進行基準の任意適用が認められています。

制作開始から引渡しまでのいずれかの事業年度において工事進行基準を適用しなかった場合には、その事業年度の翌事業年度以後は工事進行基準の適用は認められません。

③ 工事進行基準により計上された未収入金

工事進行基準により計上された期末の未収入金の額は、その工事の請負に係る売上債権等の帳簿価額として、貸倒引当金の対象に含めます。

④ 受注損失引当金

受注制作のソフトウェアの請負契約から損失が見込まれる場合であっても、法人税法上は受注損失引当金の損金算入は認められません。したがって、申告調整が必要となります。

⑤ 企業会計と法人税法の取扱いの相違点

①　工事進行基準の適用範囲

企業会計上は、受注制作のソフトウェアの規模の大小に関係なく、「成果の確実性」が認められるものに工事進行基準が適用されます。➡ **Q 2-3** 参照

一方、法人税法上は、「長期大規模工事」に該当する場合は工事進行基準が強制適用されます。「長期大規模工事」以外については、工事着手から引渡しまで継続して工事進行基準を適用することを条件に、工事進行基準の任意適用が認められます。

②　受注損失引当金の計上

企業会計上は、受注制作のソフトウェアの請負契約から損失が見込まれる場合には、当該見込まれる損失について受注損失引当金の計上が必要となります。➡ **Q 2-23** 参照

一方、法人税法上は、受注損失引当金の損金算入は認められません。したがって、企業会計上、受注損失引当金を計上している場合には申告調整が必要となります。

ポイント	企業会計	法人税法
工事進行基準の適用範囲	「成果の確実性」が認められるもの	「長期大規模工事」に該当するもの
受注損失引当金	損失が見込まれる場合には、受注損失引当金を計上しなければならない	損失が見込まれる場合でも、受注損失引当金の計上は認められない

② 市場販売目的のソフトウェア

① 資産計上の範囲

　法人税法上、市場販売目的のソフトウェアの製品マスターの制作費のうち、研究開発費に該当するものは取得原価に算入しないことができるとされています。

　法人税法上、研究開発費の明確な定義はありませんが、通常は企業会計上の研究開発費の範囲に従って処理がなされると考えられることから、資産計上の範囲については企業会計と法人税法との間で大きな差はないものと一般的に考えられています。

② 減価償却費

　法人税法上、市場販売目的のソフトウェアの減価償却方法は、耐用年数が3年の定額法とされています。

③ 資本的支出と収益的支出

　法人税法上、プログラムの機能上の障害の除去、現状の効用の維持等に該当する修正等に要した費用は修繕費に該当し、新たな機能の追加、機能の向上等に該当する修正等に要した費用は資本的支出に該当します。

　また、既に有しているソフトウェア等の仕様を大幅に変更して新たなソフトウェアを制作するための費用は、原則として資本的支出になるものとされています。

4 企業会計と法人税法の取扱いの相違点

① 減価償却費

　法人税法上は、市場販売目的のソフトウェアについて、耐用年数が3年の定額法により減価償却を行う必要があります。

　一方、企業会計は、基本的には、ソフトウェアの総見込販売数量(収益)を見積り、未償却残高のうち、当年度の実績販売数量(収益)と当年度末の見込販売数量(収益)の合計に対する当年度の実績販売数量(収益)の割合分だけ減価償却を実施することとされています。その際、耐用年数は原則として3年以内の年数とすることが求められています。

　したがって、企業会計上の見込販売数量(収益)に基づく減価償却費が法人税法上の償却限度額を超過する場合又は企業会計上3年より短い耐用年数を適用している場合には申告調整が必要となります。

　ただし、法人税法上も、納税地の所轄税務署長の承認を受けた場合には3年の定額法以外の償却方法も認められます。その場合には、見込販売数量(収益)に基づく償却方法が認められる可能性がありますが、その妥当性を立証するために過去における販売実績データ等の十分な根拠資料等を用意しておく必要があります。

② 年度末の未償却残高が翌期以降の見込販売収益を超過している場合

　企業会計上は、当初の販売計画が下方修正されるなどして、資産計上されている製品マスターの未償却残高が将来の見込販売収益を超過してしまうことも起こりえます。このような場合は、資産計上されているソフトウェアの経済価値が毀損している状況と言え、当該超過部分については減損に準じて当期の損失として計上する必要があります。

　一方、法人税法上は当該損失については損金算入することができません。したがって、当該損失については申告調整を行うことが必要となります。

③ 「著しい改良」のための費用

　企業会計上は、製品マスターの改良が「著しい改良」(研究開発の要素を含む大幅な改良)に該当する場合は、当該「著しい改良」のための支出は研究開発費と

して発生時に費用処理されることとなります。

　一方、法人税法上は、このような支出は資本的支出として資産に計上されることになるため、申告調整が必要となります。

❸ 自社利用のソフトウェア

① 取得価額

　法人税法上の取得価額は、購入の場合と自社制作の場合とで、以下のように規定されています。

①　購入の場合

　ソフトウェアの購入の対価、購入のために要した費用及び事業の用に供するために直接要した費用の額の合計額を取得価額とします。

②　自社制作の場合

　ソフトウェアの制作のために要した原材料費、労務費、経費及び事業の用に供するために直接要した費用の額の合計額を取得価額とします。

　また、取得価額は適正な原価計算に基づき算定することになりますが、精緻な原価計算によっていない場合であっても、原価の集計、配賦等に関して、合理的であると認められる方法により継続して計算している場合には法人税法上も認められるものと規定されています。

　また、法人税法上は、その支出が将来の収益獲得又は費用削減効果がないことが明らかな場合を除いて資産計上することが求められています。

② 減価償却費

　法人税法上は、自社利用目的のソフトウェアの減価償却方法は、耐用年数が5年の定額法とされています。

　会計上、見込販売収益または見込販売数量に基づく方法をとっている場合や、5年より短い期間で償却を行っている場合には、原則として申告調整が必要となります。

③ 資本的支出と収益的支出

　法人税法上、資本的支出とされる範囲については、市場販売目的のソフトウェアと同じです。

④ 企業会計と法人税法の取扱いの相違点

①　資産計上の範囲

　法人税法上は、自社利用のソフトウェア制作費については、将来の収益獲得又は費用削減効果がないことが明らかな場合を除いて資産計上することが求められています。

　一方、企業会計上は、当該ソフトウェアを利用することにより、将来の収益獲得又は費用削減が確実であると認められる場合には制作費を資産計上する必要がありますが、将来の収益獲得効果又は費用削減効果が不明な支出と効果がないことが明らかな支出は、発生時の費用として処理されることになります。

　したがって、将来の収益獲得効果又は費用削減効果が不明な支出については、法人税法上は資産計上することが必要とされるのに対し、企業会計上は、発生時の費用として処理することが必要とされるため申告調整が必要となります。

将来の収益獲得又は 費用削減効果	会計上の取扱い	法人税法上 の取扱い
確実であると認められる場合	無形固定資産の部に資産計上	資産計上
不明な場合	費用処理	資産計上
確実であると認められない場合	費用処理	費用処理

②　減価償却費

　法人税法上は、自社利用のソフトウェアについて、耐用年数が5年の定額法により減価償却を行う必要があります。

　一方、企業会計は、基本的には、耐用年数が5年以内の定額法によりま

すが、自社利用のソフトウェアであってもサービス提供に用いるソフトウェアで将来の獲得収益を見積もることのできるものについては、費用・収益の対応の観点から見込販売収益に基づく減価償却を行う方が適切な場合もあると指摘されています。

したがって、企業会計上の見込販売収益に基づく減価償却費が法人税法上の減価償却費を超過する場合又は企業会計上5年より短い耐用年数を適用している場合には申告調整が必要となります。

③ 期末の評価

企業会計上、自社利用のソフトウェアについては、「固定資産減損会計基準」が適用されますので、毎期末に減損の兆候の有無を検討した上で、必要な場合は減損損失を計上することとなります。

ただし、自社利用のソフトウェアが第三者へのサービスの提供を目的としている場合等で、減価償却の方法として、見込販売収益や見込販売数量に基づく方法で償却を行っている場合は、「固定資産減損会計基準」の手続に代えて、市場販売目的のソフトウェアに準じて、未償却残高が翌期以降の見込販売収益を超過している場合に当該超過額を当期の損失として処理する方法を採ることも可能であると考えます。

一方、法人税法上はいずれの損失についても損金算入することができません。したがって、企業会計上これらの損失を計上している場合には申告調整を行うことが必要となります。

 関連規定　法法第2条23号、第64条第1項、同条第2項
法附則第2条、第18条、第19条
法令第13条8号、第48条第1項4号、第48条の2第1項4号、第48条の4、54条第1項、第129条第1項、同条第5項、同条第6項、同条第8項〜第11項、第130条
法規第27条の16の3
法基通7-3-15の2、7-3-15の3(2)、7-8-6の2
減価償却資産の耐用年数等に関する省令(別表三、第8)

産業競争力強化法
生産性向上設備投資促進税制

アベノミクス第三の矢として平成 25 年 6 月に「日本再興戦略」、平成 27 年 6 月に「日本再興戦略改訂 2015」が閣議決定されています。戦略の実行に向け「産業競争力強化法」が平成 25 年 12 月に成立し、設備投資の促進を通じた我が国経済の活性化を図るため「生産性向上設備投資促進税制」が平成 26 年度税制改正大綱で創設されました。

本税制は「先端設備」や「生産ラインやオペレーションの改善に資する設備」を導入する際に、平成 28 年 3 月 31 日までに取得した設備は即時償却と税額控除 5 ％の選択が、平成 28 年 4 月 1 日から平成 29 年 3 月 31 日までに取得した設備は特別償却 50 ％と税額控除 4 ％の選択ができるという税制措置が設けられています。

本税制の対象となる設備にソフトウェアが含まれています。単品 70 万円（単品 30 万円かつ合計 70 万円を含む）以上のソフトウェアで本税制の設備の要件を満たした場合、税務メリットが享受できることになります。

Q 1-12 受注制作ソフトウェアに関する消費税等の取扱い

受注制作のソフトウェアについて、消費税等の取扱いはどうなっていますか。

事業年度末時点において制作途上である受注制作のソフトウェアについて、進行基準が適用されている場合、進行基準の計算手続にしたがって進行基準売上高が計上されます。

会計上、法人税法上ともに進行基準で経理処理されている場合には、消費税等も特定の課税期間において売上計上した金額の部分について、当該課税期間に資産の譲渡等を行ったものとすることができます。

ただし、消費税法では、進行基準で経理処理している場合においても、原則どおり、資産の譲渡等を行った事業年度を基準に申告することも認められています。これは法人税法上、進行基準の適用が強制される場合も同様の取扱いとなります。

関連規定 消費税法第 16 条、第 17 条
消費税法基本通達 9-3-1、9-4-1

COLUMN

IoT (Internet of Things)

IoT (Internet of Things) は、「モノのインターネット」といい、パソコンやプリンター等の情報機器だけでなく、家電、工場の生産設備、自動車等の様々な「モノ」がインターネットにより接続され、情報交換をしながら相互に制御されるような仕組みをいいます。

例えば、家電がインターネットとつながれば、モバイル端末等を使って外出先から自宅の HDD レコーダーやエアコン等の家電を操作することが可能となったり、各家庭から家電の操作状況や稼働状況の情報等を吸い上げて分析することにより、ユーザーの利便性をさらに高める製品やサービスを提供するといったことも可能になります。自動車がインターネットとつながれば、走行データや運航状況、燃費等をモニタリングして燃費を改善するといったことが可能となり、工場の生産設備同士がインターネットを通してつながれば、生産状況や在庫の状況を相互にリアルタイムでやり取りすることによって、その時点における生産プロセスの全体最適を実現するといったことが可能となります。

つまり、「モノ」の状態に関する膨大な情報をリアルタイムで収集し、それを即座にプロセスの最適化や、新しい製品・サービスの提供に活かせるという点が IoT の要点と言えます。

第 2 章

ベンダーの会計処理
（受注制作のソフトウェア）

1 受注制作のソフトウェアの概要

Q 2-1 受注制作のソフトウェアの定義

ソフトウェアは市場販売目的のソフトウェア、自社利用のソフトウェア、受注制作のソフトウェアに区分されますが、受注制作のソフトウェアとは具体的にはどのような取引をいうのでしょうか。

❶ 受注制作のソフトウェア

「ソフトウェア収益実務対応報告」では、受注制作のソフトウェア取引について以下のように定義しています。

- 特定のユーザー向けにソフトウェアを制作し、提供すること。
- 請負契約、準委任契約、システム・エンジニアリング・サービス(SES)契約等に基づくさまざまなソフトウェア関連業務があるが、契約の形式にかかわらず、一定のプログラムを作成することとしている等、ソフトウェアとしての一定の機能を有する成果物が給付の対象となる取引。

❷ ソフトウェアの範囲

ソフトウェアとは、「コンピュータを機能させるように指令を組み合わせて表現したプログラム等」(「研究開発費等会計基準」)をいい、その範囲は以下のとおりです。

◎ソフトウェア(「ソフトウェア収益実務対応報告」)

- ●コンピュータに一定の仕事を行わせるためのプログラム
- ●システム仕様書、フローチャート等の関連文書

　会計上は、システム仕様書等の関連文書もソフトウェアに含まれることとなります。

関連規定 研究開発費等会計基準ー2
ソフトウェア収益実務対応報告1(1)

受注ソフトウェア制作の流れ

受注ソフトウェア制作の流れはどのようになっていますか。

 　経済産業省から公表されている、「情報システムの信頼性向上のための取引慣行・契約に関する研究会　最終報告書」(以下、研究会報告書) では、次のようなソフトウェア制作取引モデルが示されています。

〈受注ソフトウェア制作から保守までの流れ〉

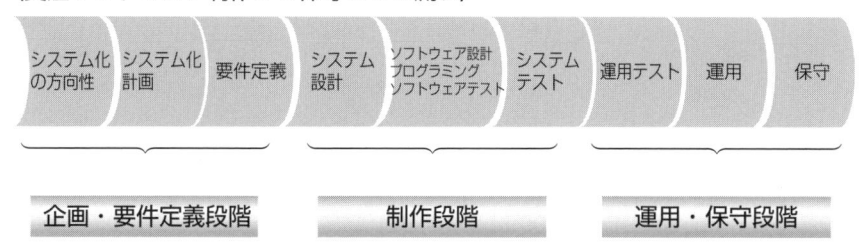

出所：経済産業省「情報システムの信頼性向上のための取引慣行・契約に関する研究会　最終報告書」をもとに作成

　研究会報告書に基づいて、それぞれのフェーズについて説明します。

① 企画・要件定義段階

① システム化の方向性

　ユーザーが事業上の目的、システム化の対象業務、ニーズと課題、予算、事業環境を分析し、システム化の方向性を決定するフェーズをいいます。

2 システム化計画

　システム化の方向性を具体化するために、ユーザーの業務部門が制作体制、予算、制作スケジュール、システム化する事業上の要求等を考慮して、業務範囲や業務分掌、関係者の教育及び訓練計画を定めたシステム化計画書を作成し、要件定義に進むフェーズをいいます。

3 要件定義

　制作段階に進むため、システム化計画を受けて、ユーザーの業務部門が業務上の要求を業務要件に反映し、情報システム部門がシステムに実装すべきシステムの機能要件、非機能要件を定義して要件定義書に取りまとめるフェーズをいいます。

❷ 制作段階

1 システム設計

　企画・要件定義段階の後工程として展開され、ベンダーがユーザーから提出された要件定義書をもとにシステム設計を実施するフェーズをいいます。システム設計には、画面や帳票等のインターフェースを決定するシステム外部設計と、システムの上位レベルでの方式を確立するシステム内部設計とに区分されます。

2 ソフトウェア設計、プログラミング、ソフトウェアテスト

　ソフトウェア設計とは、ベンダーにおいてソフトウェアのコンポーネント、インターフェース、データベースの詳細設計を行うフェーズであり、プログラミングとは、システム内部設計で指定された個々のモジュールを実装するフェーズをいいます。また、ソフトウェアテストとは、ソフトウェア設計の仕様どおりに制作されたかどうかを検証するフェーズをいいます。

③ システムテスト

　システム外部設計の仕様どおりに制作されたかどうかを検証するフェーズをいいます。

❸ 運用・保守段階

① 運用テスト

　擬似的な運用環境等での運用テストの実施と、実運用環境への移行を実施するフェーズをいいます。

② 運用

　業務運用環境で情報システムソフトウェアを稼動して、業務を円滑に遂行するフェーズをいいます。

③ 保守

　情報システムやソフトウェアの現状を、業務及び環境に適合するように維持管理を行うフェーズをいいます。

2 工事契約に関する会計基準

Q 2-3 **「工事契約に関する会計基準」とは**

　ソフトウェアの受注制作を行っている企業に適用される「工事契約会計基準」とはどのようなものなのでしょうか。

❶ 「工事契約に関する会計基準」

　「工事契約会計基準」は、工事契約の、施工者における工事収益及び工事原価の会計処理並びに開示に適用されます。工事契約とは、仕事の完成に対して対価が支払われる請負契約のうち、土木、建築、造船や一定の機械装置の製造等、基本的な仕様や作業内容を顧客の指図に基づいて行うもの、とされていますが、受注制作のソフトウェアについても工事契約に準じてこの基準を適用することが求められています。

❷ 「工事契約会計基準」の内容

　「工事契約会計基準」は、主として、工事契約に関する収益認識基準と工事契約から損失が見込まれる場合の取扱いが定められています。その概要は以下のとおりです。

項　　目	会計処理
(1)　工事契約に係る収益認識基準	成果の確実性あり：工事進行基準 成果の確実性なし：工事完成基準
(2)　工事契約から赤字が見込まれる場合	工事損失引当金を計上

1 工事契約に係る収益認識基準

　「工事契約会計基準」では成果の確実性が認められる場合は工事進行基準、成果の確実性が認められない場合は工事完成基準を適用することとなり、工事契約の収益認識基準は選択適用ではなく、成果の確実性の有無でいずれの収益認識基準を適用するかが判断されます。そして、成果の確実性が認められる場合とは、以下の3要素について、信頼性をもって見積ることができる場合をいいます。

成果の確実性が認められる場合	以下の①〜③を信頼性をもって見積もることができる場合 ①　工事収益総額 ②　工事原価総額 ③　決算日における工事進捗度

2 工事契約から赤字が見込まれる場合の取扱い

　「工事契約会計基準」では、工事損失の発生の可能性が高く、かつ、その金額を合理的に見積もることができる場合には、工事契約の全体から見込まれる工事損失（販売直接経費を含む）から、当該工事契約に関して既に計上された損益の額を控除した残額、すなわち、当該工事契約に関して、今後見込まれる損失の額について、工事損失引当金を計上することが求められています。

　なお、工事損失引当金は工事完成基準、工事進行基準のいずれを採用しているかに関わらず、計上されることには留意が必要です。

 関連規定　工事契約会計基準 1、4、5、9、19、32、62、63

収益認識基準としての進行基準と完成基準について、それぞれの会計処理及び考え方を教えてください。

❶ 収益認識基準

進行基準と完成基準は、請負契約に関する収益認識基準ですが、その違いは以下のとおりです。

収益認識基準	内　　容
(1)　進行基準	収益総額、原価総額、決算日における進捗度を合理的に見積り、これに応じて当期の収益及び原価を計上する方法
(2)　完成基準	作業が完了し、目的物の引渡しを行った時点で収益及び原価を一時に計上する方法

1 進行基準

進行基準は、作業の進捗過程に応じて収益を計上することで企業活動をより適切に描写できるというメリットがあります。一方、完成基準と比べて計上される収益に客観性・確実性が劣るというデメリットがあります。

2 完成基準

これに対して、完成基準は、完成・引渡しを行って検収を受けることによって収益を計上するため、計上される収益の客観性・確実性が高いというメリットがあります。一方、作業期間が長くなると作業途上の収益が計上されず、進行基準に比べて、企業活動を財務諸表に適切に描写できないというデメリットがあります。

両者を比較すると以下のとおりです。

項　　目	進行基準	完成基準
収益計上時期	作業途上において、進捗度に応じて売上計上	完成・引渡時、通常は検収時に契約金額を売上計上
売上計上額の客観性・確実性	契約金額、見積原価、進捗度の判断によって、計上される売上計上額は異なり、完成基準に比べて客観性・確実性は劣る。	検収時に売上計上するため、売上計上額は客観性・確実性が高い。
業績の描写	作業の進捗度に応じて売上計上されるため、業績描写に優れている。	作業途上では売上・売上原価は計上されないため、進行基準に比べて業績描写に劣る。
原価見積り及び見直し	必要	赤字案件になると引当の論点が生じるため必要

　なお、完成基準と進行基準の会計処理の違いは、次頁の設例の表のとおりです。

設例

契約金額 9,000、原価総額 6,000、作業期間 3 年
発生原価：1 年目 2,000、2 年目 3,000、3 年目 1,000

〈表〉

収益認識基準	勘定科目	1 年目	2 年目	3 年目	合　計
進行基準	売上高	3,000	4,500	1,500	9,000
	売上原価	2,000	3,000	1,000	6,000
	売上総利益	1,000	1,500	500	3,000
完成基準	売上高	—	—	9,000	9,000
	売上原価	—	—	6,000	6,000
	売上総利益	—	—	3,000	3,000
	仕掛品	2,000	5,000	—	—

▼進行基準

●1年目の収益

$$\text{契約金額}\,9,000 \times \frac{\text{発生原価}\,2,000}{\text{原価総額}\,6,000} = 3,000$$

●2年目の収益

$$\text{契約金額}\,9,000 \times \frac{\text{発生原価}\,(2,000+3,000)}{\text{原価総額}\,6,000} - 1\text{年目収益計上額}\,3,000$$

$$=4,500$$

●3年目の収益

$$\text{契約金額}\,9,000 - \text{過年度収益計上額}\,(3,000+4,500) = 1,500$$

▼完成基準

●3年目の収益

$$\text{契約金額}\,9,000$$

 関連規定　工事契約会計基準6(3)、6(4)、14、18

Q 2-5 「工事契約会計基準」の適用対象となる業務範囲

ソフトウェアの受注制作を行っている当社の業務は、ユーザーの業務プロセスの分析等のコンサルティング、ERP導入支援、ソフトウェアの保守管理等、多岐にわたっています。これらすべての業務が「工事契約会計基準」の適用範囲となるのでしょうか。

A ❶「工事契約会計基準」の適用範囲

受注制作のソフトウェアとは、特定のユーザー向けにソフトウェアを制作し、提供すること(「ソフトウェア収益実務対応報告」)をいいます。一定のプログラムを作成する等ソフトウェアとしての一定の機能を有する成果物が給付の対象となるような取引であれば、請負契約、準委任契約、SES(システム・エンジニアリング・サービス)契約等契約の形式に関わらず、受注制作のソフトウェア取引となります。

そのため、「工事契約会計基準」の対象となる業務は契約の形式に関わらず「特定のユーザー向け」に「成果物(ソフトウェア)の給付」のある業務ということになります。「成果物(ソフトウェア)」にはコンピュータを機能させるように組み合わせて表現したプログラムに限らず、システム仕様書、フローチャート等の関連文書も含まれます。

❷ 具体的な業務の適用範囲の判断

「成果物の給付」という観点で考えますと、ご質問の業務については、以下のように考えられます。

- ●ユーザーの業務プロセスの分析等のコンサルティング業務については、その後の成果物の給付と一体の業務と認められれば「工事契約会計基準」

の対象となります。

- ●ERP 導入支援は、導入のための労務サービスのみで成果物の給付を伴わない場合は「工事契約会計基準」の対象とはなりません。
- ●ソフトウェアには、プログラムの制作のみならず、システム仕様書・フローチャート等の関連文書も含まれることから、要件定義や基本設計等を成果物とする業務は「工事契約会計基準」の対象となります。
- ●市場販売目的のソフトウェアについて、ユーザー向けにカスタマイズを行う場合がありますが、このカスタマイズ業務についても成果物の給付がある場合は「工事契約会計基準」の対象となります。
- ●もっぱら労務サービスを提供する保守・運用業務については、「工事契約会計基準」の対象にはなりません。

❸ 複合取引の取扱い

受注制作のソフトウェア契約にあたっては、ハードウェアの引渡しが含まれている場合があります。この場合、ハードウェアの引渡しが受注制作のソフトウェア契約の内容の一部として含まれている場合は、一体として受注制作のソフトウェア契約に該当し、「工事契約会計基準」の適用範囲に含まれます。

一方、単にハードウェアの引渡しを目的とする契約に付随してソフトウェアの制作が行われる場合は、「工事契約会計基準」の適用範囲に含まれません。しかしながら、このような判断は容易ではないため、可能な限り、ハードウェアと受注制作のソフトウェアは別途に契約を締結することが望まれます。

❹ 適用対象業務の類型化

以上が「工事契約会計基準」の適用業務範囲の考え方ですが、個々の取引毎に適用業務か否かを判断することは煩雑であり、また恣意性の入る可能性も

あります。そこで実務的な対応としては、自社の取引を類型化し、「工事契約会計基準」の適用範囲に含まれる業務と含まれない業務を整理しておくことが有効と考えます。例えば、「工事契約会計基準」の対象業務となる取引とならない取引を明確にしたマニュアルを作成し、マニュアルに従い、「工事契約会計基準」の適用対象か否かの判断を行うことや、チェックリストを作成し、それに基づき、当該取引が「工事契約会計基準」の適用対象か否かの判断を行うこと等が考えられます。

　なお、類型化した標準的な取引に該当しない新たな取引が発生した場合は、営業部門のみで判断せず、経理部門も含めて、取引内容を十分検討し、「工事契約会計基準」の適用業務か否かを判断することが必要となります。

用語解説	【ERP】

【ERP】
ERP（Enterprise Resource Planning）とは、購買、生産、物流、販売、人事、財務会計等の企業内での業務にかかる情報を統合し一元管理する仕組みで、統合基幹業務システムとも呼ばれます。一般的に ERP の導入により、情報がリアルタイムで更新されることから、業務の効率化及び意思決定の早期化が期待されます。

関連規定	ソフトウェア収益実務対応報告 1(1)② 工事契約会計基準 30、31、44

Q 2-6 受注制作のソフトウェア契約に係る認識の単位について

「工事契約会計基準」では、工事契約に係る認識の単位は、工事契約において当事者間で合意された実質的な取引の単位に基づく、とされています。「工事契約に係る認識の単位」とはどのような単位なのでしょうか。また、「当事者間で合意された実質的な取引単位」とは具体的にはどのように考えるのでしょうか。

A

❶ 工事契約に係る認識の単位

工事契約に係る認識の単位とは、工事収益及び工事原価の認識に係る判断を行う単位をいいます。つまり、売上及び原価を計上する工事の単位ということができます。

「工事契約会計基準」では、工事契約に関する契約書は、当事者間で合意された実質的な取引単位で作成されることが一般的、としながら、契約書が当事者間で合意された実質的な取引単位を適切に反映していない場合もあるとし、この場合、複数の契約書上の取引を結合し、又は契約書上の取引の一部をもって工事契約に係る認識の単位とする必要があるとされています。

❷ 当事者間で実質的に合意された取引単位

① 契約と成果物との対応関係

そこで、当事者間で実質的に合意された取引単位をどう考えるかが問題となります。「ソフトウェア収益実務対応報告」では、受注制作のソフトウェア取引は、基本的にオーダーメイドによるものであり、その仕様(スペック)は確定していないため、通常、顧客(ユーザー)の側で契約内容に応じて、成果物がその一定の機能を有することについての確認が行われることにより成果

物の提供が完了する、とされています。実務的にも受注制作のソフトウェアは、ユーザーとの間で取り決めた成果物の内容に応じて、検収等何らかの形でその成果物の提供の完了が確認されています。

そのため、「実質的な取引単位」の認識においても、当事者の合意に基づく成果物との対応が求められます。成果物との対応で「実質的な取引単位」を認識すると、以下のような「実質的な取引単位」の認識が考えられます。

①　1つの成果物について、1つの契約書の場合、契約書単位

②　1つの契約書に複数の成果物が含まれている場合、成果物単位

③　1つの成果物について契約書が複数となっている場合、成果物単位

② 対価の定め

上記の成果物をどのような括りで考えるかによって、「実質的な取引単位」の範囲が異なってきます。受注制作のソフトウェアについては、1つのプロジェクトを複数のフェーズに分割し、フェーズ毎に契約書も分割している場合が少なくありません。このような場合、各契約書(各フェーズ)を結合して1つのプロジェクトを「工事契約に係る認識の単位」とするのか、各契約書それぞれを「工事契約に係る認識の単位」とするかが問題となります。

「工事契約会計基準」では、工事契約の実質的な取引の単位が有する特徴は、施工者がその範囲の工事義務を履行することによって、顧客から対価に対する確定的な請求権を獲得すること、とされており、信頼性をもって工事収益総額を見積るためには、工事契約において当該工事についての対価の定めがあること、が必要とされています。「対価の定め」とは、当事者間で実質的に合意された対価の額に関する定め、対価の決済条件及び決済方法に関する定めをいいます。したがって、「実質的な取引単位」の認識においては、成果物との対応の他に、その「対価の定め」が必要になるものと考えられます。

以上から、上記 ❷①①～③のいずれかの単位で、かつ、給付する成果物について対価の定めがある場合に、「実質的な取引単位」と認識することができるものと考えます。

3 認識の単位を判断する際の留意事項

次のような場合、各フェーズを「工事契約に係る認識の単位」と判断することについて、慎重な検討が必要になるものと考えます。

- 契約書が成果物に対応していない。
- 後のフェーズの契約が解除された場合、前のフェーズの契約や支払いに影響が生じる。
- 支払いが最終フェーズの完了後となっている。
- 契約が分割されることで、各契約損益が異常に変動している。

経済産業省から「情報サービスにおける財務・会計上の諸問題と対応のあり方について」が公表されていますが、その中で適切な契約単位の条件として以下の内容が記載されており、契約締結にあたって、参考になるものと考えます。

項　　目	内　　容
適切な契約単位について	・検収単位として独立している。 ・分割単位で検収が行われ、引渡しが完了する。 ・1つの契約書であっても分割単位が明確であり、分割検収の定めがある。 ・契約ごとに瑕疵担保期間が開始し、負うべき責任内容も独立している。 ・支払いは各検収単位で行われている。

関連
規定

工事契約会計基準6(1)、7、8、11、41、43
ソフトウェア収益実務対応報告2(1)②
情報サービスにおける財務・会計上の諸問題と対応のあり方について

Q 2-7　成果の確実性

「工事契約会計基準」では、成果の確実性が認められる場合には進行基準を適用することになりますが、成果の確実性が認められる場合とはどのような場合をいうのでしょうか。

❶ 成果の確実性が認められる場合の前提

　　成果の確実性が認められる場合の前提として、まず、対象となる契約には実体がなければならず、形式的に契約書が存在しても、容易に解約されてしまうような場合は、契約の実体があるとはいえません。契約の実体があるといえるためには、契約が解約される可能性が少ないこと、または、仮に制作途上で契約が解約される可能性があったとしても、解約以前に進捗した部分については、それに見合う対価を受け取ることの確実性が存在することが必要となります。

❷ 成果の確実性が認められる場合

　成果の確実性が認められるためには、決算日までの工事の進捗が最終的に対価に結び付き、収益総額、原価総額及び決算日までに成果として確実になった部分の割合、すなわち決算日における工事進捗度について、信頼性をもって見積ることができなければなりません。

　次の各要素について、信頼性をもって見積ることができる場合はカッコ内の質問をご参照ください。

① 　収益総額(Q2-12、2-13)
② 　原価総額(Q2-15、2-16)
③ 　決算日における進捗度(Q2-17)

　工事契約会計基準 9、46、47

契約金額により進行基準の適用を判断することの可否

受注制作のソフトウェアについて、契約金額による基準を設けて、一定の基準金額を超える契約については進行基準を適用し、基準金額以下の契約については完成基準を適用している実務があると聞いています。このように金額基準で進行基準の適用範囲を決めることに問題はありますか。

A ① 「工事契約会計基準」における進行基準の適用対象基準

「工事契約会計基準」では、成果の確実性が認められる場合は進行基準を、認められない場合は完成基準を適用することになります。そのため、単純に金額基準を設けて収益認識基準を選択することは直接的には意図されていないと考えられます。

② 実務的な対応に当たって

受注制作のソフトウェアについて、契約金額に応じて管理精度を異にしている場合は少なくありません。すなわち、金額的に重要な契約についてより厳密に原価見積り・進捗管理を行い、金額的に重要でない契約については、より簡便な方法で管理する実務は多くの企業で行われているものと想定されます。

このような場合、「成果の確実性」の要素である収益総額、原価総額、決算日における進捗度について信頼性をもって見積ることができるのは金額の重要な契約のみということも考えられます。

このような管理方法を行っている場合は、より精度の高い管理を行っている契約については進行基準、簡便な管理を行っている契約については完成基

準を適用することとなり、結果として、管理レベルを決定する金額基準が進行基準、完成基準の区分になることが考えられます。

　契約金額を収益認識基準の判断基準にする場合は、以下の項目についても留意し、十分な検討を行うことが必要になるものと考えます。

- ●プロジェクトマネジメントの体制等、受注制作のソフトウェアの管理精度のレベルを検討することなく、単に契約金額のみで進行基準の対象基準を設定していないか。
- ●受注制作のソフトウェアの管理体制の精度を十分検討することなく、管理体制が不十分だからという理由で、一律にすべての契約について、完成基準を採用していないか。
- ●法人税法上の基準をそのまま採用していないか。

　なお、契約金額の重要性が低い場合、工期がごく短かいことが通常と考えられます。このような場合、通常工事完成基準を適用することになります（Q 2-20 参照）。

関連規定　工事契約会計基準9

Q 2-9 決算日における進捗度の見積り方法

　進行基準を適用する場合、決算日における進捗度を見積る必要がありますが、進捗度を見積る方法としてどのような方法があるのでしょうか。

❶ 決算日における進捗度

　「工事契約会計基準」では、決算日における工事進捗度とは、工事契約に係る認識の単位に含まれている施工者の履行義務全体のうち、決算日までに遂行した部分の割合とされています。

❷ 進捗度の見積り方法

　「工事契約会計基準」では工事進捗度を見積る方法としては、次のような方法が記載されています。

見積り方法	内　　容
原価比例法	決算日までに実施した工事に関して発生した工事原価が工事原価総額に占める割合をもって決算日における工事進捗度とする方法
直接作業時間比率法	決算日までに実施した工事に関して発生した直接作業時間が工事の総直接作業時間に占める割合をもって決算日における工事進捗度とする方法
施工面積比率法	決算日までに施工した面積が工事の総施工面積に占める割合をもって決算日における工事進捗度とする方法 ※受注制作のソフトウェアの場合、例えばプログラムのステップ数や画面数、WBS（作業分解図）のようにプロジェクトの作業内容を細分化し、その細分化された作業単位で進捗度を測る方法が考えられます。

関連
規定　工事契約会計基準6(7)、15、35、56、57

　進行基準を適用する場合、収益総額、原価総額、決算日における進捗度の見積りが必要となりますが、これらの3要素はあくまで見積りですので、その変更が行われる場合も少なくないかと思います。これら3要素の見積りを変更した際の財務諸表への反映はどのように行うのでしょうか。

　進行基準は、収益総額、原価総額、決算日における進捗度に基づいて収益を計上するため、これらの要素について、見積りの変更が行われると、計上される収益の金額が変わってきます。この影響を財務諸表へどのように反映させるかが問題となります。

　「工事契約会計基準」では、以下の理由から見積りの変更が行われた期にその影響額をすべて反映させる方法を採用しています。

- ●見積りの変更は、事前の見積りと実績とを対比した結果として求められることが多く、こうした場合、修正の原因は当期に起因することが多い。
- ●実務上の便宜を考慮。

　見積りの変更が行われた場合の会計処理は以下の設例のとおりです。

設例　**進行基準の会計処理-見積りを変更した場合の会計処理**

1. 前提条件

	収益総額	原価総額	予定期間
当初の見積額	10,000	9,000	3年

① X1年度末において、原価総額の見積額は9,100に増加。

② X2年度において、契約内容変更：

　原価見積額は300増加、収益総額を10,500に契約条件を変更。

③ 決算日における進捗度の見積り：原価比例法

項　　目		X1年度	X2年度	X3年度
契約時点での収益総額		10,000	10,000	10,000
変更額			500	500
各期末における収益総額	①	10,000	10,500	10,500
契約時点での原価総額		9,000	9,100	9,100
変更額		100	300	300
各期末における原価総額	②	9,100	9,400	9,400
各期末における利益総額	①−②	900	1,100	1,100

項　　目		X1年度	X2年度	X3年度
当期発生原価	③	2,275	4,493	2,632
過年度発生原価の累計			2,275	6,768
各期末までの発生原価総額	④	2,275	6,768	9,400
決算日における進捗度	④÷②	25 %	72 %	100 %

＊ X1年度末の進捗度　25 %（＝2,275/9,100×100 %）
＊ X2年度末の進捗度　72 %（＝(2,275＋4,493)/9,400×100 %）

2. 会計処理

(1) X1年度の会計処理

① 原価の計上

（借）　原価	2,275	（貸）　諸勘定	2,275

② 収益の計上

（借）　未収入金	2,500	（貸）　利益	2,500

＊契約金額 10,000×進捗度 25 %＝2,500

(2) X2年度の会計処理

① 原価の計上

（借）　原価	4,493	（貸）　諸勘定	4,493

② 収益の計上

（借）　未収入金	5,060	（貸）　収益	5,060

＊条件変更後契約金額 10,500×進捗度 72 %−前期収益計上額 2,500＝5,060

⑶　X 3 年度の会計処理

① 原価の計上

（借）　原価	2,632	（貸）　諸勘定	2,632

② 収益の計上

（借）　未収入金	2,940	（貸）　収益	2,940

＊条件変更後契約金額 10,500−過年度収益計上額（2,500＋5,060）＝2,940

項　　目	X 1 年度	X 2 年度	X 3 年度	累 計
各期の収益計上額	2.500	5,060	2,940	10,500
各期の発生原価	2,275	4,493	2,632	9,400
各期の利益計上額	225	567	308	1,100

 関連規定　工事契約会計基準 16、58
工事契約会計基準適用指針設例 1

Q 2-11 進行基準によって計上される未収入金

進行基準の適用によって計上される未収入金は、進行基準の計算手続によって計上したものであり、ソフトウェアの制作が完了し検収された場合の請求権のある債権とは性格が異なると思います。進行基準によって計上された未収入金の取扱いはどうなるのでしょうか。

A ❶ 「工事契約会計基準」の取扱い

「工事契約会計基準」では、進行基準の適用によって、進行途上において計上される未収入金については、金銭債権として取り扱うものとされています。

ソフトウェア制作の進捗に応じて計上される未収入金は、法形式的には未だ債権とはいえません。しかし、進行基準は、法形式的には対価に対する請求権を未だ獲得していない状態であっても、会計上はこれと同視し得る程度に成果の確実性が高まった場合にこれを収益として認識するものであり、当該未収入金は、会計上は法的債権に準ずるものと考えることができます。

そのため、受注制作のソフトウェアについて、入金があった場合には、計上されている未収入金から入金相当額を減額することになり、また、当該未収入金について、回収可能性に疑義がある場合には、貸倒引当金の計上が必要となります。

❷ 法人税法の取扱い

法人税法上も進行基準によって計上された未収入金は貸倒引当金の設定対象となっています。

❸ 内部管理上の取扱い

　債権管理の観点から、請求権が確定している債権と進行基準によって計上される債権を試算表上で区分しておくことも債権管理の1つの方法と考えます。

　その際、請求権が確定している債権については必ずしも検収済みのものに限らず、支払条件に従った請求を行っている場合も含むことも考えられます。例えば、進行基準で計上された債権を「進行基準売掛金」として計上し、請求を行った時点で「売掛金」に振替処理します。入金された時は「売掛金」の消込処理を行うことにより、「進行基準売掛金」は未請求債権、「売掛金」は請求済債権として区分管理することが可能となります。

　その結果、「進行基準売掛金」が多額となる状況となれば、制作作業は進捗しているものの、それに見合う請求をしていない状態を表し、「売掛金」が多額になる状況となれば、請求済債権の入金が遅れていること等が推定される等、債権管理上、有益な情報が得られるものと考えます。

関連規定	工事契約会計基準 17、59 法令第 130 条 法規第 27 条の 16 の 3

Q 2-12　収益総額の信頼性をもった見積り

「工事契約会計基準」では、進行基準を適用するにあたって、収益総額について信頼性をもった見積りができることが必要とされています。「信頼性」をもった見積りとは、どのような見積り精度、レベルが必要なのでしょうか。

A

❶ 「信頼性」をもった見積りを行うための前提

「工事契約会計基準」では、工事収益総額とは、工事契約において定められた、施工者が受け取る対価の総額とされています。「信頼性」をもって収益総額を見積るためには、その前提として、以下の2点が求められています。

① 当該工事を完成させるに足りる十分な能力がある。

　最終的にその工事が完成することについての確実性が求められます。そのため、施工者には当該工事を完成させるに足りる十分な能力が求められます。

② 完成を妨げる環境要因が存在しない。

　工事を完成するのに必要な環境条件も整っていなければなりません。したがって、施工者自身に係るものであるか否かを問わず、完成を妨げる可能性のある環境要因が存在しないことが必要となります。

「②完成を妨げる環境要因」については、**Q 2-13** をご参照ください。

❷ 対価の定め

上記の前提条件が満たされた場合、「信頼性」をもって収益総額を見積るためには、受注制作のソフトウェアについて、対価の定めがあることが必要と

なります。「対価の定め」とは、以下の3項目に関する定めをいいます。

> **対価の定め**
> - ●当事者間で実質的に合意された対価の額に関する定め
> - ●対価の決済条件
> - ●決済方法

 工事契約会計基準6(5)、10、11、48、49

Q 2-13　完成を妨げる環境要因

「工事契約会計基準」では、信頼性をもって工事収益総額を見積るためには、工事の完成を妨げる環境要因が存在しないことが必要、とされています。受注制作のソフトウェアの場合、「完成を妨げる環境要因」とは具体的にどのようなものが考えられるのでしょうか。

　「工事契約会計基準」では、完成を妨げる環境要因とは、施工者自身に係るものであるか否かを問わず、工事の完成を妨げる可能性のある重要な要因、とされています。

受注制作のソフトウェアについて、「完成を妨げる環境要因」を検討するに当たっては、以下のような項目に留意することが考えられます。

- ●受注するソフトウェアの完遂能力について、案件の規模や難易度に応じた承認手続きを定めた上で、社内における十分な検討が行われているか。
- ●受注するソフトウェアが新規の事業領域に属するものであるか否か。
- ●受注するソフトウェアが確立された技術以外の研究開発的な新技術等を必要としていないか。
- ●受注するソフトウェアについて、仕様が未確定であったり、一式契約等契約書の記載内容が不十分で不明確となっていないか。
- ●頻繁な変更が行われたり、複数の企業との共同作業等により他社の作業状況により自社の業務負担の影響を受ける等の状況にないか。
- ●過去の受注制作のソフトウェア契約の履歴情報として、制作の延期、中断、仕損の発生頻度の高い案件を識別できる情報を蓄積し、新規契約時に類似の案件でないかの検討がなされているか。

そもそも、進行基準の適用が認められるのは、成果物を完成させてユーザーに引き渡し、代金が回収されることに一定以上の客観性及び確実性が付

与されているためであり、客観性、確実性が満たされないような要因がある
場合は、完成を妨げる環境要因の存在を検討することになるものと考えます。

**関連
規定**　工事契約会計基準 48

Q 2-14 対価の定め

信頼性をもって収益総額を見積るためには、「当事者間で実質的に合意された対価の定め」があることが必要とされています。「対価の定め」と「当事者間で実質的に合意された」の意義について教えてください。

❶ 対価の定め

「工事契約会計基準」の適用範囲となる工事契約は、当事者間ですでに合意されたものを指し、交渉中のものやそれ以前の段階のものは含まれません。

「工事契約会計基準」の適用範囲となる受注制作のソフトウェアについて、進行基準を適用するためには、当該ソフトウェア制作について対価の定めがあることが必要とされています。対価の定めとは以下の3項目をいいます。

- ●対価の額
- ●対価の決済条件
- ●対価の決済方法

❷ 「当事者間で実質的に合意された」の判断に当たって

上記3項目が、当事者間で締結された契約書ないし、覚書等で記載されている場合は特段問題となりませんが、契約書等が締結されていない場合、「当事者間で実質的に合意された対価の額に関する定め」として、「実質的」とはどの程度のレベルが求められているかが問題となります。

契約締結がなされていない場合、実務的には以下のような証憑等で契約金額を把握されています。

- ●得意先からの内示書
- ●得意先に提示した見積書

- 社内の承認を得た受注金額
- ユーザーの担当者のサインのある交渉記録
- 仮注文書

　しかしながら、上記証憑等をもって、「工事契約会計基準」の「当事者間で実質的に合意された対価の額に関する定め」があると判断されるケースは限られるものと考えます。ユーザーから内示書を入手していたとしても、対価の定めである3項目についての定めがなければ「対価の定め」の要件を満たしているとはいえないためです。

　上記証憑等については、当該ユーザーとの取引について、過去に失注に至った実績がないか、あるいは見積書の金額や社内の承認金額等と、実際に締結された契約金額とに大きな乖離が生じていないかなどを検討し、当事者間で実質的に合意された対価の額に関する定めがあると判断できるかを検討することとなります。

　ただし、過去の実績は個々のユーザーで状況は異なり、また、過去の実績をそのまま将来の判断に利用できるとは限らないため、実質的に合意された対価の額に関する定めがある、とするにはより慎重な判断が要求されます。

　したがって、実質的に合意された対価の額に関する定めがあると判断するためには、多くの場合上記3項目を記載した何らかの外部証憑を入手することが求められるものと考えられます。

❸ 対価の額が将来の不確実な事象に関連付けられている場合

　「工事契約会計基準」では、対価の額について、固定額で定められている場合のほか、その一部又は全部が将来の不確実な事象に関連付けて定められている場合も含まれるとされており、「将来の不確実な事象」の例について、「将来の資材価格等」があげられています。受注制作のソフトウェアにおいて

は、そのような事例は多くないものと考えられますが、例えば、将来の不確実な事象の発生と収益総額との関係が、「対価の額」に係る定めによって明記されている等、収益総額について合理的に見積ることができるような場合をいうものと考えられます。

関連
規定　工事契約会計基準 11、49

Q 2-15　原価総額の信頼性をもった見積り

　「工事契約会計基準」では、信頼性をもって原価総額を見積るためには、原価の見積りが詳細な積上げとして構成され、実際の原価発生と対比して適切に見積りの見直しができる状態となっており、原価の事前の見積りと実績を対比することによって、適時・適切に原価総額の見積りの見直しが行われる必要があるとされています。受注制作のソフトウェアの場合、具体的にどのような場合に信頼性をもった原価総額の見積りができているといえるのでしょうか。

A

❶ 原価総額

　「工事契約会計基準」では、工事原価総額とは、「工事契約において定められた、施工者の義務を果たすための支出の総額」とされ、「工事原価は原価計算基準に従って適正に算定する」とされています。

❷ 成果物の確定

　信頼性をもって原価総額を見積るためには、まず、受注制作のソフトウェアの仕様が確定していなければなりません。

　そのためには、ユーザーとの間でソフトウェアの要件定義をしっかり固め、仕様を確定しておくことが必要となります。受注制作のソフトウェアは仕様確定が困難といわれていますが、そのための1つの方策として、要件定義、制作、運用テスト等、ソフトウェア制作工程をフェーズごとに細分化することによって、仕様確定を比較的容易にすることが考えられます。フェーズごとに区切った単位で契約書を分割して締結し、1つひとつの見積り単位を小さくすることは見積精度の向上に有効な方法と考えられます。同一の契約書であっても、各々に収めるべき成果物とその金額内訳を確定しておくことで

同様の効果が期待できます。このように、成果物を意味のある単位に細分化することで、給付の対象となる成果物についてユーザーと合意が取りやすくなる上に、制作期間が短くなるため原価総額の見積りにあたって将来の不確実な要素を低減させる効果も期待できます。

❸ 作業の標準化

また、WBS（ワーク・ブレイクダウン・ストラクチャー。作業分解図）等を用いて、作業の細分化、標準化を行い、標準工数の設定を行うことも見積精度を高めるための1つの方策と考えられます。

❹ 見積原価の社内チェック体制

原価の詳細な積上げとして作成される見積り結果についても、プロジェクト担当者以外の上級管理者、あるいは他部門がチェックし承認する流れを業務プロセスの中に組み込むことが必要となると考えます。

❺ 見積原価と実際発生原価の対比及び見積原価の見直し

原価総額を見積った後は、実際の発生原価を比較分析し、その結果を見積りの見直しに反映させるという一連のサイクルを繰り返すことが必要となります。このことによって、原価総額は最新・最善の見積りにアップデートされた状態を保つことが可能となります。また、このような見積りの見直しプロセスが確立されることによって、仕様が頻繁に変更されることの多い受注制作のソフトウェアであっても、見直し時点においては信頼性を持った原価総額の見積りを行うことも可能になるものと考えられます。

見積原価と実際発生原価の対比にあたっては、単に差異を算出しただけでは不十分であり、見積りの見直しに役立つよう原因分析と対応について十分

な検討を行うとともに、その検討過程と検討結果は第三者によるモニタリングを通じて客観性が担保されることが必要です。またモニタリングを実施することで、プロジェクト責任者が採算の悪化したプロジェクトの原価を他のプロジェクトの原価に付け替える等の不適切な行為を抑止する効果も高いと考えられます。

　また、見積原価と実際発生原価がどの程度乖離した場合に詳細な検討を行うかについては、乖離幅などに着目し、よりリスクの高い案件を絞り込んで詳細な検討を行うことが考えられます。

　以上のように、見積原価と実際発生原価を比較分析し、見積りの見直しを行うという一連のプロセスを業務の中で確立することが求められますが、一方でそのプロセスが一巡する頻度も客観的な原価総額を見積る上で重要な要素となります。契約の分割が管理単位を小さくすることで原価見積りの精度を高める方策であるとするならば、見直しのサイクルを短くする方策は状況の変化に迅速に対応し、原価見積りの精度を高めるものといえます。

　受注制作ソフトウェアの場合、仕様変更等による工数の頻繁な変更が発生することが想定されるため、月次でモニタリングし、見直しも月次で行っている企業も少なくありません。

❻ プロジェクトマネジメントの仕組みの構築

　進行基準は、見積りを活用して収益の金額が算出される会計処理であるため、経営サイドが自らの責任として進捗管理について説明できることが求められます。これは一連のプロセスが一部のプロジェクトやプロジェクトマネージャーの間で確立できただけでは不十分であることを意味し、全社を通じて高い水準で原価総額の見積りができる状態を求めていると考えられます。

WBS（ワーク・ブレイクダウン・ストラクチャー）
　プロジェクトが完了するまでに必要な作業内容を細分化するもので、作業分解図とも呼ばれています。WBSはプロジェクトを作業ごとに階層構造で分割し、作業単位を細分化して、作業単位ごとに工数やコストを見積る方法であり、プロジェクトの進捗管理の精度を高める方法として有効と考えられています。

工事契約会計基準6(6)、12、50

Q 2-16　より高度な管理

　信頼性をもった原価総額の見積りにあたって、「工事契約会計基準」では、受注制作のソフトウェアについては、一般の工事との対比の上で「原価の発生やその見積りに対するより高度な管理が必要」とされています。受注制作のソフトウェアにのみ求められている「より高度な管理」とは具体的にどのような管理なのでしょうか。

A ❶ 受注制作のソフトウェアに「より高度な管理」が求められる理由

　受注制作のソフトウェアについては、無形の資産であり、かつ技術革新により取引が多様化・高度化しており、以下のような特徴があるため、適切な原価総額の見積りが困難な場合も少なくありません。

① 当初に仕様の詳細まで詰められていない場合がある

② 制作途上での仕様変更が頻繁に行われる場合も少なくない

③ 想定外の事象の発生等により追加的な工数が生じやすい

　「工事契約会計基準」は、このような受注制作のソフトウェアの特質や取引慣行を踏まえた上で、原価総額の見積りが容易でないことに着目し、原価の発生やその見積りに対して「より高度な管理」を求めています。

❷ 「より高度な管理」とは

　「より高度な管理」といえるためには、少なくとも「工事契約会計基準」があげている上記①から③の特徴への対応が求められます。上記事項について、例えば、以下のような対応が考えられます。

1 契約単位の細分化

ソフトウェア制作の各段階において、契約を分割して締結する多段階契約を積極的に取り入れることが考えられます。契約の単位を小さく設定することによって、迅速かつ比較的容易にユーザーと合意できるためです。

あるいは、仕様を確定するための上流工程や、変更の可能性が高いソフトウェア制作などについては成果物の完成義務を負わず、期間や工数に応じて対価を受け取る形式の契約とするといった、取引慣行を変えていく取組みも考えられます。

2 見積原価と実際発生原価のモニタリング及び適時の原価見直し

見積原価と実際発生原価の差異分析とモニタリング、及び見積原価の適時の見直しが必要になります。モニタリングを月次で行うことも1つの対応と考えられます。

なお、見積原価の精度の確保という観点からは、ソフトウェア制作全体の作業内容を細分化しておくことも有効です。WBS(ワーク・ブレイクダウン・ストラクチャー)に代表されるように、ソフトウェア制作を作業ごとに階層化して細分化することで、実施する作業内容を詳細かつ明確化することが可能となり、その結果、作業内容に重複やブレが生じなくなる上に、工数やコストの見積精度が高まることが期待できるためです。さらに、細分化された作業内容に標準工数を設定することも有効と考えます。

このように作業内容を細分化することにより、完了した作業単位がソフトウェア制作の進捗度に近似することになると考えられるため、実際の原価発生と進捗度の関係が把握しやすくなり、原価管理の精度を高める上で有効と考えます。

❸ 「より高度な管理」といえるための検討項目

基本的には **Q 2-15** の回答のとおり、原価見積りのプロセスを確立すること

が必要となりますが、その上で「より高度な管理」といえるためには、上記❷以外にも以下のような項目について検討することが必要になってくるものと考えられます。

- 予算・計画を作成し、実績と対比するための運用マニュアルや体制の整備・運用はなされているか。
- プロジェクトマネジメントは、実際原価の発生のみならず、作業の進捗をモニタリングする仕組みとなっているか。
- 仕様変更の有無を確認できる体制を設けているか。
- WBS 等を用いて、作業の細分化、作業の標準化と標準工数の設定等が行われているか。

受注制作のソフトウェアについては、従来から多くの企業でプロジェクト管理は行われておりますが、「より高度な管理」といえるためには、さらなる管理精度向上が必要になってきます。

例えば、信頼性のある原価総額の見積りを行う上で、作業単位ごとに見積原価の積算が行われ、当該積算に基づいて作業が個々に進んでいきますが、この場合でも原価の発生状況だけでなく、予定されていた作業が着実に完了していることを確認しながら進捗を管理していくような、プロジェクト管理の仕組みが適切に整備され、有効に運用されるようになっているかも検討課題になるものと考えます。

ソフトウェア制作の各段階において、予定されていた作業が着実に遂行されていることを確認するためには、その前提として、ユーザーとの間で仕様の詳細が詰められていることが必要であり、また、作業内容の確認を行うことによって、想定外の追加的な工数の発生を抑えることも可能になるものと考えます。このような管理を可能にするには、プロジェクトの進捗管理を行うプロジェクトマネジャー(PM)が存在し、例えば、プロジェクト管理を行うプロジェクトマネジメントオフィス(PMO)のようなモニタリング体制が有効に機能していることが求められてきます。すなわち、「より高度な管理」を

行うためには、PM の育成・教育と PMO 等の機能強化が具体的に取り組む
べき対応になるものと考えます。

関連規定 工事契約会計基準 51

信頼性をもって決算日における進捗度を見積ることができているといえるためにはどのような要件が必要なのでしょうか。

❶ 決算日における工事進捗度の見積り

「工事契約会計基準」では、決算日における工事進捗度は、工事契約に係る認識の単位に含まれている施工者の履行義務全体のうち、決算日までに遂行した部分の割合とされています。

したがって、決算日における進捗度は、施工者が工事契約の義務を履行するために、単に目的物を完成させるだけでなく、その移設や据付等、引渡しのための作業が必要となる場合には、そのような付随的な作業内容を含む施工者の履行義務全体のうち、決算日までに遂行した部分の割合をいいます。

❷ 信頼性を持った工事進捗度の見積り

「工事契約会計基準」では、原価比例法を採用している場合、工事収益総額、工事原価総額について、信頼性をもって見積ることができていれば、通常、決算日における工事進捗度も信頼性をもって見積ることができる、とされています。

原価比例法は実務的に広く用いられています。しかし、原価比例法以外の方法の方が決算日における進捗度をより合理的に把握する場合も考えられます。

また、原価比例法による場合であっても、発生した原価が原価総額との関係で、決算日における進捗度を合理的に反映しない場合には、これを合理的に反映するように調整が必要となります。

「工事契約会計基準」では、原価比例法以外の方法として、以下の例があげられています。

- 工事の進捗が工事原価総額よりも直接作業時間とより関係が深いと考えられる場合、直接作業時間比率のほうがより適切となり得る

    受注制作のソフトウェアの場合、原価に占める人件費の割合は建設業等に比較して高いと考えられるため、直接作業時間比率がより適切になる場面は他の業種よりは多いものと考えます。
- 工事原価の発生よりも施工面積のほうがより適切に工事の進捗度を反映していると考えられる場合、施工面積比率のほうがより適切となり得る

    受注制作のソフトウェアの場合、例えばプログラムのステップ数や画面数、WBS（ワーク・ブレイクダウン・ストラクチャー）のようにプロジェクトの作業内容を細分化し、その細分化された作業単位で進捗度を測る方法等が考えられます。しかしながら、この場合、第三者がその進捗を把握することが困難となる可能性があります。

原価比例法以外の方法を採用する場合は、決算日における進捗度を、契約や作業の実態に即して、より適正に表す方法は何かを慎重に検討し、採用することが必要となります。

❸ 原価比例法による場合の内部統制の留意事項

なお、原価比例法により進捗度の見積りを行う場合には、内部統制の観点からは各決算期における原価発生額の算定において少なくとも以下の事項について評価しておくことが必要となります。

① 外注費等の支払いに当たっての出来高査定の体制

② 請求書締切日から決算日までの出来高調整の体制

③ 前渡金に関する管理体制

関連
規定 　工事契約会計基準 13、15、35、56、57

Q 2-18 外注先がある場合の決算日における進捗度の見積り

受注制作のソフトウェアについて、制作の一部又は全部を外注先に委託している場合が少なくありません。受注制作のソフトウェアについて、外注を行っている場合、「より高度な管理」といえるためには、どのようなことが必要となるのでしょうか。

A ❶ ソフトウェアの制作を外注している場合の進行基準の適用

受注制作のソフトウェアについて、制作の一部または全部を外注先に委託しているケースは少なくありません。外注先はさらに業務を外注するなど、多段階請負構造がソフトウェア業界の特性ともなっています。このような業種特性のもとで、例えば、制作の大半を外注先に委託している場合、外注先の業務を検収した時点で外注費を計上することになると、決算日における進捗度の見積りを原価比例法で行う進行基準を前提とした場合、実質的には完成基準を適用している場合とほとんど異ならない結果となることが想定されます。

❷ 外注先がある場合の検討事項

外注先の業務を検収することによって、初めて原価が発生したものと認識し、その原価発生に対応して進行基準売上高が計上されることは原価比例法で進捗度を見積る進行基準の妥当な会計処理です。しかしながら、進行基準は企業活動の成果としての収益の獲得状況を適時に財務諸表に描写するものであるという観点からは、受注制作のソフトウェアについて外注先がある場合、検討すべき事項は少なくありません。検討すべき項目として、例えば以

下のような項目が考えられます。

① 外注先検収単位の細分化及び契約形態の見直し

外注先との検収単位を細分化し、成果物の検収頻度を高めて発生原価を集計する方法や、請負形態の発注ではなく労務サービスの提供契約によって発生額を毎月検収する方法を採用できないかを検討することが考えられます。これらの方法により、外注先の検収頻度が高まり、収益の獲得状況を適時に描写するという進行基準の特徴をより財務諸表に反映することが可能となります。ただし、この場合は外注先との間で、検収方法や請求、決済条件の変更を伴うため、契約の見直しを合わせて行う必要があります。

② 外注先も含めて受注制作のソフトウェア契約全体で進捗度を把握する

理論的には外注先の情報を利用して外注先の進捗度を加味した上で進行基準を適用することも考えられます。例えば、外注先が進行基準を採用している場合は外注先の進行基準売上高情報を入手し、その金額を原価発生額とすることや、外注先が完成基準を採用している場合は、外注先からの進捗度や原価発生情報の報告に基づき、元請企業が自社にとっての原価発生額に相当する金額を計算して進行基準を適用する場合等です。

しかしながら、このように外注先の情報を利用して進行基準を適用することは、慎重に検討することが必要です。

従来から、多くの企業で外注先の進捗度について確認する作業は行われています。しかし、これは進行基準を適用するための情報を入手するものではなく、ソフトウェア制作作業の遅延は生じていないか等の確認作業という意味であると思います。

進行基準を適用するための情報という意味では、外注先の進行基準売上高情報（外注先が完成基準を適用している場合は進捗度を把握するための何らかの情報）を入手することが新たに必要となりますが、問題となるのは、外注先から入手

できる情報の制約と外注先から提供される情報の信頼性ということになります。外注先から入手できる情報の制約、信頼性としては例えば、以下のような事項が考えられます。

- 外注先から定期的に作業報告書を入手する契約となっているか。
- 外注先の進行基準売上高の妥当性を検証できるのか。
- 外注先の原価情報を開示してもらえるのか。その情報の妥当性は検証できるのか。
- 外注先がさらに外注先に発注している場合、外注先のどこまでの進捗が加味されているか。

　上記事項を考慮すると、外注先の情報に基づき、進行基準を適用できる場面は非常に限定されるのではないかと考えられます。そのため、外注先がある場合の対応策としては可能な限り、検収単位を小さくし、あるいは労務サービス型の契約とし、検収頻度を高めてタイムリーに確定原価の情報を入手できるようにすることが有効な方策と考えます。

　なお、外注先の発生原価として、外注先との請負契約の契約金額と契約期間から期間に応じて発生原価を認識して進行基準を適用することを検討している企業もあるようです。外注先への発注原価を期間に応じて認識することについては、外注先との契約内容を十分に検討し、例えば外注先の制作作業に従事している人員に変化がなく、制作作業が期間に応じて発生している場合等については認められる場合もあるかと考えますが、外注先への発注原価が実際に期間に応じて発生しているかどうかについて、慎重に判断することが必要と考えます。

Q 2-19　契約の変更の取扱い

　受注制作のソフトウェアの場合、当初に仕様の詳細まで詰められない場合もあり、作業着手後に作業の追加や削減、仕様、デザイン、工期の変更もしくは対価の定めの変更が行われることも少なくありません。このような契約の変更が行われた場合の取扱いを教えてください。

A ❶ 工事契約の変更

　「工事契約会計基準」では、既存の工事契約に関して、当事者間の新たな合意等によって、工事の追加や削減、工事の内容（仕様、機能、設計、デザイン、工事方法、使用する技術等、場所、工期等）の変更もしくは対価の定めの変更が行われることがあるとし、以下のような処理を行うこととされています。

区　　分	会計処理
既存の契約部分とは別の認識の単位とすべき工事の追加、内容の変更等。 （例） 追加工事の場合で、追加部分に関する対価の確定的な請求権が、当初の契約の対象とされた工事に関する対価と独立して獲得される場合。	既存の契約部分とは独立して会計処理を行う。 （例） 追加部分は当初の契約に係る部分とは別の認識の単位を構成する。
（工事契約の変更） 工事の追加、内容の変更等が当初の工事契約とは別の認識の単位として扱われないもの。	見積りの変更として会計処理を行う。

❷ 契約の変更の場合の収益総額の見積りの取扱い

　受注制作のソフトウェアの場合、作業の追加が合意されたにも関わらず、これに対応する対価を請求できるか否かが不明な場合も少なくありません。

その場合、収益総額について信頼性をもって見積ることができず、したがって成果の確実性が失われたことになるのではないかという見解もありますが、「工事契約会計基準」では、「対価についての変更が合意されるまでは、現在の対価についての合意が有効である」とし、それまで進行基準を適用していた契約については、現在の合意に基づく収益総額により、引続き進行基準を適用することが適当、とされています。

　なお、契約の変更としての対価の変更は、それが何らかの形で合意された時点で、それに基づく信頼性のある見積りができる場合に限り、合意された変更を収益総額に反映することになります。

関連規定 工事契約会計基準適用指針 20、21

「工事契約会計基準」では、工期がごく短いものは、進行基準を適用して収益総額や原価総額の按分計算を行う必要がなく、通常、完成基準を適用することになるとされています。「工期のごく短いもの」とはどの程度の期間なのでしょうか。

❶ 「工期のごく短いもの」の期間

従来、長期の請負契約に関する収益認識については、進行基準と完成基準の選択適用が認められてきました。しかし、四半期決算が導入されている現在、長期の請負契約でなくとも、会計期間(四半期決算を含む)をまたぐ契約については進行基準を適用すべき場合があります。

「工事契約会計基準」では、工事契約に係る収益認識基準を判断する際、特に工期の長さには言及していません。これは、会計期間(四半期会計期間を含む)をまたぐ工事契約については、工期の長さに関わらず、慎重な対応を促すことが趣旨であると考えられます。

❷ 「工期のごく短いもの」の考え方

「工事契約会計基準」では、工期がごく短いものは、通常、金額的な重要性が乏しいばかりでなく、工事契約としての性格にも乏しい場合が多いとし、このような取引については、工事進行基準を適用して工事収益総額や工事原価総額の按分計算を行う必要はなく、通常、工事完成基準を適用することになるとされています。

工事契約としての性格にも乏しい場合とは、例えば、作業の積上げによる詳細な実行予算書の作成を要しない程度の工事契約や原価の見積り・差異分析・見積りの変更といった原価管理サイクルを必要とする前に完成してしま

うような契約等が考えられます。

 工事契約会計基準 52、53

 **2-21** 四半期決算の取扱い

四半期決算の開示の適時性の観点から、「工事契約会計基準」では簡便な取扱いが規定されていると聞いていますが、具体的な取扱いを教えてください。

A ❶ 四半期決算における簡便的な取扱い

「工事契約会計基準」では、四半期財務諸表に求められる開示の適時性の観点から、四半期会計期間末における原価総額が、前事業年度末又は直前の四半期会計期間末に見積った原価総額から著しく変動していると考えられる契約等を除き、前事業年度末又は直前の四半期会計期間末に見積った原価総額を、当該四半期会計期間末における原価総額の見積額とすることが認められています。

なお、工事原価総額の著しい変動をもたらす要因としては、例えば、重要な工事契約の変更などがあげられています。

❷ 完成間近の取扱い

なお、受注制作のソフトウェアの完成が間近であれば、原価総額を容易に見積ることが可能な場合も多くなりますが、このような場合、上記の簡便的な取扱いによることは適当ではなく、四半期会計期間末においても、事業年度末と同様の取扱いが求められることに留意する必要があります。

 工事契約会計基準適用指針 9、30、31

Q 2-22 赤字プロジェクト・瑕疵担保責任について

受注制作のソフトウェアにおいて赤字が見込まれる場合や、検収・引渡しが完了した後に、瑕疵担保に係る費用(アフターコスト)が発生する場合の会計処理を教えてください。

A ❶ 受注損失引当金と瑕疵担保引当金

受注制作のソフトウェアにおいて赤字が見込まれる場合は、赤字部分について受注損失引当金を計上することが必要となり、制作が完了し、アフターコストが見込まれる場合、瑕疵担保引当金を計上することとなります。タイムテーブルに表すと以下のようになります。

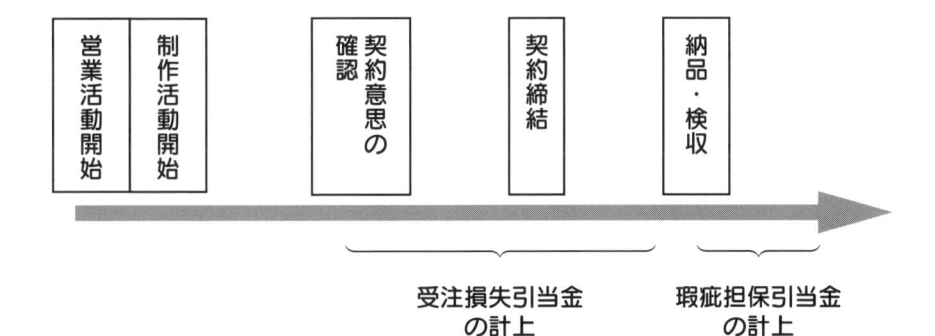

❷ アフターコストの発生が見込まれる場合の会計処理

「ソフトウェア収益実務対応報告」において、「瑕疵補修等の費用の発生の可能性が高く、かつ、その金額を過去の実績等によって合理的に見積ることができる場合には、引当計上を行う等、適切に費用計上する必要がある」とされており、一定のアフターコストに対する引当の必要性が示されています。

瑕疵担保引当金については、貸倒引当金のように個別引当と一般引当の2

つの方法が考えられます。すでに瑕疵対応の必要が明らかになっているプロジェクトについては、個別に発生見込費用を見積ることにより個別引当を計上します。一方、瑕疵対応が顕在化していないプロジェクトについては、過去に発生したアフターコストの実績を集計し実績率を算定した上で、一般引当を計上する必要があります。過去に発生したアフターコストを集計していない場合には、実績率を把握するために、まずは集計する仕組みづくりから始める必要があります。

区　分	内　　容
個別引当	見積時点で、アフターコストの発生が顕在化しているプロジェクトについて、個別に見積り計上
一般引当	見積時点で、瑕疵が顕在化していないプロジェクトについて、過去の実績率に基づき一括して見積り計上

　なお、売上計上直後から、アフターコストが多額に発生するようなケースにおいては、そもそも収益計上の時期が妥当であったか否かについて検討する必要があると考えます。

関連規定　工事契約会計基準 19、20

Q 2-23 受注損失引当金を計上する場合

受注損失引当金の計上が求められるのは、具体的にどのような場合なのでしょうか。また、引当額の算定はどのように行われるのでしょうか。

A ❶「工事契約会計基準」の取扱い

「工事契約会計基準」では、工事損失の発生の可能性が高く、かつ、その金額を合理的に見積ることができる場合には、工事契約の全体から見込まれる工事損失（販売直接経費を含む）から、当該工事契約に関してすでに計上された損益の額を控除した残額、すなわち、当該工事契約に関して今後見込まれる損失の額について、工事損失引当金を計上する、とされています。

なお、「工事契約会計基準」では、工事損失引当金という名称が使われていますが、ソフトウェア業では受注損失引当金という名称が一般的と考えられますので、受注損失引当金という名称を使用しています。

受注損失引当金は、進行基準、完成基準いずれを適用している場合でも損失が見込まれる場合は計上されることとなります。

受注損失引当金は、作業の進捗や完成・引渡しにより、契約損失が確定した場合または契約損失の今後の発生見込額が減少した場合には、それに対応する額を取り崩すこととなります。

また、受注損失引当金の繰入額は売上原価に含め、受注損失引当金の残高は、貸借対照表の流動負債として計上することとなります。

❷ 受注損失引当金の会計処理

受注損失引当金の具体的な会計処理は以下の設例のとおりです。

[設例] 受注損失引当金の会計処理

1. 前提条件

① 当初の収益総額 10,000、原価総額の当初見積額 9,500

② 契約期間：3 年

③ X 1 年度末及び X 2 年度末に原価総額の見積額はそれぞれ 9,600 及び 10,500 に増加したが、契約金額の見直しは行われていない。

④ 決算日における進捗度：原価比例法。各年度での見積られた収益総額、原価総額及び決算日における進捗度は次のとおりである。

項　目	X 1 年度	X 2 年度	X 3 年度
収益総額	10,000	10,000	10,000
過年度発生原価累計	—	2,400	7,560
当期発生原価	2,400	5,160	2,940
完成までに要する原価	7,200	2,940	—
原価総額	9,600	10,500	10,500
利益(損失△)	400	△ 500	△ 500
決算日における進捗度	25 %[※1]	72 %[※2]	100 %

※1　X 1 年度の進捗度　25 %（＝2,400/9,600×100 %）
※2　X 2 年度の進捗度　72 %（＝(2,400＋5,160)/10,500×100 %）

2. 会計処理

(1) X 1 年度の会計処理

① 原価の計上：

(借)	原価	2,400	(貸)	諸勘定	2,400

② 収益の計上：

(借)	未収入金	2,500	(貸)	収益[※1]	2,500

（※1）　10,000×25 %＝2,500

(2) X 2 年度の会計処理

① 原価の計上：

(借)	原価	5,160	(貸)	諸勘定	5,160

② 収益の計上：

(借)	未収入金	4,700	(貸)	収益[※2]	4,700

（※2）　10,000×72 %－2,500＝4,700

③ 受注損失引当金の計上：

（借）	原価	140	（貸）	受注損失引当金[※3]	140

（※3）（ア）見積損失 $\triangle 500$（$=10,000-10,500$）-（イ）X 1 年度計上利益 100（$=2,500-2,400$）-（ウ）X 2 年度計上損失 $\triangle 460$（$=4,700-5,160$）$=\triangle 140$

(3) X 3 年度の会計処理

① 原価の計上：

（借）	原価	2,940	（貸）	諸勘定	2,940

② 収益の計上：

（借）	未収入金	2,800	（貸）	収益[※4]	2,800

（※4）$10,000-(2,500+4,700)=2,800$

③ 受注損失引当金の取崩し：

（借）	受注損失引当金	140	（貸）	原価	140

 工事契約会計基準 19、20、60〜64
工事契約会計基準適用指針 6、22、23、設例 2

Q 2-24 受注損失引当金の計上要件

受注損失引当金を計上するためには、損失金額を「合理的」に見積ることができることが要件となっています。一方、進行基準の適用要件としては収益総額、原価総額、決算日における進捗度を「信頼性」をもって見積れることが要件となっています。「合理的」な見積りができる場合は、「信頼性をもった」見積りもできていると考えてよいのでしょうか。

① 合理的な見積り

「工事契約会計基準」では、工事契約について工事損失が見込まれる場合、収益認識基準が工事進行基準であるか工事完成基準であるかにかかわらず、工事損失引当金を計上するとされています。

工事損失引当金を計上するためには、企業会計原則注解 18 の 4 要件が引用されており、「金額を合理的に見積もることができる」ことが求められています。

② 信頼性をもった見積りと合理的な見積り

「工事契約会計基準」において、工事進行基準の適用要件として工事収益総額と工事原価総額を「信頼性をもって見積もることができる」ことが求められています。工事損失引当金の「合理的」と工事進行基準の「信頼性をもって」は、見積りという点では類似の要素を含んでいます。

しかしながら、「工事契約会計基準」においては、「信頼性をもった見積り」といえるためには、見積りが工事の各段階における工事原価の見積りの詳細な積上げとして構成されている等、実際の原価発生と対比して適切に見積りの見直しができる状態となっており、工事原価の事前の見積りと実績を対比することによって、適時・適切に工事原価総額の見積りの見直しが行われる

必要があるとされています。すなわち、「信頼性をもった見積り」を確保するためには、工事契約に関する実行予算や工事原価等に関する管理体制の整備が不可欠である、とされています。

　また、「工事契約会計基準」では、信頼性をもって工事収益総額の見積りを行うためには、工事契約において当該工事についての対価の定めがあることが必要とされています。「対価の定め」とは、当事者間で実質的に合意された対価の額に関する定め、対価の決済条件及び決済方法に関する定めをいいます。

　一方、受注損失引当金については、上述の原価管理に係る整備、運用状況が十分でなくても、また、「対価の定め」がなくても、引当金の要件に該当する場合には計上が求められています。

　進行基準の要件である「信頼性をもった見積り」は制作途上のプロジェクトについて収益を計上する要件であり、受注損失引当金繰入額という費用の計上要件である「合理的な見積り」よりもより厳格さが求められると考えられます。受注損失引当金を計上できる見積りができる場合であっても、進行基準を適用できるレベルの見積りができる、とは必ずしも言えないことにご留意ください。

関連規定　工事契約会計基準 9、11、12、19、50

Q 2-25 「棚卸資産の評価に関する会計基準」との関係

受注制作のソフトウェアについて、完成基準を適用しています。当該契約に損失が見込まれる場合、まず、棚卸資産(仕掛品)について、「棚卸資産会計基準」に従って、棚卸資産の評価減を行い、その後、受注損失引当金を計上するのか、あるいは棚卸資産の評価減を行わず、受注損失引当金のみを計上するのか迷っています。「棚卸資産会計基準」と「工事契約会計基準」の適用上の優先順位はどうなっているのでしょうか。

A ❶ 「棚卸資産会計基準」との適用順位が問題となる場合

決算日における進捗度の見積りについて、原価比例法で進行基準を採用している場合、棚卸資産(仕掛品)は計上されないため、「棚卸資産会計基準」と「工事契約会計基準」の関係について問題となることはありません。

「棚卸資産会計基準」との関係が問題となる場合は完成基準及び原価比例法によらない進行基準を採用している場合となります。

❷ 適用順位が問題となる理由

棚卸資産(仕掛品)の評価損の計上方法について、洗替法を採用している場合、その後評価額が回復した場合一旦計上した評価損の戻入処理を行うことが可能ですが、切放法の場合は、一旦評価損を計上するとその後評価額が回復しても戻入処理は行われません。一方、受注損失引当金を計上する場合、損失が見込まれた段階で、損失見込額を引当計上しますが、損失の見込額が変動すれば、受注損失引当金も変動し、引当金の戻入処理が行われます。

したがって、棚卸資産(仕掛品)の評価として切放法を採用した場合、受注

制作のソフトウェアの契約損失の認識にあたって、棚卸資産(仕掛品)の評価損の計上を優先するか、受注損失引当金の計上を優先するかで、次年度以降の戻入処理の可否が異なってきます。そこで、「棚卸資産会計基準」と「工事契約会計基準」のどちらを先に適用するのかが論点となります。

❸ 「工事契約会計基準」の取扱い

「工事契約会計基準」では、実務上の過重な負担を回避しつつ、必要な情報の提供が図られるように、どちらの基準を優先するということではなく、工事損失相当額が適切に財務諸表に反映されることを求めています。❷に記載のとおり、棚卸資産の評価として切放法を採用している場合に論点となりますが、実務的には、多くの企業は棚卸資産(仕掛品)の評価に洗い替え法を採用しているため、両基準の優先順位が問題となることはほとんどないものと想定されます。

「工事契約会計基準」では、工事損失のうちすでに計上された損益(棚卸資産の評価損含む)の額を除いた残額の全体について、受注損失引当金を計上することを求める一方で、当該契約について仕掛品等として計上されている棚卸資産がある場合には、その旨及び当該棚卸資産の額のうち、受注損失引当金に対応する額の注記を求めることにしています。

また、同一の契約に関して棚卸資産(仕掛品)と受注損失引当金がともに計上されている場合には、実務に配慮して、貸借対照表上相殺して表示することも認められます。ただし、この場合、棚卸資産と受注損失引当金を総額で表示した場合と同じ情報が提供される必要がありますので、受注制作のソフトウェアの契約に係る棚卸資産が相殺後の額で表示されている旨と相殺表示した棚卸資産の額の注記が必要となります。

| 関連規定 | 工事契約会計基準 65〜68 |

Q 2-26 受注制作のソフトウェアに為替が関係する場合の留意事項

受注制作のソフトウェアの契約額や原価が外国通貨建になっている場合、どのようなことに留意すればよいのでしょうか。

A ソフトウェア制作の契約金額や原価が外貨建てになっている場合、当該契約は外国為替相場の影響を受けることとなります。「工事契約会計基準」では、契約に複数の通貨が関わる場合の取扱いが定められています。その概要は以下のとおりです。

項　目	内　容
1. 進捗度として原価比例法を採用している場合	為替相場変動の影響により適切な進捗度を算定できない場合、何らかの調整ないし、原価比例法以外の方法を検討する。
2. 為替相場の変動により契約から損失が見込まれる場合	契約損失には、為替相場の変動による影響額も含めて受注損失引当金を計上する。

❶ 進捗度として原価比例法を採用している場合

原価比例法を用いて決算日における進捗度を見積る場合、原価が複数の通貨で発生すると、為替相場の変動が進捗度に影響を及ぼすこととなり、適切な進捗度を表さなくなることがあります。このような場合、契約の内容や状況に応じて、為替相場変動の影響を排除するための調整が必要となります。

実務的には当初の実行予算を前提とした為替相場に基づいて原価比例法の計算を行い、為替相場の変動の影響を排除して、工事進捗度を算定する方法が広く行われていますが、「工事契約会計基準」では、この方法は常に合理的とはいえないため、実際の進捗を合理的に反映するよう契約内容や状況に応じて、原価比例法に適切な調整を行う方法や原価比例法以外の方法の検討が

必要になるとされています。実務的には工事進捗度の見積りに恣意性が入らないように、ルールを整備して継続して運用することが求められるものと考えます。

② 為替相場の変動により契約から損失が見込まれる場合

　「工事契約会計基準」では、工事損失引当金の計上は、正常な利益を獲得することを目的とする企業行動において、投資額を回収できないというような事態が生じた場合に、将来の損失を繰り延べないためのものであり、通常の事業活動の中で不可避的に生じる為替相場の変動に起因する損失は、工事損失に含まれないという見解もあるとしつつも、結論としては、工事損失には為替相場の変動による影響額も含めるべきとされています。

　その理由は、工事契約から生じる損益の中には、必然的に為替相場の変動による影響が含まれる以上、これを特に除外すべき理由はなく、実際に工事契約について大きな為替リスクが存在する場合には、企業は為替相場の変動を含めた損益管理をするのが通常であり、為替相場変動による影響額もすべて工事損失に含めるべきであるためとされています。

関連規定 工事契約会計基準適用指針 7、8、24〜29

Q 2-27　制作進捗過程における完成基準から進行基準への変更の可否

受注制作のソフトウェアについて、当初は完成基準を適用し、制作途中から進行基準に変更することは可能ですか。

A

❶ 成果の確実性の事後的な獲得

当初、「成果の確実性」が認められなかったため、完成基準を適用していたが、制作途中で「成果の確実性」が認められるようになった場合、進行基準に変更する必要があるのか、あるいはできるのかという趣旨と考えます。

「工事契約会計基準」では、当初に「成果の確実性」が認められなかった工事契約について、工事が進捗し完成が近づいたことによって「成果の確実性」が増した場合、そのことのみによって工事完成基準から工事進行基準に変更することは収益認識の恣意的な変更を容認することとなり適切でない、とされています。

しかし、当初に「成果の確実性」が認められない場合のなかには、本来、ソフトウェア制作の着手に先立って定められるべき収益総額や仕様等といった受注制作のソフトウェア契約の基本的内容が未確定であった場合も考えられます。このような場合、その後に収益総額、仕様等が決定されると当初の「成果の確実性」が認められなかった原因が解消することになりますので、その期において、完成基準から進行基準に変更することになります。

❷ 成果の確実性の事後的な獲得があった場合の会計処理

完成基準から進行基準に変更する場合、進行基準に変更した期において、当初から進行基準を適用していた場合の収益と原価が変更した期に一時に計

上されることとなります。

関連
規定
工事契約会計基準 55
工事契約会計基準適用指針 3、13、14

Q 2-28　制作進捗過程における進行基準から完成基準への変更の可否

Q 2-27とは逆に受注制作のソフトウェアについて、当初は進行基準を適用し、制作途中から完成基準に変更する場合はありますか。ある場合はどのような場合なのでしょうか。

A

❶ 成果の確実性の事後的な喪失

当初、進行基準を適用し、その後完成基準に変更する場合は、当初「成果の確実性」が認められていた契約が、ソフトウェア制作の進捗過程で「成果の確実性」が認められなくなった場合ということになります。

制作の進捗過程で「成果の確実性」が認められなくなる場合とは、例えば、以下のような場合が考えられます。

- 完成を妨げる環境要因の発生等によりソフトウェアの完成見込が確実でなくなった。
- ユーザーとの間で仕様や契約金額等契約内容についてトラブルが発生した。
- 制作過程で当初想定していなかった技術的な問題が判明し工数の見積りが困難となった。

このような場合は、「成果の確実性」が見込めなくなった期において、進行基準から完成基準に変更することとなります。

❷ 成果の確実性の事後的な喪失があった場合の会計処理

この場合、「成果の確実性」が失われた時点以降の収益及び原価について完

成基準を適用し、進行基準で過去に計上した収益及び費用は修正しません。これは、「成果の確実性」の喪失は事後的な会計事実の変化であり、過年度において収益及び原価を計上した時点で「成果の確実性」が認められていたとすれば、その時点の処理としては適正であり、事後的な修正は不要との考えによっています。

なお、進行基準によって計上されている未収入金については、「成果の確実性」が失われた状況においては、回収可能性を再検討し、貸倒引当金の見積額を見直す場合があることに留意する必要があります。

❸ 成果の確実性の事後的な喪失の判断に当たって

事後的な事情の変化が「成果の確実性」の喪失に結びつくかどうかについては慎重に検討することが必要となります。例えば、為替相場の変動のような事情の変化は収益総額や原価総額の見積額に影響を及ぼすとしても必ずしも「成果の確実性」を失わせるものではありません。

なお、成果の確実性の事後的な喪失の検討に当たっては、以下の点にも留意が必要です。

- 当初、成果の確実性が認められる状態だったのか。
  - →本当に事後的に成果の確実性が喪失されたのか。当初から成果の確実性が認められなかったのではないか。
- 成果の確実性の事後的な喪失と判断できる状況となっているのか。
  - →成果の確実性は喪失されていないのではないか。

成果の確実性が事後的に喪失されるか否かにより、進行基準ないし完成基準の適用が行われることとなり、利益操作に利用される危険性もあるため、慎重な検討が必要になるものと考えます。

関連規定 工事契約会計基準適用指針 4、16〜19

Q 2-29 契約締結前における進行基準適用の可否

受注制作のソフトウェアについて、契約締結前に制作作業を始めた場合、契約未締結の状態で進行基準を適用することはできるのでしょうか。

A ❶ 「工事契約会計基準」の適用対象となる工事契約

契約未締結の状態といっても、単に契約書の締結が未了となっているのみの形式的な場合もあれば、仕様も決まっていないような場合もあります。「工事契約会計基準」の適用範囲となる工事契約は、当事者間で既に合意されたものを指し、交渉中のものやそれ以前の段階のものは含まれません。そのため、仕様等を交渉していること等の理由で契約が未締結の状態にあるのであれば、そもそも「工事契約会計基準」の適用対象外ということになります。

❷ 契約未締結の状態での進行基準の適用の可否

契約未締結の状態で進行基準を適用できるかは、制作着手時点において当該契約に関して、成果の確実性が認められるか否かによります。その際、検討すべき事項としては例えば以下のような項目が考えられます。

- 仕様は確定しているか。
- 原価総額の見積りを行うことができるか。
- 内示書等からの変更実績の有無。
- 失注、仕掛品の評価減の実績の有無。
- 内示書等は発注権限を有する適切な権限者によって発行されているか。
- 内示書等には、対価の額、決済条件、決済方法の記載があるか。

●契約締結前の制作着手について、社内の承認手続制度の整備運用状況。

　上記のような項目を検討し、進行基準の適用の要否を検討することになりますが、契約未締結の状態が単純に契約書締結手続きの遅れという形式的な場合を除いて、契約締結前に着手された契約に進行基準を適用するに当たってはより慎重な判断が必要になるものと考えます。

現状では「成果の確実性が認められる」といえるまでのレベルに到達していないと考えています。今後、進行基準を適用できるレベルにするために、どのような対応をしていけばよいでしょうか。

　　　進行基準を適用するに当たっては、経理部門のみで対応できるものではありません。ユーザーや外注先との取引関係、社内の管理体制の見直しが必須となります。

❶ ユーザーとの関係

以下のような項目について検討し、対応することが必要となります。

- ●契約時に要件定義を確定させ、ソフトウェアの仕様を確定させる。
- ●契約書には、「○○ソフトウェア一式」というようなあいまいな記載を認めず、ソフトウェアの仕様の詳細を記載する。
- ●制作途上の仕様変更、追加は別途契約にする。
- ●制作途上で発生した追加工数について、契約段階において責任の範囲を明確にし、ユーザー側の責めの場合は別途追加請求できるようにする。
- ●ハードウェア、保守管理等は可能な限り、別途契約にする。
- ●契約書締結まで、制作作業を開始しない。
- ●適時に適切な検収書を入手する。

❷ 外注先との関係

　上記のユーザーとの関係で検討し、対応する項目に加えて、以下の項目の検討が必要となります。

- 外注先の進捗度を工事進捗度に反映させるための契約形態の見直し。
  - →請負契約型から労務サービス型に変更し、毎月精算できないか。
  - →請負契約であっても成果物の単位を小さくすることで、検収の頻度を高められないか。
- 外注先のプロジェクトマネジメント能力を評価し、その評価に基づき、発注先を選定する。

③ 社内管理体制

社内の内部管理体制上の課題はプロジェクトマネジメント体制の充実であり、そのポイントは以下のとおりです。

- プロジェクトマネジメント体制について、例えば、見積手法、見積原価の見直し頻度等の規程、マニュアルの作成。
- プロジェクトマネージャー(PM)の育成・教育。
- プロジェクトの制作方法の標準化を行い、標準工数を設定する。
- 制作部門、プロジェクトマネージャー(PM)以外の組織、例えば、プロジェクトマネジメントオフィス(PMO)による組織的なプロジェクト管理体制(プロジェクトの積立予算の作成、予算実績対比、原価発生以外の制作工程としての進捗管理等)の整備・運用。
- ソフトウェア制作契約の認識単位のルールの設定。
- 連結財務諸表を作成するための、プロジェクトコードの発番方法、連結ベース進捗度の把握方法等。

以上のように、進行基準の適用にあたっては、既存の状態を所与として単に経理部門だけで会計処理、情報入手の検討・工夫等を行えば対応できるようなものではなく、ユーザーや外注先との契約締結業務や社内のプロジェクトマネジメント方法等のあり方についてまでも、検討・対応を行うことが不可欠と考えます。

3 連結決算の留意事項

Q 2-31 連結財務諸表の取扱い（決算日における進捗度）

受注制作のソフトウェアについて、制作の一部又は全部を連結子会社に委託している場合の決算日における進捗度の見積りについて、連結財務諸表を作成するに当たりどのような点に留意する必要がありますか。

ソフトウェア制作を親会社がユーザーから受注し、制作の一部又は全部を連結子会社に発注している場合、連結上の進捗度の見積りとして、親会社、子会社の個別の進捗度をそのまま採用してよいのかが問題となります。

この検討に当たって、ユーザーから受注した契約について親会社は進行基準を採用し、子会社も親会社から受託した契約について進行基準を適用している場合と、子会社では完成基準を採用している場合に分けて考えてみます。

設例

親会社がソフトウェアの制作を受注し、制作の一部を子会社に外注しています。各契約の概要は以下のとおりです。なお、決算日における進捗度の見積方法として原価比例法を採用しています。

項　　目	親会社受注の契約	親会社・子会社間の契約
契約金額	10,000	3,000 （親会社からの発注）
原価総額見積額	7,000 （子会社への発注3,000を含む）	2,000
利益	3,000	1,000
発生原価	2,800 （下表の子会社の進行基準 売上高900を含む）	600

❶ 親会社及び子会社ともに進行基準を適用している場合

　個別財務諸表においては親会社及び子会社ではそれぞれの進捗度に応じて進行基準売上高が計上されています。連結財務諸表作成過程で親会社及び子会社の個別財務諸表が合算されるため、各社の進行基準売上高は単純に合算されます。親会社及び子会社の進行基準売上高の合算額と親会社グループとしての連結ベースの進捗度を採用して計上した場合の進行基準売上高とでは以下の設例のように異なる可能性があります。

〈個別財務諸表と単純合算〉

	親会社	子会社	単純合算
進行基準売上高 （原価比例法）	10,000×2,800/7,000 ＝4,000	3,000×600/2,000 ＝900	4,900
原価	2,800	600	3,400
利益	1,200	300	1,500

（連結修正仕訳）内部取引の相殺消去

（借）　進行基準売上高（子会社）　900　　（貸）　進行基準売掛金（子会社）　900

　連結財務諸表作成にあたり、以下の修正仕訳が行われると、連結財務諸表では親会社及び子会社の企業グループ外への発生原価が売上原価として計上

され、親会社の進行基準売上高がそのまま連結売上高となります。

　ところで上記の連結修正だけでは、連結財務諸表上、親会社グループとして正しい進行基準売上高とはなりません。連結上、正しい進行基準売上高に修正するためには、親会社、子会社が個別の進捗度に基づいて計上している進行基準売上高を連結ベースの進捗度で再計算し、連結上の進行基準売上高に修正することが必要となります。本設例の場合、以下の修正が必要となります。

(連結修正仕訳)連結ベース進捗度による進行基準売上高に修正

(借)進行基準売掛金	167	(貸)　進行基準売上高	167

※1：親会社グループで計上すべき進行基準売上高
　　　元請契約金額 10,000 ×（親会社発生原価 1,900 ＋子会社の発生原価 600）/（親会社原価総額 7,000 －子会社への工事原価総額 3,000 ＋子会社の工事原価総額 2,000）＝4,167
※2：連結上修正すべき進行基準売上高
　　　連結ベースの進捗度による売上高 4,167 －各社の進捗度による売上高 4,000＝167

　連結上の進捗度として親会社及び子会社の各社の進捗度とした場合と、連結ベースの進捗度で再計算した場合の結果は以下のとおりとなります。

勘定科目	各社の進捗度をそのまま連結上の進捗度とした場合	連結ベースの進捗度で再計算した場合
進行基準売上高	4,000	4,167
原価	2,500	2,500
利益	1,500	1,667

　連結決算にあたっては、親会社グループとしての進捗度（連結ベースの進捗度）で進行基準売上高を計上する方法が妥当な会計処理と考えられますが、この修正を行うためには子会社との契約が親会社のユーザーとの契約の一部であることを把握することが必要となります。そのためには、プロジェクトコードを親会社の契約と紐付けられるよう発番することや、子会社の見積原

価総額、発生原価情報を親会社が把握し、連結時に進捗度を親会社個社ベースから連結ベースに変更する作業が必要となってきます。実務的な対応を考えると煩雑となり、管理も複雑になってきます。

したがって、連結財務諸表作成にあたっては、このような連結修正を行う体制の整備及び連結上の修正処理をどのように取り扱うのか等を事前に十分検討しておくことが必要となります。

❷ 親会社は進行基準を適用、子会社は完成基準を適用している場合

個別財務諸表においては親会社では進行基準売上高が計上されていますが子会社では売上高は計上されていません。連結財務諸表作成過程で親会社及び子会社の個別財務諸表が合算されますが、単純合算の段階では親会社の進行基準売上高のみが計上されています。この場合、連結上、親会社グループとしての連結ベースの進捗度で進行基準売上高を計上するためには、連結上の修正処理が必要となります。

〈個別財務諸表と単純合算〉

	親会社	子会社	単純合算
進行基準売上高 （原価比例法）	10,000×1,900/7,000 ＝2,714	―	2,714
原価	1,900	―	1,900
利益	814	―	814
仕掛品	―	600	600

連結財務諸表作成にあたり、内部取引の相殺消去は必要ありません。しかしながら、連結上、親会社グループとして連結ベースの進捗度を見積もって、進行基準を適用する場合、以下の連結修正仕訳が必要となります。

（連結修正仕訳）子会社個別財務諸表で計上されている仕掛品を制作原価へ振替

（借）	制作原価（子会社）	600	（貸）	仕掛品（子会社）	600

※連結上修正すべき原価：子会社発生原価600

（連結修正仕訳）連結ベース進捗度による進行基準売上高に修正

（借）	進行基準売掛金	1,453	（貸）	進行基準売上高	1,453

※：親会社グループで計上すべき進行基準売上高
　　元請契約金額 10,000×（親会社発生原価 1,900＋子会社発生原価 600）/（親会社原価総額 7,000－子会社への原価総額 3,000＋子会社の原価総額 2,000）＝4,167
※連結上修正すべき進行基準売上高：
　　連結進捗度による売上高 4,167－単純合算売上高 2,714＝1,453

　連結上の進捗度として、各社の個別財務諸表を単純合算した場合と、連結ベースの進捗度で再計算した場合の結果を比較すると以下のとおりとなります。

勘定科目	単純合算	連結ベースの進捗度で再計算した場合
進行基準売上高	2,714	4,167
原価	1,900	2,500
利益	814	1,667
仕掛品	600	―

　ただし、そもそも、子会社において、親会社との契約について成果の確実性が認められないものとして、完成基準を適用している場合、親会社個別財務諸表では、子会社は第三者の外注先と同様として、検収後の支払いベースで進行基準を適用することは妥当な会計処理だとしても、連結ベースでみると、当該プロジェクトは成果の確実性がないものと判断される場合も考えられます。そのような場合、連結財務諸表では親会社の個別財務諸表で計上されている進行基準売上高を取り消し、完成基準に変更することが必要となる場合も考えられます。そのため、子会社で完成基準を適用している場合は、「工事契約会計基準」の適用にあたって連結上の取扱いを事前に十分検討しておくことが必要となります。

Q 2-32　連結財務諸表の取扱い（受注損失引当金）

親会社がソフトウェア制作の一部を子会社に外注している場合で子会社では親会社との当該契約の損益が赤字となり、受注損失引当金を計上している場合があります。親会社の受注した契約金額は親会社及び子会社の原価合計額を上回り、グループでは黒字となる場合、連結財務諸表では子会社で計上している受注損失引当金を取り消す処理を行うのでしょうか。

A

❶ 損失が見込まれる場合の個別財務諸表及び連結財務諸表の取扱い

親会社が元請で子会社に制作の一部を外注する場合、親会社では第三者である外注先と同水準の契約金額で子会社に発注するが子会社のコスト構造が他の外注先よりも割高であったり、そもそも子会社への発注価格を厳しくしている場合は、子会社では赤字になることも考えられます。

このような場合、子会社では親会社との契約では赤字であるため、受注損失引当金を計上することとなります。なお、連結上は子会社と親会社の見積原価合計額より元請契約金額のほうが上回る、すなわち元請契約について、企業グループでは黒字となる場合は、子会社で計上している受注損失引当金を取り崩すことが妥当な会計処理となります。

❷ 連結修正のための社内体制

ただし、このような連結上の修正を行うためには、親子会社間の契約について、元請金額と親会社及び子会社の見積原価合計額とを比較する仕組みを構築しておくことが必要となります。実務的には、関係会社間の契約については、元請契約と紐付けるプロジェクトコードを発番し、企業グループの見積原価と元請契約金額を比較できるような工夫が必要になってくるものと考えます。

4 アジャイル開発

Q 2-33 **アジャイル開発とは**

　ソフトウェアの開発手法の1つであるアジャイル開発とは、どのような特徴がありますか。また、従来のウォーターフォール型開発と比べた場合にどのような違いがあるでしょうか。

　これまでソフトウェア開発において、一般的なモデルといわれていたのはウォーターフォール型開発でした。ウォーターフォール型開発とは、水が上流から下流に流れるようにシステムを順次完成させていく手法です。日本においては、顧客仕様のソフトウェア開発が従来から多く行われていましたので、顧客の要求する仕様をまず要件定義で定め、その後要件定義で定めた内容に従って計画的に開発を行うといった、ウォーターフォール型の開発が広く行われていました。

　一方、アジャイル開発は、「アジャイル＝機敏な」という文字通り、顧客の要求にその都度柔軟に応えるため、開発単位を多くの小さな機能に分割し、反復的にそれぞれの機能の制作を行い、追加していく開発手法です。ソフトウェア開発では、しばしば仕様の変更が発生しますが、アジャイル開発は開発期間中の要求変化に柔軟に対応することができるというメリットがあることから、昨今適用されるケースが多くなっています。

　ウォーターフォール型開発とアジャイル開発の特徴をまとめると、以下のようになります。

開発手法	ウォーターフォール型開発	アジャイル開発
定　義	要件定義、設計、開発、テスト等の各工程を厳格にあらかじめ計画された順序に従って行う開発手法	顧客の要求に従い、優先度の高い機能から順に要件定義、開発、テストを短い期間で繰り返しながらシステム全体を構築していく開発手法
特　徴	① 計画重視の開発手法 ② 予算内での開発が可能 ③ 作業工程の後戻りが少ない ④ 顧客が利用可能になるまで時間がかかる ⑤ 一括開発、一括リリースの開発手法	① 適応的開発手法 ② 開発中に要求変化に柔軟に取り組むことが可能 ③ 重要な機能から作りあげていくため、必要な機能が早いタイミングで利用可能 ④ 当初の開発規模及び開発期間は、明確でないケースが多い

Q 2-34　アジャイル開発の会計上の課題

アジャイル開発を行う場合、会計上どういう点に留意する必要があります
か。

 アジャイル開発は、要求変化に柔軟な対応を行う開発手法で
あることから、会計処理において以下の点に留意する必要があ
ります。

❶ 工事進行基準の適用可否(ベンダー側)

工事契約に関する会計基準では、工事進行基準を適用するためには、成果
の確実性が認められる必要があります。この成果の確実性は、収益総額、原
価総額、決算日におけるプロジェクト進捗度のそれぞれに信頼性をもった見
積りが求められることとなりますが、アジャイル開発の場合、顧客の要求変
化に柔軟に対応して開発を行うことから、特に原価総額について、信頼性の
ある見積りが実施できない可能性があります。顧客の要求変化に柔軟に対応
して開発を行うため、成果物が明確に決まりにくく、精緻な原価総額の予算
化、また、その後の予算の見直しを行うことが非常に困難になる可能性があ
ります。その結果、工事進行基準は適用できず、工事完成基準を採用しなけ
ればならない可能性が高いと考えられます。

実務における対応策として、例えば契約形態を請負契約ではなく、工数精
算型の契約又は準委任型の契約を締結し、月次で精算するような契約形態に
することで、進捗に応じて適宜売上計上を行うことが可能になろうかと考え
ます。

❷ 自社制作ソフトウェアの資産計上（ユーザー側）

　アジャイル開発を行う場合、要求変化に柔軟に対応するため、事前に成果物を定義することが難しく、制作にかかる総工数や総コストを見積もることが困難であるという側面があります。また、どの程度費用がかかるか見通しが困難なケースが多く、開発に係る支出を予算化しにくいと言われます。従って、アジャイル開発によって自社利用ソフトウェアを制作する場合、将来の収益獲得又は費用削減効果を把握する際に、どの位将来の収益獲得又は費用削減効果があるか判定することができない可能性があります。自社利用ソフトウェアの制作費は、将来の収益獲得又は費用削減効果が確実である場合に資産計上できるとされていますが、上記のとおり制作費がどの程度発生するか把握することが難しいと考えられますので、構築するソフトウェアが将来確実に利益を生み出す資産なのか又は費用削減効果がある資産なのか数値で立証することが困難となり、資産計上の判定に一定の困難性が存在するものと考えられます。

　実務における対応策として、アジャイル開発で制作するソフトウェアについて、一定のリリース単位で予算額を設定し、その単位ごとに収益獲得又は費用削減効果を判定し、開発前に社内承認を得る、という方策が考えられます。

5 原価計算

Q 2-35 受注制作のソフトウェアに係る会計処理

受注制作のソフトウェアの制作から売上までの会計処理を教えてください。

❶ プロジェクト別原価計算について

　受注制作のソフトウェアは、ユーザーの要望に応じたオーダーメイドによるものであるため、建築工事や土木工事のように請負工事の会計処理に準じて、基本的にはユーザーとの個別契約単位(または作業単位)で制作原価を算定する必要があります。

　このような原価計算の方法を、ソフトウェア業においては、プロジェクト別個別原価計算またはプロジェクト別原価計算と呼んでいます(以下、プロジェクト別原価計算)。

　実務上は、通常この制作原価を算定する単位でプロジェクトコードを発番し、その単位で進行基準または完成基準を適用し、収益や費用を計上します。

❷ 会計処理の流れ

　受注制作のソフトウェアについては、費目ごとに計上した制作費について部門別計算を経て、プロジェクト別に制作原価を算定します。プロジェクト別原価計算の方法については、**Q 2-36** をご参照ください。

原価計算の対象となるのは制作費のみであり、販売費と管理費は対象となりません。制作費と販売費・管理費の区分については、**Q 2-41** をご参照ください。

　次に、進行基準（原価比例法）を適用する場合、制作原価を売上原価に計上するとともに進捗度に反映し、その進捗度に応じて収益を計上します。

　一方、完成基準を適用する場合、成果物が検収されるまで制作原価を仕掛品に計上し、成果物が検収されたときに収益に対応させるように仕掛品を売上原価に振り替えます。

会計処理

```
制作費の発生
 （借）材料費          ××      （貸）購買買掛金        ××
　　　 労務費          ××            未払人件費        ××
　　　 外注費          ××            外注買掛金        ××
制作原価の算定
 （借）制作原価        ××      （貸）材料費            ××
　　　　　　　　　　　　　　　　　　　 労務費            ××
　　　　　　　　　　　　　　　　　　　 外注費            ××

進行基準のケース
 （借）売掛金（進行基準）  ××      （貸）売上高          ××
　　　 売上原価        ××            制作原価          ××
完成基準のケース
（納品前）
 （借）仕掛品          ××      （貸）制作原価          ××
（納品・検収）
 （借）売掛金          ××      （貸）売上高            ××
　　　 売上原価        ××            仕掛品            ××
```

※プロジェクト別原価計算の設例については、**Q 2-40** をご参照ください。

 関連規定　研究開発費等会計基準四 1
工事契約会計基準 6 (6)

ソフトウェア業のプロジェクト別原価計算の一般的な流れを教えてください。

❶ 費目別計算

費目別計算とは、制作費を費目別(発生形態別)に分類集計する手続をいい、プロジェクト別原価計算における第一次の計算段階です。

まずは、発生した費用のうち、原価部門で発生したものを制作費として分類します。制作活動と管理活動に共通して発生するような全社共通費(例えば、制作部門も含む本社ビルの経費など)については、合理的な基準(例えば、本社ビルの占有面積比など)で按分し、原価部門への配賦額を計算します。

制作費は、材料費、労務費、経費に大別され、プロジェクトに直接紐付くか否かで、費目ごとにプロジェクト直接費またはプロジェクト間接費に区分して集計します(例えば、「直接給料」「間接給料」など)。

❷ 部門別計算

部門別計算とは、プロジェクト間接費を制作部門に集計、配賦する手続をいい、プロジェクト別原価計算における第二次の計算段階です。

まず、費目別計算で集計したプロジェクト間接費が、制作活動そのものを実施する制作部門または制作活動を補助する補助部門(以下、原価部門)に紐付くか否かで、原価部門個別費または原価部門共通費に区分して集計します。

原価部門個別費は各原価部門に賦課し、原価部門共通費は制作部門及び補助部門に合理的な基準で配賦します。次に補助部門費を同様に合理的な基準で制作部門に配賦することで部門別計算が完了します。

③ プロジェクト別計算

　プロジェクト別計算とは、個別契約単位または作業単位ごと（プロジェクトコードの発番単位ごと）に制作原価を算定する手続をいい、プロジェクト別原価計算における第三次の計算段階です。

　具体的には、「直接人件費」等のプロジェクト直接費については、プロジェクトに直接賦課し、「間接人件費」等のプロジェクト間接費については、プロジェクトに合理的な基準で配賦し、プロジェクトの制作原価を算定します。

〈プロジェクト別原価計算の流れのイメージ〉

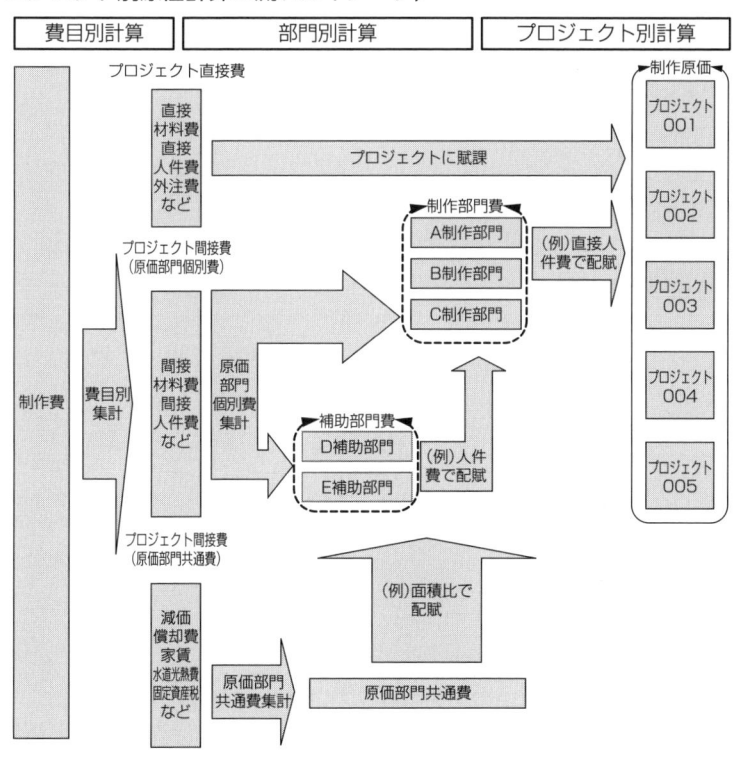

関連
規定　原価計算基準 9、15

Q 2-37 プロジェクト別原価計算における プロジェクト直接費

プロジェクト直接費の内容と集計上の留意点を教えてください。

A プロジェクト直接費の種類

　プロジェクト直接費は主に以下の3項目から構成されます。

> **プロジェクト直接費**
> 1　直接材料費
> 2　直接労務費
> 3　直接経費

❶ 直接材料費

　直接材料費としては、ソフトウェアの制作活動において使用する CD-ROM 等のメディアやソフトウェアと有機的一体として機能するハードウェアの購入、ライセンスの購入などが考えられます。プロジェクトごとに個別に発注するケースが多いと考えられますので、各材料にプロジェクトコードを発番し、各プロジェクトに賦課します。

❷ 直接労務費

　直接労務費としては、制作者の給与、賞与、退職給付費用、法定福利費などが考えられます。これらの直接労務費を各プロジェクトに賦課するため、制作者の稼働時間をプロジェクトごとに集計し、この稼動時間に賃率(実際賃率、予定賃率) を乗じて各プロジェクトに賦課する金額を計算します。した

がって、直接労務費をプロジェクトに正確に賦課するためには、稼働時間を適時に正確に登録する必要があります。

次に稼働時間当たりの労務費としては、実際賃率を利用する方法と予定賃率を利用する方法があります。実際賃率とは、部門別、職階別等における直接労務費の実際発生額を、部門別、職階別等の総稼働時間で除して計算した賃率です。また、予定賃率とは、部門別、職階別等における稼働時間当たり労務費の予定額を合理的に設定したものです。

予定賃率を利用し実際労務費との間で発生した原価差異は、原則的には売上原価として処理しますが、多額になる場合については売上原価と仕掛品へ配賦することが認められています(原価差異の会計処理については、**Q2-47** 参照)。

❸ 直接経費

直接経費としては、外注費、交通費等の経費や、ソフトウェア等の有形・無形固定資産の減価償却費などのうち特定のソフトウェアの制作に直接関わるものが挙げられます。

交通費等の経費を特定のプロジェクトに紐付けるためには、経費精算書等にプロジェクトコードを記載する必要があります。また、固定資産の減価償却費をプロジェクトに紐付けるためには、当該固定資産の購入時にプロジェクトコードを購入稟議等に記載して把握する必要があります。

なお、通常は社内の従業員のみで制作活動を行うことは少なく、外注先と協力して制作活動を行います。そのため、制作原価に占める外注費の割合も高まります。そこで、実務的には外注費をその他の直接経費とは区分し、直接労務費と同様に個別管理する場合が多いものと考えられます。

| 関連 規定 | 原価計算基準32 |

Q 2-38 プロジェクト別原価計算における プロジェクト間接費

プロジェクト間接費の内容とプロジェクトへの配賦方法について教えてください。

A ❶ プロジェクト間接費の分類

制作活動に関連して発生するプロジェクト間接費は、以下のように分類できます。

プロジェクト間接費		具体例
原価部門個別費	制作部門費	・制作者の間接時間（待機時間・研修時間など）に係る人件費 ・管理者や部門事務担当者の人件費 ・制作部門固有の固定資産の減価償却費やリース料、消耗品費等
	補助部門費	・プロジェクト管理部門や購買部門などの補助部門の人件費や経費等
原価部門共通費		・原価部門で共通的に発生する制作関連スペース部分の減価償却費や家賃、水道光熱費等

❷ プロジェクト間接費の配賦方法

プロジェクト間接費は、次頁の図のとおり部門別計算及びプロジェクト別計算の過程において、3段階の配賦により各プロジェクトの原価として算定されます。

〈プロジェクト間接費の配賦〉

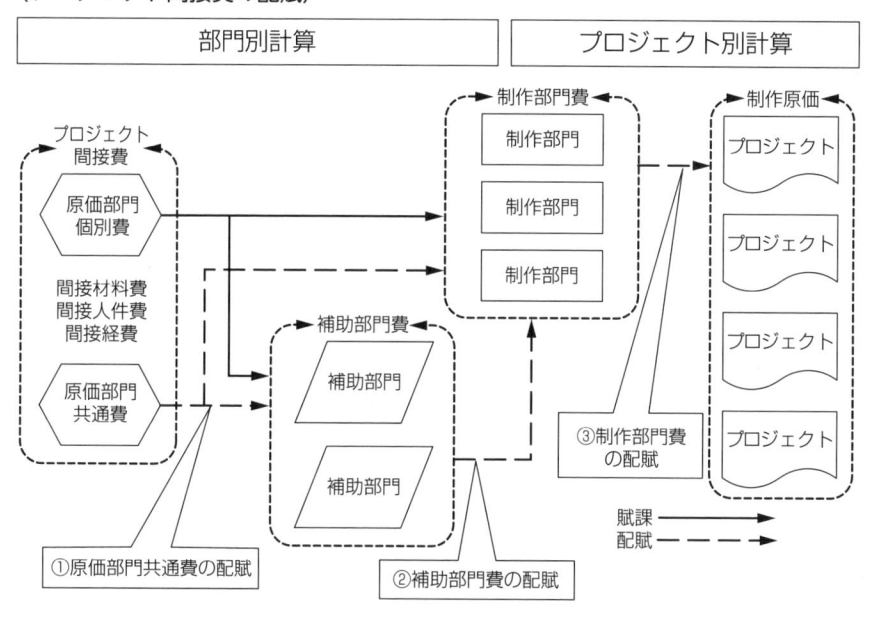

予定配賦率を使用して配賦計算を実施する場合には、予定配賦額と実際発生額との間で間接費配賦差異が発生します(次頁の図参照)。この間接費配賦差異については、売上原価に全額賦課することが原則ですが、多額になる場合は売上原価と仕掛品へ配賦することが認められています。

　なお、予定配賦率を使用せずに、プロジェクト間接費の実際発生額を各段階の配賦基準で実際配賦する場合もあります。

〈間接費配賦差異〉

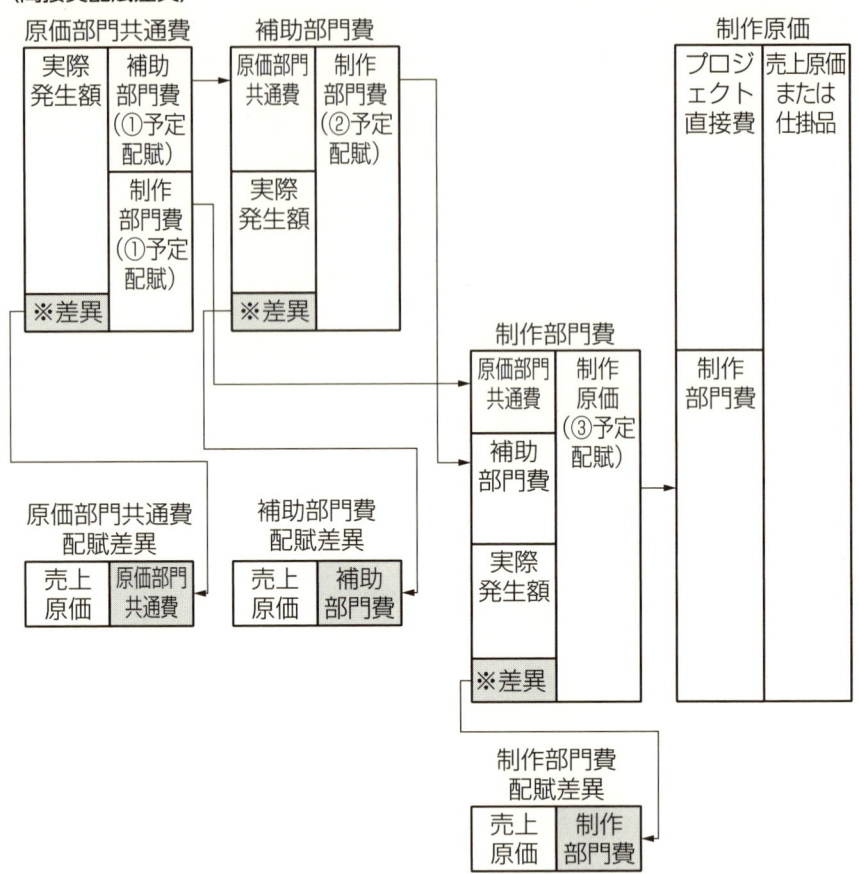

関連規定　原価計算基準33

Q 2-39 プロジェクト間接費の配賦基準

プロジェクト間接費の配賦基準の考え方を教えてください。

❶ プロジェクト間接費の把握

　　プロジェクト間接費とは、各プロジェクトに共通する制作用ソフトウェアの減価償却費や制作部門の事務スタッフの給与等であり、各プロジェクトに直接的に紐付けできないものの、各プロジェクトに間接的に貢献している制作費です。

　なお、プロジェクト間接費の中には、厳密な調査を行えば、プロジェクト直接費として処理できるものもあると考えられます。しかし、金額的に重要性の乏しいプロジェクト直接費とプロジェクト間接費の区分については、各企業が事務負担を考慮して決定しているものと考えられます。

❷ プロジェクト間接費の配賦基準

　　プロジェクト間接費の配賦基準としては、プロジェクト間接費の発生と相関性が高く、そのデータが経済的に入手できるものが選ばれます。例えば、減価償却費等の建物に関連して発生するような制作費については、各部門の占有面積を配賦基準として採用するものと思います。また、配賦基準をいたずらに変更することは、プロジェクトごとの制作原価の算定を歪めますので、実態に変化がなければ毎期同一の基準を採用することが重要です。

１ 原価部門共通費を補助部門または制作部門へ配賦する際の配賦基準

　　原価部門共通費を制作部門または補助部門へ配賦する基準としては、以下のようなものが考えられます。例えば水道光熱費の発生について、建物の占有面積よりも人員数と相関性が高いと考えられる場合には、配賦基準として

人員数を採用するなど、制作費が発生する実態に応じて適切な配賦基準を採用する必要があります。

　一方で、金額的に重要性の乏しいものまで費目別に細かく配賦基準を設定するか否かは、各企業が事務負担を考慮して決定しているものと考えられます。

〈配賦基準の例〉

分　類	費　目	配賦基準
建物に関連して発生するコスト	減価償却費、家賃	各部門の占有面積
人員数との相関性が高いコスト	消耗品費、水道光熱費	各部門の構成人員数や稼働時間

② 補助部門費を制作部門へ配賦する際の配賦基準

　プロジェクト間接費の配賦計算は、部門別計算において、購買部門等で発生した補助部門費を各制作部門に配賦します。補助部門費を制作部門へ配賦する基準としては、例えば補助部門費を変動費と固定費に区分した場合、変動費では制作部門におけるサービスの消費量を採用し、固定費では制作部門におけるサービスの最大消費量(サービス消費能力)などを採用することが考えられます。

　購買部門などの補助部門費の多くは人件費または外注費であり、変動的に発生する場合と固定的に発生する場合があるものと考えられます。実務的には以下の例のようにその部門の実態によって、変動的な要素が強ければ変動費と見なして配賦し、固定的な要素が強ければ固定費と見なして配賦することもあると考えます。例えば、購買部門においてほとんどが派遣労働者である場合は、変動的な要素が強いと考えられるため、発注処理回数を配賦基準とすることが考えられます。またほとんどが自社の従業員であり業務量も安定している場合は、固定的な要素が強いと考えられるため、制作部門の人件費や人員数を配賦基準とすることが考えられます。

なお、補助部門費でも各プロジェクトに直接的に紐付けできるものは、制作部門に配賦せず、プロジェクト直接費として各プロジェクトに賦課することもあります。例えば、特定プロジェクトのみを管理するプロジェクト管理部門であれば、対象プロジェクトに直接賦課したほうが合理的であるものと考えられます。

〈購買部門の配賦基準の例〉

分　　類	費　　目	配賦基準
変動費	購買部門の人件費 （派遣労働者）	制作部門の外注費の発注回数
固定費	購買部門の人件費 （自社従業員）	制作部門の人件費 構成人員数、稼働時間

③ 制作部門費を各プロジェクトに配賦する際の配賦基準

制作部門に集計したプロジェクト間接費は、次に各プロジェクトに配賦します。プロジェクトへの配賦基準としては、ソフトウェア制作の実態に即した基準を採用する必要があります。

ソフトウェアの制作が労働集約的であるため、配賦基準としては制作者の稼働時間や人件費を採用することが考えられます。各プロジェクトの制作費に占める外注費の割合が高い場合には、社内制作者の直接作業時間や直接人件費よりも、各プロジェクトにおける外注先の作業時間や外注費を配賦基準として採用する方が、実態に即している場合があります。一方で、自社制作割合が高いプロジェクトと外注割合が高いプロジェクトが混在している場合には、内部の直接作業時間等や外注先の作業時間等のどちらかで一律に配賦計算をすると、集計した間接費が一部プロジェクトの実態に即していない可能性があります。このような場合には、両者の合計金額や合計時間またはプロジェクト直接費の総額を配賦基準とすることも考えられます。

また、ソフトウェアの制作と物販が一体となっている契約など、多額な直接材料費がプロジェクトで発生している場合には、プロジェクト直接費を配

賦基準に採用するとプロジェクト間接費の配賦が多額になるため、プロジェクト直接費の金額から直接材料費を控除した金額を配賦基準とすることも考えられます。

制作実態	配賦基準	メリット	デメリット
全体的に自社制作割合が高い場合	制作者の作業時間直接人件費	内部データであるので、入手が容易。	外注割合の高いプロジェクトについて配賦額が少なくなる。
全体的に外注割合が高い場合	外注先の作業時間	作業報告書を入手することで、入手可能。	データ入手が困難な場合がある。自社制作割合の高いプロジェクトは配賦額が少なくなる。
	外注費	内部データであるので、入手が容易。	自社制作割合の高いプロジェクトは配賦額が少なくなる。
両者が混在している場合	制作者と外注先の作業時間合計直接人件費と外注費の合計プロジェクト直接費	制作者の作業時間、直接人件費、外注費及びプロジェクト直接費は、内部データであるので、入手が容易。外注先の作業時間は、作業報告書を入手することで、入手可能。	作業報告書ではデータ入手が困難な場合がある。直接材料費が多額なプロジェクトは配賦額が多くなる。

 関連規定　原価計算基準33

Q 2-40　プロジェクト別原価計算の具体的仕訳

プロジェクト別原価計算に係る会計処理について、具体的な仕訳を教えてください。

　　　　プロジェクト別原価計算に係る会計処理について、以下の設例で会計処理の流れと仕訳をご説明します。

設例

　制作部門であるA部門でプロジェクトコード001、プロジェクトコード002の制作を行い、同じく制作部門であるB部門でプロジェクトコード003を制作します。この他に補助部門であるC部門が存在します。制作費(直接人件費500+間接人件費340+外注費300+家賃90=合計1,230)が各プロジェクトにどのように集計されるのか、確認していきます。

〈プロジェクト別原価計算の数値例〉

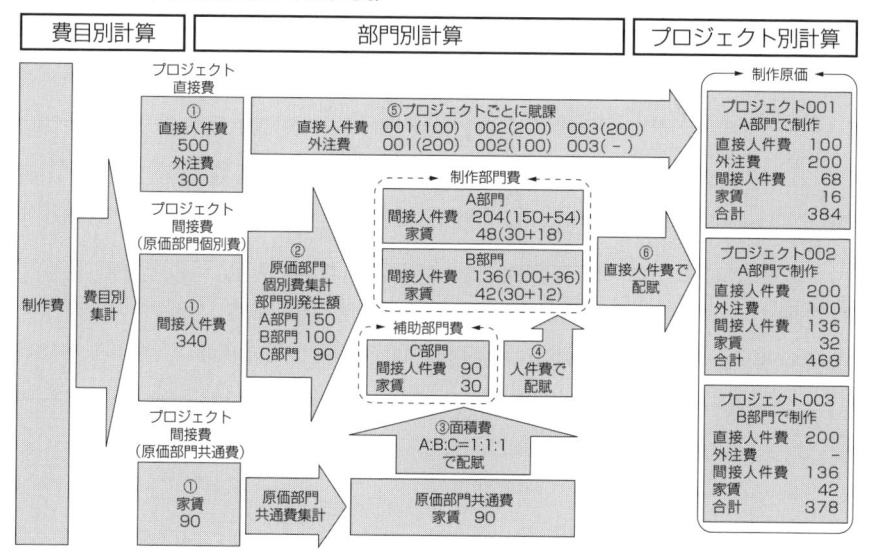

① 制作費の発生

(借) 直接人件費	500	(貸) 未払人件費	840
外注費	300	外注買掛金	300
間接人件費	340	預金	90
家賃	90		

　プロジェクトに直接紐付けられるかどうかにより、発生した制作費を費目ごとに、プロジェクト直接費、プロジェクト間接費に区分して計上します。ここでは、直接人件費 500 と外注費 300 がプロジェクト直接費で、間接人件費 340 と家賃 90 がプロジェクト間接費となります。

② 原価部門個別費の集計

(借) A部門間接費	150	(貸) 間接人件費	340
B部門間接費	100		
C部門間接費	90		

　費目別計算で集計したプロジェクト間接費（間接人件費 340 と家賃 90）が、原価部門に直接紐付けられるかどうかで、原価部門個別費と原価部門共通費に区分されます。間接人件費 340 については、原価部門に直接紐付けられることから「原価部門個別費」として、各部門の発生額（A部門 150、B部門 100、C部門 90）を、各部門の間接費に振り替えます。

③ 原価部門共通費の配賦（実際配賦を想定）

(借) A部門間接費	30	(貸) 家賃	90
B部門間接費	30		
C部門間接費	30		

　家賃 90 については原価部門に直接紐付けられないため、「原価部門共通費」としてここでは各部門の使用面積割合で配賦し（A部門：B部門：C部門＝1：1：1）、家賃から各部門の間接費に 30 ずつ振り替えます。

④ 補助部門費の配賦(制作部門の人件費率による実際配賦を想定)

（借）A 部門間接費　　　　72　　　（貸）C 部門間接費　　　　　120
　　　B 部門間接費　　　　48

　C 部門は補助部門のため、制作部門(A 部門、B 部門)にコストを振り替える必要があります。ここでは、各部門の人件費の割合(A 部門：B 部門＝450：300)配賦し、A 部門に 72、B 部門に 48 を振り替えます。

　　※A 部門の人件費 450＝直接人件費(プロジェクトコード 001 に 100、プロジェクトコード 002 に 200)と間接人件費(A 部門に 150)
　　　B 部門の人件費 300＝直接人件費(プロジェクトコード 003 に 200)と間接人件費(B 部門に 100)

⑤ プロジェクト直接費の賦課

（借）制作原価 001　　　　300　　　（貸）直接人件費　　　　　500
　　　制作原価 002　　　　300　　　　　　外注費　　　　　　　300
　　　制作原価 003　　　　200

　プロジェクト直接費である直接人件費 500 を、プロジェクトコード 001 に 100、プロジェクトコード 002 に 200、プロジェクトコード 003 に 200 を賦課し、また同様に外注費を、プロジェクトコード 001 に 200、プロジェクトコード 002 に 100 を賦課するため、それぞれ各プロジェクトの制作原価に振り替えます。

⑥ 制作部門費の配賦(プロジェクトの直接人件費率で実際配賦を想定)

A 部門間接費　001：002＝100：200　B 部門間接費　003 のみ

（借）制作原価 001　　　　84　　　（貸）A 部門間接費　　　　　252
　　　制作原価 002　　　168　　　　　　B 部門間接費　　　　　178
　　　制作原価 003　　　178

　原価計算の最終段階である、プロジェクト別計算です。

　A 部門制作部門費(間接人件費 204＋家賃 48)と B 部門制作部門費(間接人件費 136＋家賃 42)を、ここでは各プロジェクトの直接人件費の比率(プロジェクトコード 001：プロジェクトコード 002：プロジェクトコード 003＝100：200：200)で配賦し、各プロジェクトの制作原価に振り替えます。

制作部門で発生した管理費を制作費に含めてもよいのでしょうか。

発生した費用に関して、制作費として処理すべきか否か、以下のとおり具体的な例を取り上げて検討していきます。

番号	費用の例
①	制作部門で発生した管理費
②	制作者の研修に係る人件費
③	制作者の待機時間に係る人件費
④	制作活動を行っている取締役の報酬
⑤	制作部門における受注活動費用
⑥	瑕疵担保期間経過後の無償の保守メンテナンス費用

❶ 制作部門で発生した管理費

　制作部門において、部門共通の消耗品を購入した費用等の総務関連や人事関連等の管理費が発生することがあります。このような総務関連や人事関連の管理費であっても制作部門で発生する以上は、ソフトウェアの制作に間接的に貢献していると解釈できるため、一般的にはプロジェクト間接費としてソフトウェアの制作費に含めるものと考えられます。一方で、カンパニー制のように本社における管理機能の大部分が制作部門に帰属している組織においては、前述の方法を用いるとほとんどの管理費が制作費となります。この場合においては、一定のルールに基づき制作部門内の管理費を区分し、制作

費ではなく一般管理費として集計することを検討する必要があります。

❷ 制作者の研修に係る人件費

　ソフトウェア業においては、制作者に対して技術向上や品質管理などの目的で様々な研修を行います。理論的には研修内容に応じて、例えば、技術向上を目的とする研修であればプロジェクト間接費として制作費に含め、新人研修であれば一般管理費に含めることが考えられます。なお、研修に係る人件費の重要性が乏しい場合には、制作部門で発生している限りソフトウェアの制作に間接的に貢献していると解釈できるため、プロジェクト間接費として制作費に含めることも考えられます。

❸ 制作者の待機時間に係る人件費

　制作者の待機時間に係る人件費は、一般的にはソフトウェアの制作過程で不可避的に発生するものであるため、プロジェクト間接費として制作費に含めるものと考えられます。ただし、事業の再編等の特殊な要因により制作者の余剰人員を多く抱えているときなど、形式的に制作費に含めると、制作原価を著しく歪めてしまう場合があります。このような場合は、待機時間に係る人件費を区分管理し、正常なもののみをプロジェクト間接費として制作費に含めることが必要です。

❹ 制作活動を行っている取締役の報酬

　取締役は経営管理者としてソフトウェア制作に直接従事しないのが一般的であるため、取締役の報酬は通常は一般管理費として処理します。

　ただし、小規模な企業においては、取締役がソフトウェア制作に従事する場合も少なくありません。このような場合、当該取締役の報酬を制作費に含

めないと、ソフトウェアの制作原価が適切にならない場合も考えられます。

　また、取締役が制作部門長を実質的に兼任していながら、使用人兼務役員として使用人部分の給与と取締役部分の役員報酬を区分していない場合もあります。ソフトウェア制作に従事するのであれば、従業員部分を給与とし、取締役部分を役員報酬として処理し、給与を制作費に含めることが妥当な処理と考えます。

❺ 制作部門における受注活動費用

　受注制作のソフトウェアに関する受注活動においては、提案書や見積書を作成するため営業部門に加えて制作部門が多く事前調査や分析などをするので、量産品を生産販売する企業よりも受注費用が多く発生する特徴があります。このような受注活動の期間(次頁の図①)に発生した受注費用は、制作部門で発生しても、その制作者の受注活動に係る人件費はプロモーション費用として発生時に販売費として処理します。

❻ 瑕疵担保期間経過後の無償の保守メンテナンス費用

　保守メンテナンス費用は通常、契約書に定められた瑕疵担保期間においては制作原価として取り扱われます。

　瑕疵担保期間を経過した期間(次頁の図②)において無償の保守メンテナンス費用(成果物に何らかの不具合が発見され、無償でメンテナンスする)が発生した場合は、その性質に応じて以下のように取り扱われるものと考えます。

会計処理	根　拠
制作原価として処理	瑕疵担保期間が経過しているが、本来、当初の契約の中で行うべき作業であり、それが履行されていないため、対応しなければならない場合がある。この場合、受注制作のソフトウェアに関連して発生した費用である。
販売費として処理	瑕疵担保期間が経過しており、本来、新たに契約を締結して行うべき作業であるが、ユーザーとの良好な関係を保つため、無償で対応する場合がある。この場合、ユーザーに対するアフターサービスの性質が強い費用である。

受注活動開始　制作活動開始　契約意思の確認　契約締結　納品・検収

①受注費用　　　（瑕疵担保期間）　②無償の保守メンテナンス費用

プロジェクトコードの発番単位について教えてください。

❶ 発番単位の考え方

　受注制作のソフトウェアにおいては、プロジェクト別原価計算によってプロジェクトごとに制作原価を算定し損益を計算します。また「工事契約会計基準」においては、「工事契約に係る認識の単位は、工事契約において当事者間で合意された実質的な取引の単位に基づく」とされています。

　したがって、原則的には、プロジェクトコードは収益の認識単位ごとに発番する必要があります。一般的に収益の認識単位は契約の単位と一致しますが、実質的な取引単位に基づいて、契約を分割もしくは結合した単位で発番することが適切なケースも考えられます。

❷ 発番単位の具体例

1 分割検収

　分割検収とは、1つのソフトウェア制作をいくつかの作業ごとのフェーズに分けて、フェーズごとに検収するものです。この場合は、フェーズごとに収益を認識するため、フェーズごとにプロジェクトコードを発番し、フェーズごとに制作原価を算定します。なお1つの契約が複数のフェーズに分かれる場合には、契約ごとにプロジェクトコードを発番した上で、フェーズごとに枝番を付して管理することも考えられます。

2 大規模案件

　大規模案件については、複数の部門において制作する場合があります。プ

ロジェクトコードは、原則として収益の認識単位ごとに発番する必要があり
ますが、このような場合には、管理上は部門ごとに損益を把握する必要があ
るために、部門ごとの作業範囲に応じてプロジェクトコードを発番します。
なお、案件全体として管理する必要もあるため、部門ごとのプロジェクト
コードに共通の親番号をつけるなど一体であることがわかるように発番方法
を工夫することが必要です。

③ 仕様の変更

　ソフトウェア制作を受注する場合、当初から仕様の詳細まで詰められない
場合もあります。また、想定外の事象が発生することなどによって、当初の
契約内容から仕様を変更する可能性もあります。

　そこで、収益の認識単位を変更する場合には、制作費も集計単位を変更す
る必要があります。そのため、制作活動開始の時点からソフトウェアの機能
別、フェーズ別など作業範囲を管理できる単位で、プロジェクトコードを細
かく発番しておくことも考えられます。

関連規定 工事契約会計基準 7、8

特定のユーザーから受注したソフトウェアを、新規の受注制作のソフトウェア、市場販売目的のソフトウェア、自社利用のソフトウェアに流用・転用する場合の留意点を教えてください。

ソフトウェアは、コンピュータを機能させるためのプログラム等であり、複写が容易な無形資産です。そのため、特定のユーザーから受注して制作したソフトウェアを、他のユーザーから受注したソフトウェアの制作に活用すること（以下、流用）や制作目的を変更すること（以下、転用）が可能です。

例えば、新たに受注したソフトウェアが、過去に制作したソフトウェアに類似している場合、過去に制作したソフトウェアのソース・コードや帳票出力の仕様などの機能、要件定義書、詳細設計書等を利用することが可能と考えられます。ソフトウェア業では、過去に制作したソフトウェアは貴重な財産であり、その財産をどれだけ新たに受注したソフトウェアの制作に活かせるかは、まさにビジネスの重要な課題といえます。

以下では、流用・転用の会計処理について、4つの場合に分けて留意すべき点を検討します。

〈特定のユーザーから受注したソフトウェアの流用・転用パターン〉

特定のユーザーに対するもの　　　　　　　　流用先・転用先の制作目的

```
┌─────────────────────┐                      ┌─────────────────────┐
│ 1. 過去のソフトウェアの │                      │  受注制作のソフトウェア  │
│    流用・転用          │                      │                     │
└─────────────────────┘                      └─────────────────────┘

┌─────────────────────┐
│ 2. 現在のソフトウェアの │                      ┌─────────────────────┐
│    転用               │                      │ 市場販売目的のソフトウェア │
└─────────────────────┘                      └─────────────────────┘

┌─────────────────────┐
│ 3. 契約変更した        │
│    ソフトウェアの転用   │
└─────────────────────┘                      ┌─────────────────────┐
                                             │  自社利用のソフトウェア  │
┌─────────────────────┐                      └─────────────────────┘
│ 4. 失注したソフトウェアの │
│    流用・転用          │
└─────────────────────┘
```

❶ 特定のユーザーから過去に受注したソフトウェアを流用・転用する場合

　過去に特定のユーザーから受注して制作したソフトウェアを新たなユーザーから受注したソフトウェアに流用する場合や、新たに制作する市場販売目的のソフトウェアや自社利用のソフトウェアに転用する場合、制作するソフトウェアの制作原価を大幅に削減できます。

　この場合、受注制作のソフトウェアの制作原価は、過年度の決算で既に費用処理されており、新しいソフトウェアの制作原価に付け替えるという問題は生じません。

❷ 制作中の受注制作のソフトウェアに関する一部の機能を、他の制作目的のソフトウェアに転用する場合

特定のユーザー向けに制作している受注制作のソフトウェアを以下のように転用する場合があります。

- 他社への展開が見込まれるなどの理由により、主要な機能を市場販売目的のソフトウェアに転用する場合。
- 収益獲得目的の自社利用のソフトウェアに転用する場合。

この場合、受注制作のソフトウェアの制作原価を転用する市場販売目的あるいは自社利用のソフトウェアの制作原価に付け替えることになるかが問題となりますが、以下のような処理が考えられます。

制作費の種類	会計処理	考え方
特定のユーザー向けに制作しているソフトウェアに係る既発生原価	費用発生時に紐付けたプロジェクトコードから新たに制作するソフトウェアのプロジェクトコードに付け替える処理は行わないものと考える（受注制作のソフトウェアの制作原価として処理）[※1]。	ソフトウェアの制作費に係る会計処理は制作目的別に異なり、他の制作目的に変更する場合に、その部分の制作費を事後的に集計することは極めて困難であると考えられるため、制作開始時の制作目的を重視し、制作目的変更時までの会計処理を変更しないものと考える[※1]。
市場販売目的または自社利用のソフトウェアに転用する追加費用	市場販売目的または自社利用のソフトウェアの制作費として処理するものと考える。	追加費用部分は新たなソフトウェアの制作と考える。

※1　受注制作のソフトウェアを制作する時点で転用する予定がある場合は、共通作業に係る制作原価を各目的のソフトウェアの制作原価に按分する処理が考えられます。なお、市場販売目的のソフトウェアに転用する場合、この共通作業に係る制作原価の多くは研究開発費として費用処理されることにご留意ください。

❸ 制作中の受注制作のソフトウェアに関する全部の機能を契約変更により、他の制作目的のソフトウェアに転用する場合

　特定のユーザーからソフトウェアを受注し、制作を開始した後で、制作するソフトウェアを不特定多数に販売できるようになったことから市場販売目的のソフトウェアを販売する契約に変更する、または収益獲得目的の自社利用のソフトウェアとしてクラウドサービスを提供する契約に変更することが考えられます。

・受注制作のソフトウェアを完成基準で会計処理していた場合には、それまで計上した仕掛品を、転用先の制作費として振り替えるかどうか

・受注制作のソフトウェアを進行基準で会計処理していた場合には、それまで計上した売上高を過去に遡って取り消すとともに、同じくそれまで計上した売上原価を転用先の制作費として振り替えるかどうか

　このようなポイントに対して、考えられる会計処理をまとめたものが、次頁の表になります。

収益認識	会計処理	考え方
完成基準	（原則）仕掛品から制作費への振替不可	ソフトウェアの制作費に係る会計処理は制作目的別に異なり、他の制作目的に変更する場合に、その部分の制作費を事後的に集計することは極めて困難と考えられるため、制作開始時の制作目的を重視し、制作目的変更時までの会計処理を変更しないものと考える[1]。
	（例外）仕掛品から制作費への振替可	ユーザーへの販売形態の変更にすぎず、制作としての実態に重要な変化がないのであれば、当初の制作費を転用先の制作費に振り替えることも考えられるが、その判断は慎重に行う必要がある[2]。
進行基準	売上高の取消し及び原価の振替不可	ソフトウェアの制作費に係る会計処理は制作目的別に異なり、他の制作目的に変更する場合に、その部分の制作費を事後的に集計することは極めて困難と考えられるため、制作開始時の制作目的を重視し、制作目的変更時までの会計処理を変更しないものと考える[3]。

[1] 受注制作のソフトウェアとしての契約が取り消された側面を重視し、一般的には契約変更までに発生した制作費は失注の会計処理を行い、転用先の制作費として振り替えることができないものと考えます。

[2] 販売形態の変更とは、受注制作のソフトウェアを制作する契約が、ユーザーの要望により自社利用のソフトウェアを制作しクラウドサービスを提供する契約に変更された場合が考えられます。制作するソフトウェアの内容がまったく同じであれば、受注制作のソフトウェアとして発生した制作費を自社利用のソフトウェアの制作費に振り替える処理に合理性が認められます。しかし、ソフトウェアの資産性については特に厳しく評価することが必要と考えます（収益獲得を目的とした自社利用のソフトウェアに振り替えたとしても、その時点で他の受注がない場合には、見込収益等で制作原価の配分を行わないなど）。

[3] ※2のようなケースにおいても、すでに作業の進捗に応じて収益と原価が計上されているのであれば、通常その処理を取り消すことはないと考えられます。なお、計上済の未収金が回収できないと判断される場合には、貸倒引当金の計上を検討する必要があります。

❹ 失注、解約されたソフトウェアの制作原価を 市場販売目的のソフトウェアまたは 自社利用のソフトウェアに転用する場合

　失注、解約されたソフトウェアの制作費を市場販売目的のソフトウェアまたは自社利用ソフトウェアに転用する場合、仕掛品に計上されている制作費を転用するソフトウェアの制作費に付け替えることができるか否かが問題となりますが、一般的には以下のような理由から、仕掛品を費用処理（**Q 2-46** の失注、解約の会計処理を参照）することになるものと考えます。

転用のケース	仕掛品を費用処理する理由
市場販売目的のソフトウェアに転用する場合	・ソフトウェアの制作費に係る会計処理は制作目的別に異なることから、制作開始時の制作目的を重視すべきである。仕掛品に計上されている制作費は、市場販売目的のソフトウェアとして制作が行われたものではない。 ・すでに発生した制作費を回収することは、ビジネスとしては合理的であるが、一般的にこのようなケースで将来の見込販売収益または見込販売数量が十分見込まれることは少ないと考えられる。 ・仕掛品を市場販売目的のソフトウェアの制作原価に付け替えたとしても、製品としての機能を有する段階までには至っていないため、研究開発費として処理することになり、結果としては失注の会計処理と変わらない。
自社利用のソフトウェアに転用する場合や他のユーザーの受注制作のソフトウェアに流用する場合	・ソフトウェアの制作費に係る会計処理は制作目的別に異なることから、制作開始時の制作目的を重視すべきである。仕掛品に計上されている制作費は、自社利用のソフトウェアまたは受注制作のソフトウェアとして制作が行われたものではない。 ・すでに発生した制作費を回収することは、ビジネスとしては合理的であるが、一般的にこのようなケースではソフトウェアの資産性について十分満たされることは少ないと考えられる。

受注制作のソフトウェアの制作作業の効率化のために制作する共通テンプレートの制作費の会計処理について教えてください。

　　　　将来受注するソフトウェアの制作作業を効率化するために、共通テンプレートを制作する場合があります。共通テンプレートについては、以下のような制作方法が考えられます。

制　作　方　法
(1)　制作当初から部品として、プロジェクトコードを発番して制作
(2)　特定のユーザー向けに制作したソフトウェアに共通テンプレートにするための追加作業を行い制作

❶ 制作当初から部品として制作する場合

　共通テンプレートは、ソフトウェアの制作期間、制作工数を削減することで、ソフトウェアの制作可能件数を増加する収益獲得効果、ないし制作原価を削減する費用削減効果を図る目的で制作されます。そのため、共通テンプレートの制作費は自社利用のソフトウェアに該当すると考えられます。

　したがって、共通テンプレートの制作費については、自社利用のソフトウェアの資産計上の要件に当てはめ、将来の収益獲得または費用削減が確実に見込まれる場合は資産計上し、それ以外の場合は費用処理するものと考えます（自社利用のソフトウェアの資産計上については、Q5-3 参照）。資産計上した共通テンプレートについては、減価償却を行い、減価償却費をプロジェクト間接費として集計します。そして、プロジェクト別原価計算を通じて今後受注するソフトウェアの制作原価となります。

❷ 特定のユーザー向けのソフトウェアに対し、共通 テンプレート化するための追加作業を行い制作する場合

　特定のユーザー向けのソフトウェアを共通テンプレート化すると追加作業が発生しますが、当該追加作業分の原価は、❶と同様、自社利用のソフトウェアに該当すると考えられます。したがって追加作業分の原価について、将来の収益獲得または費用削減が確実に見込まれる場合は資産計上し、それ以外の場合は費用処理するものと考えます。

　なお、この場合、特定のユーザーに向けた受注ソフトウェアに係る成果物が共通テンプレートのベースですが、この部分はあくまでも当該受注ソフトウェアに係る制作原価として集計し、共通テンプレートへの原価の付け替えは行いません。これは、ソフトウェアの制作費に係る会計処理は、制作目的別に異なり、他の制作目的に変更する場合に、その部分の制作費を事後的に集計することは極めて困難であると考えられるため、制作開始時の会計処理を変更しないものと考えられます。➡ Q 2-43 参照

Q 2-45　同時受注の制作費

複数のユーザーから同様の機能のソフトウェアを同時に受注した場合、制作費を集計する上での留意点を教えてください。

 例えば、同一企業グループ内の複数の会社に共通システムを制作し納品する場合など、同一企業グループから共通のソフトウェアを同時に受注することが考えられます。また、複数のユーザーからほぼ同時期に類似のソフトウェアを受注することも考えられます。

❶ 同一企業グループから共通のソフトウェアを同時に受注する場合

この場合、企業グループ共通の機能部分と各社固有のカスタマイズ部分の制作を行うことが多いと思います。

仕様が固まっていることを前提にすると、各社固有のカスタマイズ部分はそれぞれのグループ会社と契約することになるものと考えられますが、共通機能部分は、この場合、親会社1社と契約する場合と、契約金額をグループ会社に分割してそれぞれのグループ会社と契約する場合が考えられます。共通の機能部分について、親会社1社と1つの契約を締結する場合には、通常、収益と費用を集計・認識する単位は問題にならないと思いますが、各グループ会社とそれぞれ個別に契約を締結する場合には、収益と費用を集計・認識する単位をどのように設定するかが問題となります。

この点、共通の機能部分に関する契約の分割は、発注者側である企業グループの都合にすぎず、もともと成果物の対価は全体として設定されており、また決済条件等も成果物全体としての作業の進捗や納品時期に合わせて設定されているものと考えます。したがって、会計上は、法的形式に関わらず、

グループ各社との契約をまとめて、全体を1つの大きな収益・費用の集計・認識単位として取り扱うのが合理的であるものと考えます。

　具体的には、共通の機能部分については、この大きな単位で制作費を集計し、また、収益の認識については、進行基準または完成基準を適用します。

　各グループ会社固有のカスタマイズ部分に関しては、共通の機能部分を完成・納品することを前提に、それぞれの契約を1つの単位として制作費を集計し、また、収益の認識については、進行基準または完成基準を適用します。

❷ 複数のユーザーからほぼ同時期に類似のソフトウェアを受注する場合

　この場合においても、各契約に共通する作業の割合が高いため、先述の場合と同様に、収益・費用を集計・認識する単位をどのように設定するかが問題となります。

　確かに制作作業において各契約で共通する部分もありますが、成果物の対価、検収単位、決済条件はユーザーごとに設定されており、法的にも経済的にもそれぞれが独立の契約であるといえます。したがって、このような経済実態に合わせて、それぞれの契約を収益・費用を集計・認識する単位として取り扱うのが合理的といえます。

　ただし、各契約に共通する作業に係る制作費については、一旦、全体の制作費を集計した後、合理的な基準に基づき、各契約に按分する手続が必要となります。按分の基準については、各契約において同様の成果物を提供することを前提とすれば、各契約で共通する部分の制作費については、各契約が同程度負担するのが合理的といえます。したがって、各契約で共通する部分の制作費に関しては、単純に各契約に均等に按分することが合理的であるケースが多いと考えます。

　また、収益の認識については、各契約を一つの単位として、進行基準または完成基準を適用します。

以下の場合の会計処理について、教えてください。

● 受注予定のプロジェクトが結果的に受注できなかった場合(失注の場合)

● 制作作業の途中で解約となった場合

● 仕様が変更された場合

❶ 受注制作のソフトウェアの費用の発生段階による会計処理

　　受注制作のソフトウェアに係る費用の発生段階による一般的な会計処理は以下のとおりです。

営業活動開始	制作活動開始		契約意思の確認		契約締結		納品・検収

①受注費用は販売費　　②原価　　③原価　　④原価
制作費は原価　　　　　　　　　　　　　　　（アフターコスト）
（通常、期間費用）

❷ 失注の場合

　　受注できるものとして制作を先行していたが、結果的に受注できなかった場合、それまでに発生したソフトウェアの制作費を仕掛品に計上している時には、速やかに仕掛品を費用処理する必要があります。なお、この段階では契約書も締結されておらず、仕様も確定しないことが多いため、通常は進行基準を適用できず、完成基準を適用しても仕掛品を計上できないケースもあ

ると考えられます。

❸ 制作の途中で解約となった場合

　制作の途中で契約が解約となった場合、既発生原価の負担がユーザーであるのかベンダーであるのかにより、以下のように会計処理が行われます。

収益認識基準	既発生原価の負担	会計処理
完成基準を適用している場合	ユーザー	・仕掛品を費用処理 　（原則：売上原価※） ・ユーザー負担額は収益処理ないし、仕掛品の費用処理額との相殺処理
	ベンダー	・仕掛品を費用処理 　（原則：売上原価※）
進行基準（原価比例法）を適用している場合	ユーザー	・ユーザー負担額は進行基準の適用により計上された債権の入金として処理 ・債権額と入金額の差額は収益処理ないし貸倒処理
	ベンダー	・進行基準の適用により計上された債権の貸倒処理

※　発注取消しや解約に至った経緯、金額の重要性、このような事象がどの程度の頻度で発生しているか等により、売上原価以外の損益区分に計上することも考えられますが、慎重な検討が必要です。

❹ 仕様が変更された場合

① ユーザー都合により仕様が変更される場合

　ソフトウェア業の場合、ユーザーの都合により仕様を変更することは一般的にみられます。この場合、仕様変更による追加工数について、別途契約できずに当初の契約額のなかで吸収しなければならないことがあることもソフトウェア業の特徴といえますが、仕様変更による追加工数に基づき受注金額

を増額することもあります。

このような場合において、完成基準を適用している場合は、収益を完成時点までは計上せず、また、制作費も完成までは仕掛品に計上したままとなっているため、仕様変更時点では、特に会計処理は必要ありません。ただし、仕様変更による追加工数分の受注金額を増額することが認められず、赤字プロジェクトとなる場合は、受注損失引当金の計上が必要となります(受注損失引当金の詳細については**Q 2-23** 参照)。また、仕様変更を別途契約として締結できるときは、新たにプロジェクトコードを発番し、仕様変更に係る制作費をこの新たなプロジェクトに集計します。

進行基準を適用する場合、変更により既存の契約部分と別の認識の単位とすべきか否かで、会計処理が異なります。➡ **Q 2-19** 参照

2 制作途中で仕様が明確になった場合

ソフトウェア制作においては、仕様が明確になった段階で制作を開始する場合ばかりではなく、仕様があいまいな段階で制作を開始し、制作過程で仕様が明確になる場合があります。

このような場合、仕様があいまいな段階で制作を開始しているため、完成基準を適用することを前提とします。仕様が明確になった段階で契約を締結する、または契約を変更することになりますが、仕様が明確になったことで、すでに実施した制作作業の一部または全部に価値がなくなった場合の負担関係についてユーザーとあらかじめ合意している場合はほとんどないと考えられます。

ユーザーが相当分を負担する場合はあまりないものと考えられますが、もしユーザーが一部を負担するような場合には仕掛品を費用処理するとともに、相当額を収益として計上するか、仕掛品の費用処理額と相殺処理するものと考えます。

ユーザーが相当分を負担しない場合、将来の収益との対応関係がないため、仕掛品に集計するのではなく、その部分を区分して原価処理 (期間費用) する

ことが妥当と考えられます。しかし、一般的には成果物と対応しない制作コストを明確に切り分けることが困難な場合が多いと考えられますので、金額的な重要性に乏しい場合にはその後の発生コストと併せて仕掛品に計上することが考えられます。なお、その結果赤字が見込まれる場合には、受注損失引当金を計上する等の検討が必要となります。

また仕様が明確になったことで「成果の確実性」が認められるようになった場合には、進行基準を適用し変更した期に当初から進行基準を適用していた場合の収益と原価を計上するものと考えられます。➡ Q 2-27 参照

関連規定 工事契約会計基準適用指針3

Q 2-47 原価差異の会計処理

原価差異の会計処理を教えてください。また四半期については、どのような取扱いになりますか。

❶ 原価差異の発生要因

原価差異が発生した場合、その発生要因ごとに以下のような会計処理が求められます。

原価計算	原価差異の発生要因	会計処理
実際原価計算 （※1）	原価の一部を予定価格等で計算した場合の原価と、実際発生額との差額。	① 原則として当年度の売上原価に賦課（材料受入価格差異を除く）。 ② 予定価格等が不適当なため、比較的多額の原価差異が発生する場合、当年度の売上原価と期末の棚卸資産に配賦。
標準原価計算 （※2）	標準原価と実際発生額との差額。	① 数量差異、作業時間差異、能率差異等であって異常な状態に基づくと認められるもの→非原価項目。 ② ①の場合を除き、実際原価計算制度における処理方法に準じる。

※1 実際原価計算…原価の実際発生額をもとに原価計算を行う計算体系。ただし、原価管理上必要がある場合には、原価の一部について予定価格を用いる場合がある。
※2 標準原価計算…製品の標準原価（例：標準作業時間×標準賃率＝標準原価）を計算するとともに、実際原価を計算し、標準原価との差異を分析する計算体系。

❷ 原価差異の会計処理に係る例示

以下、受注制作のソフトウェアにおける主要な原価である人件費を例に、原価差異の会計処理を整理します。

1 実際原価計算制度において、予定価格を使用するケース

	予定価格	実際価格
内 訳	賃金単価@5,000円 （予定） 作業時間 2,500時間（実際）	賃金単価@5,500円 （実際） 作業時間 2,500時間（実際）
金 額	12,500千円	13,750千円

賃率差異 1,250千円 ……実際：@5,500円

予定労務費 12,500千円 ……予定：@5,000円

2,500時間

〈原価差異〉

賃率差異 （@5,000円−@5,500円）×2,500時間＝△1,250千円（不利差異）

このケースにおいて発生している1,250千円の不利差異については、原則として売上原価に賦課する必要がありますが、比較的多額な原価差異であれば当年度の売上原価と期末の棚卸資産に配賦します。

2 標準原価計算制度を採用するケース

	標準価格	実際価格
内 訳	賃金単価@5,300円 （標準） 作業時間 2,400時間（標準）	賃金単価@5,500円 （実際） 作業時間 2,500時間（実際）
金 額	12,720千円	13,750千円

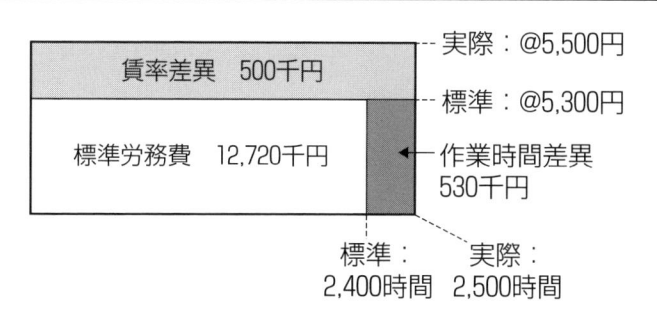

賃率差異 500千円 ……実際：@5,500円

標準労務費 12,720千円 ……標準：@5,300円

← 作業時間差異 530千円

標準： 実際：
2,400時間 2,500時間

〈原価差異〉

賃率差異 　　(@ 5,300 円−@ 5,500 円)×2,500 時間＝△ 500 千円(不利差異)

作業時間差異(2,400 時間−2,500 時間)× @ 5,300 円＝△ 530 千円(不利差異)

$$△ 1,030 千円$$

　このケースで発生している 1,030 千円の不利差異については、原則として売上原価に賦課する必要がありますが、比較的多額な原価差異であれば当年度の売上原価と期末の棚卸資産に配賦します。なお、作業時間差異が異常な状態に基づくと認められる場合には、この部分のみ非原価項目とします。

❸ 四半期の取扱い

　四半期財務諸表は四半期会計期間を年度と並ぶ−会計期間とみる「実績主義」を基本としているため、原則として年度の財務諸表の作成にあたって適用される会計処理の原則及び手続に準拠することとなります。しかし、四半期決算が年度と比較して短い会計期間であること等から、「四半期特有の会計処理」が限定的に認められています。また、開示の迅速性が求められていることから、「簡便的な会計処理」も認められています。

① 原価差異の繰延処理(四半期特有の会計処理)

　原価差異が操業度等の季節的な変動に起因して発生したものであり、かつ、原価計算期間末までにほぼ解消が見込まれるときには、継続適用を条件として、当該原価差異を流動資産または流動負債として繰り延べることができます。

　これは、予定価格や標準原価が年間(または 6 か月)を基礎に設定されているために、四半期で原価差異が発生することを考慮したものです。

2 原価差異の配賦方法における簡便的な会計処理

　比較的多額の原価差異が生じた場合、売上原価と期末のたな卸資産に配賦することとなりますが、四半期は年度決算と比較して簡便的な方法により配賦を行うことができます。例えば、年度末においては製品別に配賦計算を行っている場合であっても、四半期においては制作部門単位で配賦計算を行うなど、配賦区分を大きくすることにより簡便的な手続を採用できます。ただし、その場合であっても、例えば事業の種類別セグメントを超えない程度の区分によることが必要と考えられます。

設例

　A部門においては、プロジェクトコード001とプロジェクトコード002の制作を行っている。

　人件費については、時間当たりの予定単価を設定しており(当期は5,000円)、期末で原価差異を会計処理している。

プロジェクトコード001

〈予定原価〉　予定単価　5,000×10時間＝　　　50,000

〈実際原価〉　実際単価　5,500× 5時間＝　　　27,500
　　　　　　　　　　　　4,800× 5時間＝　　　24,000
　　　　　　　　　　　　　　　　　　　　　　51,500

△1,500 原価差異(不利)

プロジェクトコード002

〈予定原価〉　予定単価　5,000×20時間＝　　100,000

〈実際原価〉　実際単価　5,200×10時間＝　　 52,000
　　　　　　　　　　　　4,800×10時間＝　　 48,000
　　　　　　　　　　　　　　　　　　　　　100,000

0 原価差異

【年度計算の手続】

　年度計算においては、プロジェクトコード 001 で発生した原価差異（1,500円の不利差異）を、プロジェクトコード 001 の制作原価に加算することになります。プロジェクトコード 002 については、原価差異が発生していないため、会計処理は不要です。

【四半期決算の手続】

　四半期決算においても、年度計算と同様に会計処理することも考えられますが、四半期決算を迅速に行う観点から、簡便的な方法も認められています。

　仮に、プロジェクトコード 001 とプロジェクトコード 002 を制作している、A 部門という単位で原価差異を把握し、予定原価を基準に各プロジェクトに配賦すると、以下の通り、プロジェクトコード 001 に 500、プロジェクトコード 002 に 1,000 を配賦することとなります。

予定原価		原価差異の配賦		配賦後原価
プロジェクトコード 001	50,000	△　500	⇒	50,500
プロジェクトコード 002	100,000	△ 1,000	⇒	101,000
	150,000	△ 1,500		151,500

関連規定

原価計算基準 47
四半期財務諸表に関する会計基準 9、12、50

第 **3** 章

ベンダーの会計処理
（市場販売目的のソフトウェア）

1 市場販売目的のソフトウェアの概要

Q 3-1 市場販売目的のソフトウェアの定義

市場販売目的のソフトウェアとはどのようなものでしょうか。

 市場販売目的のソフトウェアについては、関連する会計基準において、以下のように説明されています。

会計基準等	市場販売目的のソフトウェアに関する説明
研究開発費等会計基準の設定に関する意見書	製品マスター（複写可能な完成品）を制作し、これを複写したものを販売するソフトウェア
ソフトウェア収益実務対応報告	不特定多数のユーザー向けに開発したソフトウェアの販売やライセンス販売（ライセンスの使用を許諾し使用料を得る契約）するソフトウェア

すなわち、市場販売目的のソフトウェアは、以下の3つの特徴を有するソフトウェアといえます。

市場販売目的のソフトウェア	① 製品マスターを制作し、 ② これを複写したものを、 ③ 不特定多数のユーザー向けに販売する目的で制作したソフトウェア

具体例としては、以下のようなものがあげられます。

- ●汎用の表計算ソフトウェア、ワープロソフトウェア、プレゼンテーションソフトウェア
- ●パッケージ・ソフトウェアとして販売されている財務会計ソフトウェアや営業管理ソフトウェア等の業務管理ソフトウェア
- ●パソコンの基本ソフトウェア(オペレーションシステム)等

　また、市場販売目的のソフトウェアの販売形態には、記録媒体に複写して販売する場合、ウェブサイトからのダウンロード等により販売する場合等様々な形態がありますが、販売形態に関らず、前述の3つの特徴を有するソフトウェアは、すべて市場販売目的のソフトウェアに分類されます。

 研究開発費等会計基準意見書三3(3)②
ソフトウェア収益実務対応報告1(1)①

Q 3-2 市場販売目的のソフトウェアの制作費に関する会計処理の概要

市場販売目的のソフトウェアの制作費に関する会計処理の概要を教えてください。

A ❶ ソフトウェア制作費の処理

市場販売目的のソフトウェアの制作過程は、製造業(メーカー)における一般的な工業製品の開発の場合と同様に、大きく研究開発活動とソフトウェア製品の制作活動に区分されます。この制作過程で発生した費用のうち、研究開発活動の終了までに発生した費用は研究開発費として発生時に費用処理され、研究開発終了後の制作活動において発生した費用は「ソフトウェア」等の科目で無形固定資産として資産計上されることとなります(資産計上の判断基準については Q 3-4 参照)。

研究開発終了後に発生した製品マスターの制作費を、棚卸資産ではなく無形固定資産として処理する理由としては、製品マスターは、法的権利(著作権)を有しており、それ自体が販売の対象物ではなく、機械装置等と同様にこれを利用(複写)してソフトウェア製品を制作すること等があげられます。

費用発生のタイミング		会計処理
研究開発活動		研究開発費として発生時に費用処理
制作活動	ソフトウェア製品完成前	・ソフトウェア仮勘定(無形固定資産)として資産計上 ・重要性がない場合にはソフトウェアに含めて処理
	ソフトウェア製品完成後	ソフトウェア(無形固定資産)として資産計上

❷ 研究開発費の処理

　研究開発費と認定された制作費については、発生時の費用として処理されます。計上区分としては、原則として一般管理費として処理されますが、一定の場合には、当期制作原価として処理する方法も認められています(研究開発費の会計処理については Q1-2〜Q1-4 参照)。

❸ 減価償却の方法

　無形固定資産として資産計上した市場販売目的のソフトウェアは、見込販売数量または見込販売収益に基づく償却方法その他合理的な方法により償却することになります。ただし、毎期の償却額は、残存有効期間に基づく均等配分額を下回らないことが必要です(減価償却費の会計処理の詳細については、Q3-15〜Q3-20 参照)。

❹ ソフトウェアの改良・強化のための費用の処理

　製品マスターの機能の改良・強化を行うための費用は、製品マスターの資産価値を高める支出であるため、原則として資産計上されます。ただし、機能の改良・強化が、製品マスターの「著しい改良」に該当する場合は、当該支出は研究開発費とされ、発生時の費用として処理されます(「著しい改良」については Q3-7 参照)。これは、外部から購入した市場販売目的のソフトウェアに対して機能の改良・強化を行う場合も同様です。

　また、バグ取り等の支出は、製品マスターの機能維持のための支出であり、資産価値を高めるものではないため、発生時に費用として処理されることとなります(研究開発終了後に発生する費用については Q3-8 参照)。

研究開発費等会計基準意見書三 3(1)②、3(2)、3(3)②、3(4)
研究開発費等会計基準三、四 2、四 4、5
研究開発費等会計基準(注)(注 3)、(注 4)

Q 3-3 市場販売目的のソフトウェアの制作費の原価要素

市場販売目的のソフトウェアの制作費や研究開発費には、どのような原価要素が含まれますか。

❶ 制作段階で発生した費用

市場販売目的のソフトウェア制作費には、ソフトウェアの制作過程で発生したすべての原価が含まれます。すなわち、制作に直接要した材料費、労務費、経費のほか、プロジェクト間接費の配賦額が、市場販売目的のソフトウェアの原価として集計されることになります。市場販売目的のソフトウェアの場合、通常は、個別のプロジェクトとして制作作業が進められることになるため、プロジェクト別原価計算の方法により制作原価が算定されています（プロジェクト別原価計算の詳細については、**第2章** 5. 原価計算参照）。

❷ 研究開発段階で発生した費用

研究開発段階における費用についても、「研究開発費等会計基準」において、「研究開発費には、人件費、原材料費、固定資産の減価償却費及び間接費の配賦額等、研究開発のために費消されたすべての原価が含まれる」とされており、研究開発段階で発生したすべての原価要素が研究開発費として発生時に費用処理されます。また、研究開発活動に使用する目的で、機械装置や特許権を取得する場合があります。このような機械装置や特許権のうち、特定の研究開発目的にのみ利用され、他の目的に使用できないものは、取得時に研究開発費として費用処理することとなります。

| 関連規定 | 研究開発費等会計基準二、（注1） |

 **3-4** **市場販売目的のソフトウェア制作費の費用計上と資産計上の判断基準**

市場販売目的のソフトウェアの制作費を、研究開発費として費用処理するか、無形固定資産(ソフトウェア)として資産計上するかの判断にあたっては、研究開発の終了時点の判断が重要となりますが、その判断基準について教えてください。

❶ 研究開発の終了時点の判断基準

市場販売目的のソフトウェアである製品マスターの制作費は、「研究開発の終了時点」を境に取扱いが異なります。すなわち、「研究開発の終了時点」より前に発生したものは研究開発費として発生時に費用処理され、「研究開発の終了時点」より後に発生したものについては無形固定資産(ソフトウェア等)として資産計上されることとなります。

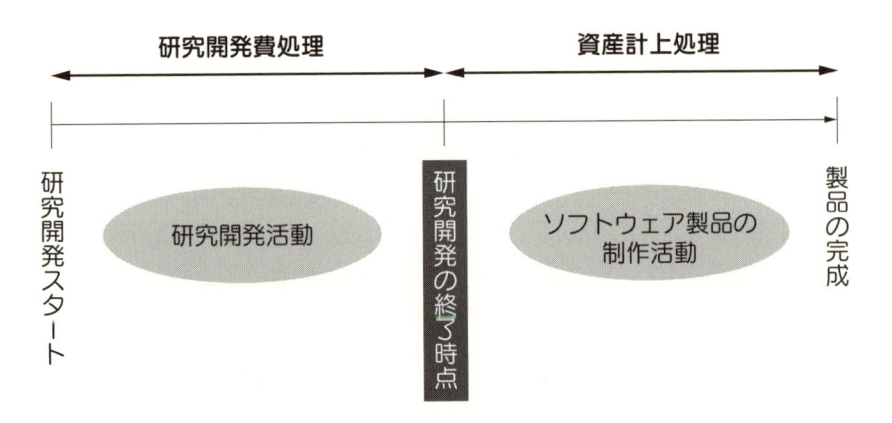

「ソフトウェア実務指針」では、「研究開発の終了時点」を判断するにあたっては、次の2つの要件が満たされることが必要とされています。

① 製品マスターについて販売の意思が明らかにされること
② 最初に製品化された製品マスターが完成すること

② 製品マスターについて販売の意思が明らかにされること

第1の要件である「販売の意思が明らかにされる」時点とは、製品マスターの完成の前後にかかわらず、当該製品を市場で販売することを意思決定した時点が考えられます。例えば、製品番号を付す、カタログに載せるなどの方法で、市場に販売する意思が明確になった時点などが典型的な例としてあげられます。

この段階では、販売時期や販売価格等の詳細までは決定されていない場合もあると思いますが、少なくとも、取締役会や商品企画会議、営業部門会議等、新製品の販売開始を決定する権限のある機関や会議体において、販売の意思が明らかにされていることが必要と考えます。

③ 最初に製品化された製品マスターが完成すること

第2の要件である「最初に製品化された製品マスター」の完成時点は、プロトタイプの作成の有無により、以下のように取り扱われます(プロトタイプの完成時点については **Q 3-5** 参照)。

プロトタイプ作成の有無	「最初に製品化された製品マスター」の完成時点
(1) プロトタイプを作成する場合	製品性を判断できる程度のプロトタイプが完成した時点
(2) プロトタイプを作成しない場合	製品として販売するための重要な機能が完成し、かつ重要な不具合が解消された時点

① プロトタイプを作成する場合

プロトタイプを作成する場合、製品性を判断できる程度のプロトタイプが完成していることが必要です。すなわち、当該製品が市場で受け入れられるかどうか、他社製品との競争力を有しているか等の検討ができる程度のプロトタイプが完成していることが求められます。ここでいうプロトタイプとは、

機能評価版について重要なバグ取りを終えている状態のものが想定されています。このプロトタイプを評価することによって、最終的な市場販売の時期・価格等に関する意思決定が行われることになります。

　また、新しい技術が利用される場合には、その技術が製品において利用可能であることがプロトタイプによって確認されていることが必要となります。すなわち、プロトタイプが完成したといえるためには、製品完成にあたっての技術的なリスクが解消していることが必要であるといえます。

② プロトタイプを作成しない場合

　プロトタイプを作成しない場合には、ソフトウェア製品として販売するための重要な機能が完成しており、かつ重要な不具合が解消されていることが必要になります。

　例えば、以下のような状態であっても、これらの問題を解消するための方法が明確になっており、それがソフトウェア製品の完成にあたって重要なものではないことが確認されれば、研究開発活動が終了しているものと考えられます。

- ●入力画面や出力帳票などが完全なものではない
- ●操作性に関してはまだ改良の余地がある
- ●処理速度の面で改善の余地が残されている

　また、海外のソフトウェア製品を日本語版に加工して販売する場合、日本語版に加工するに当たって重要な技術的な問題点がないことが確認されていれば、すでに研究開発の段階は終了していると判断して差し支えないと考えられます。

 研究開発費等会計基準意見書三 3 (3) ② イ
ソフトウェア実務指針 8、32
ソフトウェア実務指針 Q&A Q10

Q 3-5 「プロトタイプ」の完成時点

　「研究開発の終了時点」の判断のためには、「最初に製品化された製品マスター」の完成時点、すなわち「プロトタイプ」の完成時点を判定することが重要になると思いますが、一般的なソフトウェア制作プロセスの流れに照らして教えてください。

A ❶ ソフトウェア制作プロセスと 「プロトタイプ」の完成時点

　「研究開発費等会計基準」において、研究開発の終了時点は、「最初に製品化された製品マスター」の完成時点であることが示されていますが、「最初に製品化された製品マスター」という概念は抽象的であるため、それを具体的に説明するために「プロトタイプ」という考え方が示されています。

　ソフトウェア制作業務においては、新製品の発売に至るまでに、いくつかの試作品・マスターが制作されることが通常です。「プロトタイプ」とは、このように複数制作されるマスターのうちの1つであり、具体的にどの段階のマスターのことを指すのかについては、「研究開発費等会計基準」の公開草案に添付されていた図が参考になります(次頁参照)。

　この図では、ソフトウェアの制作プロセスが、製造業(メーカー)における一般的な工業製品の生産プロセスとの対比の上でまとめられています。そして、ソフトウェア制作プロセスにおいては、工業製品の設計完成に相当する時点が製品マスター(Ver. 0)の完成時点であり、この時点をもって研究開発活動が終了することが示されています。すなわち、「プロトタイプ」とは、この製品マスター(Ver. 0)のことを指すものと考えられます。

〈ソフトウェア制作における研究開発活動と商業生産活動について〉

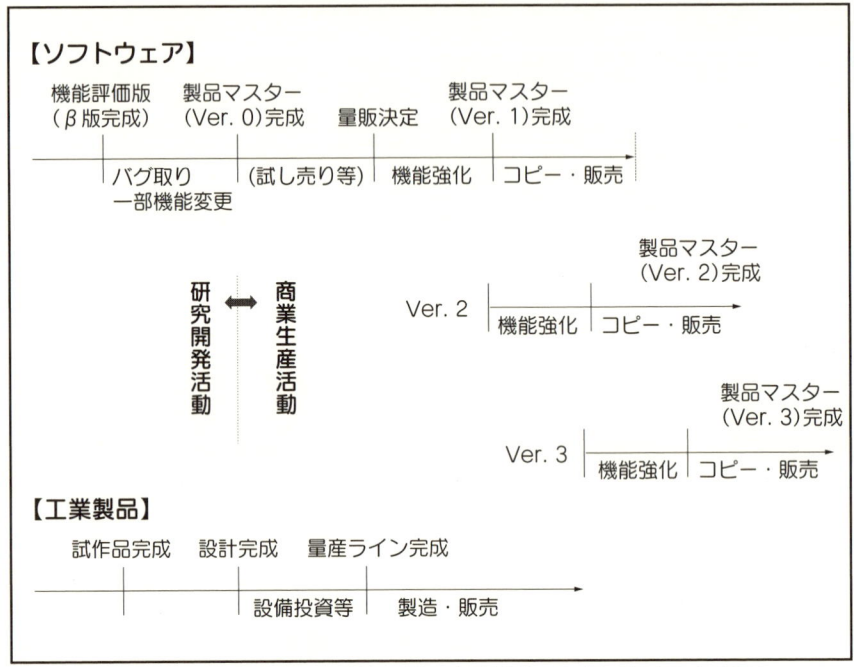

出所：企業会計審議会「研究開発費等に係る会計基準の設定に関する意見書」
（公開草案）1997年12月

❷ 実質的判断の重要性

　各製品マスターの呼称は、企業により異なる場合があります。例えば、上図でいう「製品マスター(Ver. 0)」を「β版」と呼んでいる企業もあれば、「製品マスター(Ver. 0)」「製品マスター(Ver. 1)」をそれぞれ RC 版、RTM 版などと呼ぶ企業もあります。したがって、「プロトタイプ」の完成時点は、各企業での製品マスターの呼称に関わらず、当該製品マスターが、「プロトタイプ」としての実質的な要件を備えているかどうか、すなわち、製品完成のための技術的なリスクが解消されているかどうかという見地から判断することになります。

❸ 市場販売目的のソフトウェア制作費に占める研究開発費の割合

　前頁の図のとおり、工業製品においては、研究開発の終了時点は、製品の設計が完了した時点とされています。工業製品に関しては、通常、製品設計完了後の生産段階において、原材料費、労務費、減価償却費等の製造費用が多額に発生します。そのため、製品の開発着手から販売開始までに発生する総コストに占める研究開発費の割合は、相対的に小さいといえます。

　これに対して、市場販売目的のソフトウェアにおいては、費用のほとんどが製品マスター(Ver. 0)の完成までに発生し、製品マスター(Ver. 0)完成後は、修正作業や製品の包装代等の少額の費用は発生するものの、通常、製品マスターを複写して販売可能にするまでに重要な費用が発生することはありません。

　したがって、一般的な工業製品と比較した場合の、市場販売目的のソフトウェアの特徴は、制作着手から販売開始までに発生する総コストに対し、研究開発費の占める割合が相対的に大きい点にあるということができます。

用語解説	**【RC 版・RTM 版】**

　製品マスターのうち、機能評価段階としてのβ版の段階を終了し、リリース直前のテスト工程にあるものを RC 版と呼ぶことがあります。特にオペレーションシステムなどのようにその影響力が強いソフトウェアなどでは、多様な環境での最終的な評価テストを実施する目的で RC 版がユーザーに配布され、RC 版の評価テストが終了することにより、製品リリース（略称：RTM（Release To Manufacturing））版としての製造工程段階に移行することになります。

関連規定	ソフトウェア実務指針 32

Q 3-6 製品マスターの制作費の資産計上時の留意事項

研究開発の終了後、ソフトウェアの製品マスターの制作費を資産計上するうえでの留意事項を教えてください。

A ① 会計処理における勘定科目と財務諸表上の表示科目

研究開発の終了後の製品マスターの制作費は、制作途中のものは「ソフトウェア仮勘定」などの勘定科目で、完成品は「ソフトウェア」などの勘定科目で処理し、いずれも無形固定資産として計上することになります。

無形資産として計上する理由は以下の通りです。

① 製品マスター自体が販売対象ではないこと

② 機械装置等と同様にこれを利用(複写)して製品を制作すること

③ 法的権利(著作権)を有していること

④ 適正な原価計算により取得原価を明確にできること

財務諸表上、無形固定資産としての表示にあたっては、制作途中のものと完成品とを区分することなく一括して「ソフトウェア」その他当該資産を示す名称を付した科目で表示することになりますが、制作途中のものに重要性がある場合には、これを区分して「ソフトウェア仮勘定」などの勘定科目で表示することが望ましいといえます。

❷ 製品マスターの制作費及び製品マスターの減価償却費の取扱い

　製品マスターの制作費を資産計上する際の取扱いと、製品マスターの減価償却費の取扱いについては、複数の方法が考えられます。想定される方法と、それぞれのメリット・デメリットを整理すると以下のようになります。

	取扱い方法	メリット／デメリット	判定
第1法	製品マスターの制作原価を製造原価に含めず、直接、無形固定資産として計上し、製品マスターの償却費を製造原価の経費として計上する。	製品マスターの制作そのものに係るコストが当期製造費用に含まれないため、当期のソフトウェア制作活動が製造原価の計算に反映されない。	×
第2法	製品マスターの制作費を製造原価に計上し、製品マスターの制作仕掛品及び完成品を無形固定資産へ振り替え、製造原価から控除する。製品マスターの償却費は製造原価の経費として計上する。	製品マスターの制作原価と完成品としての製品マスターの償却費がともに製造原価の当期製造費用に含まれ、同一の製品マスターに係る制作費が二重に計上されてしまう。	×
第3法	製品マスターの制作費を製造原価に含め、製品マスターの制作仕掛品及び完成品を無形固定資産に振り替え、製造原価から控除する。製品マスターの償却費は売上原価に直接算入する。	ソフトウェアの制作活動が製造原価の計算に適切に反映される。 同一の製品マスターに係る制作費が二重に計上されることはない。	○

　以上から、ソフトウェアの制作活動が、製造原価の計算に適切に反映される第3法によることが望ましいため、基準では第3法が採用されています。

　なお、第3法による製品マスター制作費の勘定フローを示すと以下のとおりです。

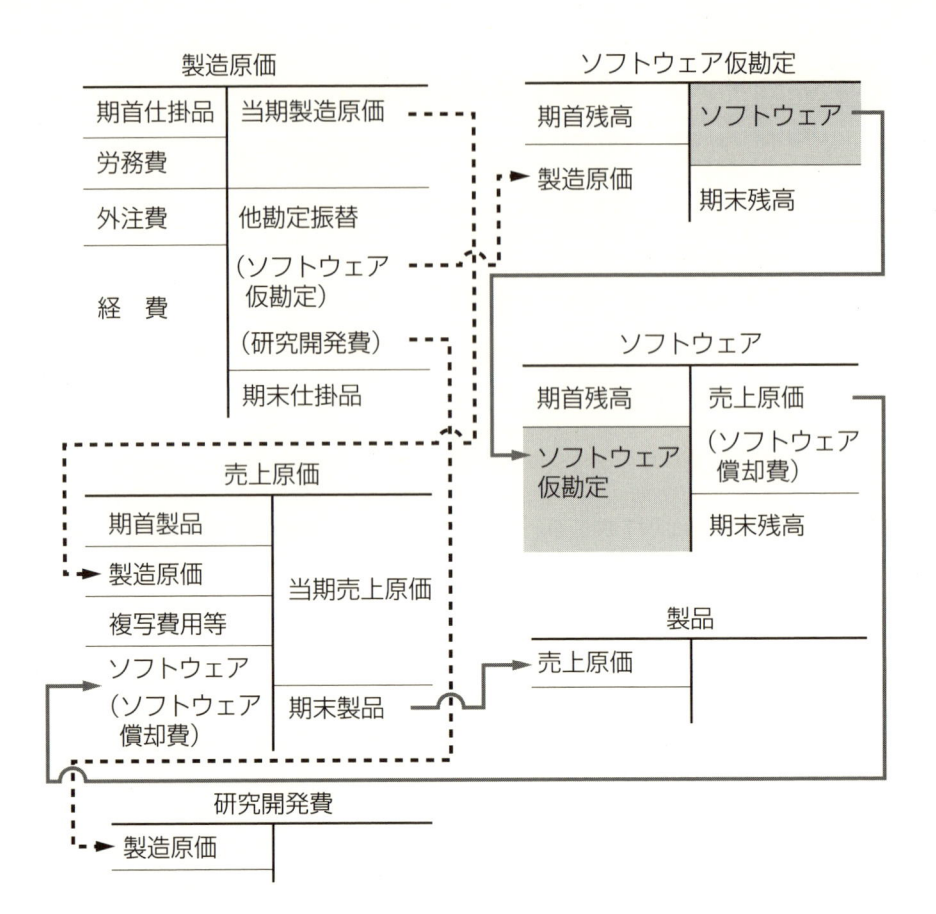

研究開発費等会計基準四 2、四 4
研究開発費等会計基準 (注) (注 4)
ソフトウェア実務指針 10、35
ソフトウェア実務指針 Q&A Q14

Q 3-7　著しい改良の判断基準

　製品マスターまたは購入したソフトウェアの機能の改良・強化を行うための費用のうち、「著しい改良」と認められる部分は、研究開発費として発生時に費用処理することとなります。この「著しい改良」とは具体的にどのような場合でしょうか。

　製品マスター又は購入したソフトウェアの機能の改良・強化を行うための費用は原則として無形固定資産に計上しますが、当該改良が「著しい改良」に該当する場合は、研究開発費として発生時に費用処理します。

　ここでいう「著しい改良」とは、研究・開発の定義に該当するような改良であり、「研究開発費等会計基準」等でいう「既存の製品等を著しく改良するための計画若しくは設計として、研究の成果その他の知識を具体化する」ような改良といえます。

　このような「著しい改良」は、完成に向けて相当程度以上の技術的な困難性が伴うことから研究開発費とされ、発生時の費用として処理することになります。

　著しい改良に該当する場合の具体例は、以下のようなものが考えられます。

● 機能の改良・強化を行うために主要なプログラムの過半部分を再制作する場合

● ソフトウェアが動作する環境(オペレーションシステム、言語、プラットフォームなど)を変更・追加するために大幅な修正が必要になる場合　等

関連規定
研究開発費等会計基準意見書三 1
ソフトウェア実務指針 33
ソフトウェア実務指針 Q&A Q12

Q 3-8 研究開発の終了後に発生する費用の取扱い

研究開発の終了後に発生する費用の会計処理について教えてください。

研究開発が終了した時点以後のソフトウェアの制作費の取扱いを整理すると、以下のとおりとなります。

種　類	内　容	会計処理
製品マスター又は購入したソフトウェアの機能の改良・強化に要した費用（「著しい改良」に該当するものを除く）	ソフトウェアの機能の追加又は操作性の向上等のための費用	製品マスターの取得原価（無形固定資産）
製品マスター又は購入したソフトウェアの著しい改良に要した費用（「著しい改良」については、Q 3-7 参照）	機能の改良・強化を行うために主要なプログラムの過半部分を再制作するような場合、ソフトウェアが動作する環境を変更・追加するために大幅な修正が必要になる場合 等	研究開発費
ソフトウェアの機能維持に要した費用	バグ取り、ウィルス防止等の修繕・維持・保全のための費用	発生時の費用（修繕維持費等）
パッケージ化のための費用等	ソフトウェアの記録媒体のコスト、製品マスターの複写に必要なコンピュータ利用等の経費、利用マニュアル又は使用説明書等の制作のための外注費、販売用とするための製品表示や包装に係る費用、梱包等に携わった従業員の人件費などのパッケージ化のための費用	製造原価（棚卸資産）

関連規定　研究開発費等会計基準意見書三 3(3)②ロ
研究開発費等会計基準四 2
ソフトウェア実務指針 9、34
ソフトウェア実務指針 Q&A Q11

外注先に委託（請負契約）して制作する市場販売目的のソフトウェア

市場販売目的のソフトウェアの制作を外注先に委託しています。外注先から納品を受けたときどのように会計処理すればよいのでしょうか。

① 基本的な考え方

市場販売目的のソフトウェアの制作を、外注先に発注する場合、発注者は、通常外注先からソフトウェアの納品を受け、検収が完了した時点で、外注費（購入対価）に付随費用を含めた金額をソフトウェア等として資産計上することとなります。

② 外注費に外注先にとっての研究開発費が含まれる場合

当該ソフトウェアの制作過程で外注先において発生した費用の中に、外注先にとっての研究開発費が含まれている場合に、この部分を委託者が資産計上できるかが問題となります。

研究開発費を発生した期の費用として処理する根拠は、研究開発段階においては、通常、製品が完成し、販売が開始できるかどうかは不確実であるため、収益との対応関係が不明確で、資産性が認められないところにあります。

これに対し、外注先にソフトウェアの制作を発注する場合、請負契約の形での業務委託ですので、外注先は製品の完成義務を負っており、委託者側は、契約上、販売可能な製品の給付を受けることを約されているため、製品完成のための技術的なリスクは、発注者ではなく外注先が負担していると考えられます。

したがって、外注先から納入されたソフトウェアに外注先にとっての研究開発費が含まれていたとしても、委託者側ではその部分につき資産計上する

ことができるものと考えます。

❸ 研究開発部分が別契約とされている場合

　一方、研究開発部分が、ソフトウェア制作に係る請負契約とは別契約になっており、研究開発が終了した時点で外注先から調査報告書等の成果物が納入される場合は、外注先に委託して行う研究開発活動にほかなりませんので、発生時の費用として処理する必要があります。

関連規定　ソフトウェア実務指針 Q&A Q2

Q 3-10 機器組込みソフトウェアの会計処理(制作者側・購入者側)

制作者側と購入者側においては、機器組込みソフトウェアの制作費は、それぞれどのように会計処理されるでしょうか。

デジタル家電やモバイル端末等には、ソフトウェアが組み込まれており、製品の制御を行っています。このような特定の機器に組み込まれ、機器と有機的一体として機能するソフトウェアは、機器組込みソフトウェアと呼ばれています。

❶ 制作者側の基本的な処理

機器組込みソフトウェアは、ソフトウェア自体が最終製品として販売されるものではありませんが、市場販売目的のソフトウェアに準じて取り扱うべきものとされています。なぜなら、機器に組み込むソフトウェアは、製品マスターが存在し、当該製品マスターから複写したソフトウェアを機器に組み込みそれを販売するという点で、実質的に市場販売目的のソフトウェアと変わるところはないためです。

したがって、機器組込みソフトウェアの制作及び販売を行う企業におけるソフトウェア制作費は、研究開発の終了までに発生する費用は研究開発費として発生時に費用処理し、研究開発の終了後に発生する制作費はソフトウェア等として無形固定資産に計上することになります(研究開発の終了時点については Q 3-4 参照)。

❷ 購入者側の処理

　機器組込みソフトウェアの購入者においては、有機的一体として機能する機器組込みソフトウェアは、当該機器等の取得原価に算入し、「機械及び装置」等の科目を用いて処理することになります。これは、購入者にとっては、ソフトウェアと機器等はあくまで一体としてはじめて機能するものであり、また、ソフトウェアと機器等の経済的耐用年数も相互関連性が高く、両者を区別して把握する必要性が乏しいためです。

　ただし、機器等の購入時にソフトウェア交換が契約により予定されるなどして、新旧ソフトウェアの購入価格が明確な場合等には、ソフトウェア部分を区別して会計処理することも考えられます。

| 関連 規定 | ソフトウェア実務指針 Q&A Q18 |

スマートデバイス向けアプリ開発に関する会計処理

　最近は、ゲームに限らずビジネス用途としてのスマートデバイス向けアプリ開発が多くなされています。ビジネス面におけるスマートデバイス向けアプリの活用としては、各スマートデバイスがセキュアな状態で使用できる環境を提供するためのプラットフォームアプリ (MDM：Mobile Device Management) に始まり、メール、コミュニケーション用途アプリ、財務会計、人事アプリケーション等の本社管理部門系のアプリ、顧客管理、営業支援等の営業現場用途のアプリとその活用範囲も年々広がりを増してきています。

　アプリ開発に関するコストは、少額で済むものから多額になるものまで様々であり、その会計処理についても、開発更新の頻度、対価としての収益モデルの形態、ソフトウェアとコンテンツの構成割合等により異なってくるものと考えられます。

　当該開発コストは、実務において更新頻度が高いもの、少額なものについては支出時の費用として処理されているケースが多く、開発コストが多額になり、更新頻度が少ないものについては資産計上されているケースが多いと考えられますが、基本的には、研究開発費に係る会計基準に則して市場販売目的のソフトウェアとして会計処理することになります。

Q 3-11 バージョンアップに伴う 旧バージョンの制作費の会計処理

バージョンアップに伴う旧バージョンの制作費の会計処理はどのように考えればよいでしょうか。

A ❶ 基本的考え方

既存のソフトウェア製品に機能を追加する、又は操作性を向上させるなどのバージョンアップは、ソフトウェアの価値を高めるものと考えられますので、バージョンアップに要した費用は資本的支出として資産計上され、旧バージョンのソフトウェアの未償却残高と合算されることになります。

当該バージョンアップに伴って、見込販売数量(収益)又は残存有効期間の見直しが行われる場合には、見直し後の見込販売数量(収益)に基づいてソフトウェアの償却計算を行うことになります(見込販売数量が変更された場合の減価償却計算については、Q 3-17、3-19 参照)。

ただし、バージョンアップを頻繁に繰り返すことで、見込販売数量(収益)、残存有効期間も頻繁に増加・延長され、結果として当初の製品マスターの取得原価の減価償却が先送りになってしまうおそれがあることには留意が必要です。バージョンアップしたからといって、無条件に見込販売数量(収益)を増加させたり、残存有効期間を延長したりすることは適切ではありません。バージョンアップ後の見込販売数量(収益)、残存有効期間は、将来の予測だけでなく、過去にバージョンアップを行った際の実績等を踏まえ、慎重に決定される必要があります。

② 旧バージョンの会計処理

バージョンアップを行った場合であっても、旧バージョンを並行して販売するケースがあります。このような場合には、旧バージョンの未償却残高とバージョンアップに要した費用は、それぞれ別個に償却計算を行うのが適切であると考えます。

また、バージョンアップによって旧バージョンが廃版となったり、旧バージョンに対する需要がなくなったりするような場合には、旧バージョンの資産性は喪失したと考えられるため、旧バージョンの未償却残高は、全額を一時に償却する必要があります(「著しい改良」については **Q 3-7** 参照)。

③ バージョンアップが「著しい改良」に該当する場合

一方、ソフトウェア製品の大部分を作り直すような大幅なバージョンアップは、「著しい改良」に該当するため、新しい製品を制作する場合と同様に、新しいバージョンで最初に製品化された製品マスターの完成時点までの費用を研究開発費として処理することとなります。

| 関連規定 | ソフトウェア実務指針 Q&A Q13 |

Q 3-12 販売中止の処理

ソフトウェアが販売中止となった場合の会計処理を教えて下さい。

A 市場販売目的のソフトウェアについて、販売後の市場環境の変化、競合製品の登場、社内における事業方針の変更等様々な要因により、販売中止となるケースがあります。

この場合、当該ソフトウェアの将来の収益獲得能力は失われたことになりますので、未償却残高がある場合は、販売中止となることが明らかになった時点で、全額損失処理する必要があります。

未償却残高を損失処理するにあたっては、販売中止という意思決定が会社としてなされている事実を、例えば販売中止申請書、製品開発会議の議事録、取締役会議事録等により記録として残しておくことが必要です。

これは、制作途中のソフトウェアが制作中止となった場合も同様です。

なお、販売中止の意思決定がなされていなくても、将来の見込販売収益が未償却残高を下回った場合には、その時点で、その差額を費用または損失として計上する必要があることにご留意下さい(見込販売収益が未償却残高を下回った場合については、Q 3-17、Q 3-20 参照)。

販売中止となったソフトウェアの除却処理

(借) ソフトウェア除却損 ×××　(貸) ソフトウェア ×××

市場販売目的のソフトウェアを販売する前に、試用版の配布を行っています。この試用版の制作に要した費用について、どのように処理すればよいですか。

市場販売目的のソフトウェアを販売するにあたり、幅広くユーザーを獲得するために、試用版を配布することがあります。試用版には機能が制限されているものや使用期間が制限されているもの等があり、その多くが無償で支給されます。また、特定のユーザーには機能評価版として一時的に通常版の貸出しがなされることもあります。

試用版のソフトウェアは、通常版の製品マスターの一部を利用しているに過ぎず、また、試用版は、そもそも通常版の販売を促進するために、副次的に制作されるものであるため、収益の獲得が予定されているものではありません。したがって、通常版の製品マスターの制作費を、試用版へ配分することは通常行われません。

したがって、複写等に必要な経費、記録媒体の購入費用のみを試用版の制作費(取得価額)として、使用分については販売費及び一般管理費(広告宣伝費、販売促進費等)として費用処理し、未使用分については棚卸資産(貯蔵品等)として処理するのが適切と考えます。

将来の収益獲得が不確実な製品マスター制作費とバージョンアップ費用

市場販売目的のソフトウェアの製品マスター制作費とバージョンアップ費用のうち、将来収益が獲得できるかどうかが不明確なものはどのように扱えばよいでしょうか。

❶ 将来の収益獲得が不確実な製品マスターの制作費

研究開発の終了後に発生した製品マスターの制作費は、原則として資産計上されることとなります。

しかし、一方で、製品マスターの制作費を資産計上する根拠は、当該制作費に将来の収益獲得能力が認められるところにあるため、製品マスターの制作費のうち将来の収益の獲得が合理的に見込まれるもののみ資産計上すべきと解されます。

したがって、製品マスターの制作費のうち、将来の収益が見込めないもの、または、将来収益が獲得できるかどうか不明なものについては、資産計上すべきではなく、発生時の費用として処理することが適切であると考えます。

❷ 将来の収益獲得が不確実なバージョンアップ費用

将来の収益獲得が不確実なバージョンアップ費用についての考え方は、上述の製品マスターの場合と同じです。すなわち、バージョンアップ費用のうち、将来の収益が見込めないもの、または、将来収益が獲得できるかどうか不明なものについては、発生時の費用として処理することが適切です。

バージョンアップ費用の収益獲得能力の判断にあたっては、恣意性が介入する余地も大きいため、資産計上すべき費用と費用処理すべき費用の判断基

準について、あらかじめ客観的な社内ルールを定めておくことも有効です。

　なお、バージョンアップが、主要なプログラムの過半を再制作するような「著しい改良」に該当する場合には、技術的リスクを伴うものであり、収益との対応関係が不明確であることから、研究開発費として費用処理されることとなります（「著しい改良」については **Q 3-7** 参照）。

〈バージョンアップ〉

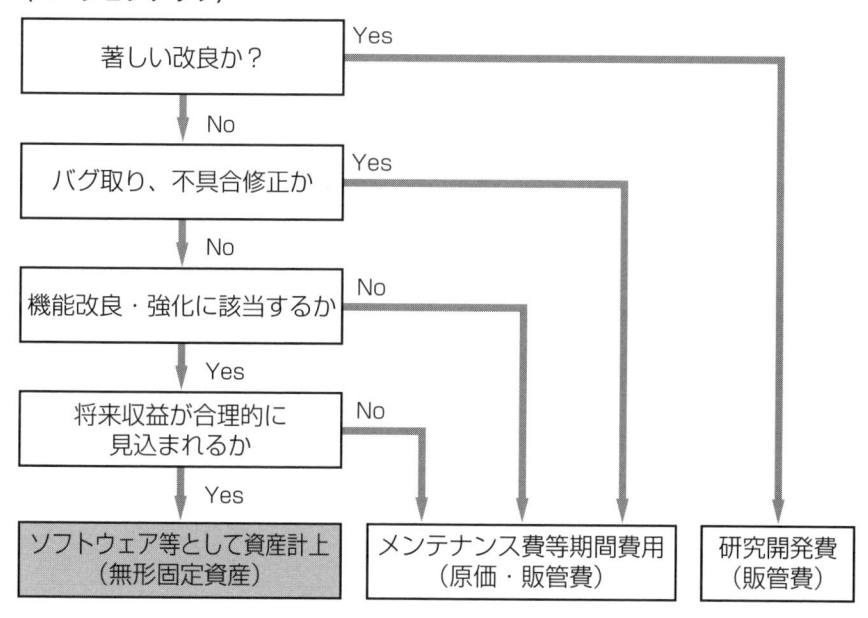

2 市場販売目的の ソフトウェアの減価償却

　市場販売目的のソフトウェアの減価償却の方法について、どのような方法がありますか。また、減価償却費の計算にあたって、どのような点に留意が必要でしょうか。

　　　　資産計上されたソフトウェアは、製品マスターそれ自体が販売対象物ではなく、これを利用(複写)した製品が販売されていくことになります。収益は複写された製品が販売されることにより計上され、この収益に製品マスターの制作費を費用として対応させるために、ソフトウェアの減価償却を行っていく必要があります。

　「ソフトウェア実務指針」に基づく、市場販売目的のソフトウェアの減価償却の方法をまとめると以下のとおりとなります。

① 減価償却の方法

　市場販売目的のソフトウェアに関する合理的な減価償却方法としては、以下の2つの方法があります。

　①　見込販売数量に基づく方法
　②　見込販売収益に基づく方法

　これらは、ソフトウェアの総見込販売数量(収益)を見積り、当年度の実績

販売数量(収益)と当年度末の見込販売数量(収益)の合計に対する当年度の実績販売数量(収益)の割合分だけ減価償却費を計上する方法です。

$$各年度の減価償却額 = \text{ソフトウェアの未償却残高} \times \frac{\text{各年度の実績販売数量(収益)}}{\text{各年度の期首(初年度は販売開始時)の見込販売数量(収益)}}$$

市場販売目的のソフトウェアは、他の固定資産のように、間接的に収益獲得に貢献するものではなく、その製品マスターの複写物が販売されることで収益がもたらされることから、ある程度収益との直接的な関係を見出すことができます。そのため、基本的には、その見込販売数量(収益)に基づき減価償却計算を行うこととされています。

見込販売数量に基づく方法は、販売可能期間にわたって販売価格に変動が小さいと予想される製品に適し、見込販売収益に基づく方法は、販売が進むにつれて販売価格が下落すると予想される製品に適した方法といえます。

複数種類のソフトウェアを販売している場合で、それぞれ収益獲得の態様が異なるような場合には、個々のソフトウェアの収益獲得状況に応じて、いずれかの償却方法を採用することも考えられます(見込販売数量(収益)の見積りについてはQ3-16参照)。

また、どちらの方法を採用するにしても、毎期の減価償却額は、見込販売数量(収益)に基づく減価償却額と残存有効期間(販売可能期間)に基づく均等配分額とを比較し、いずれか大きい額を計上することになります(具体的な設例はQ3-18参照)。残存有効期間については、見込販売数量(収益)の見積りの困難性により、償却期間がいたずらに長期化することを防止するために、原則として3年以内の年数とされ、3年を超える年数とするときには、合理的な根拠に基づくことが必要とされています。

❷ 見込販売数量(収益)の見直し

　市場販売目的のソフトウェアに係る将来の見込販売数量（収益）については、競合製品の登場、顧客ニーズの変化等により、時の経過とともに変動することが一般的です。したがって、減価償却計算にあたっては、見込販売数量（収益）の妥当性について、毎期見直し、検討を行う必要があります。

　見直しの結果、見込販売数量（収益）の変更が必要になった場合には、減価償却費等の補正計算を行うこととなります。

　なお、見込販売数量（収益）の見直しの結果、将来の見込販売収益が未償却残高を下回った場合には、その差額を費用または損失として計上する必要があることにご留意ください（見込販売数量（収益）の変更については Q 3-17 参照、具体的な設例は Q 3-19〜Q 3-20 参照）。

関連
規定

ソフトウェア実務指針 18、42
ソフトウェア実務指針 Q&A Q21
法法第 2 条 23 号
法令第 13 条 8 号リ、第 48 条 1 項 4 号、第 48 条の 2 第 1 項 4 号、第 48 条の 4

Q 3-16 見込販売数量(収益)の見積り

市場販売目的のソフトウェアの減価償却に必要となる当該ソフトウェアの見込販売数量(収益)はどのように見積るのでしょうか。

A ① 見込販売数量(収益)の見積りの重要性

市場販売目的のソフトウェアについては、見込販売数量(収益)に基づく減価償却が行われるため、その見積りは当期以降の減価償却費等の金額に直接影響を与えることになります。加えて、市場販売目的のソフトウェアは毎期、未償却残高と見込販売収益との比較を行い、見込販売収益が未償却簿価を下回った場合は、その差額を費用又は損失として計上することが求められています。その意味で、市場販売目的のソフトウェアについては、毎期見込販売数量(収益)の見積りを行うことにより経済価値の測定を行っていると考えることもできます。

② 見込販売数量(収益)の見積りにあたっての留意事項

このように、見込販売数量(収益)の見積もりは、ソフトウェアの減価償却費と期末の評価額を決定するための重要な手続であるため、客観的な根拠に基づいて慎重に行う必要があります。

そのため、販売価格と販売数量については、社内の所定の手続を経て承認された予算等に基づくこと等が必要と考えられます。予算が、現実的な着地見込ではなく、目標値的な意味合いが強くなっているような場合には、経理部門等でその数値を補正することも必要になります。

また、一旦決定した見込販売数量(収益)であっても、その後の経営環境の変化等に応じて、毎期見直していくことが必要です。

Q 3-17　見込販売数量(収益)の変更

見込販売数量(収益)の見直しが必要となった場合の減価償却はどのように考えればよいでしょうか。

❶ 見込販売数量(収益)の見直しの必要性

減価償却計算の基礎となっている見込販売数量(収益)に変動がなければ、当初の見込販売数量(収益)に基づき減価償却計算が行われていきます。しかし、ソフトウェア業においては、日々技術革新がなされていることや、競合製品の発売等により、減価償却開始後に、見込販売数量(収益)が変動する場合が少なくありません。そのため、見込販売数量(収益)については、当初の見積りが適切であったとしても、毎期見直しをすることが必要となります。

❷ 見込販売数量(収益)を変更した場合の会計処理

見込販売数量(収益)の見直しの結果、見込販売数量(収益)を変更した場合には、会計上の見積りの変更として、変更後の見込販売数量(収益)に基づき、当期及び将来の期間の損益として減価償却費を計上することになります。

ただし、見込販売数量(収益)の変更が、過去に見積もった見込販売数量(収益)が不適切であったことによる場合は、過去の誤謬の訂正となり、過年度遡及修正が必要となるため留意が必要です。

❸ 年度末の未償却残高が、翌期以降の見込販売収益を上回っている場合

見直しの結果によっては、当初の販売計画が下方修正され、資産計上され

ている製品マスターの未償却残高が、将来の見込販売収益を上回ってしまうことも起こりえます。このような場合、市場販売目的のソフトウェアの実質的経済価値が毀損している状況といえ、毀損した部分については、減損に準じて損失の計上を行う必要があります。そのため、製品マスターの未償却残高と見込販売収益の妥当性については、毎期検討することが必要です(具体的な設例は **Q3-20** 参照)。

なお、このように市場販売目的のソフトウェアは、「研究開発費等会計基準」において、減損類似の処理が求められているため、「固定資産減損会計基準」の適用範囲から除外されています。

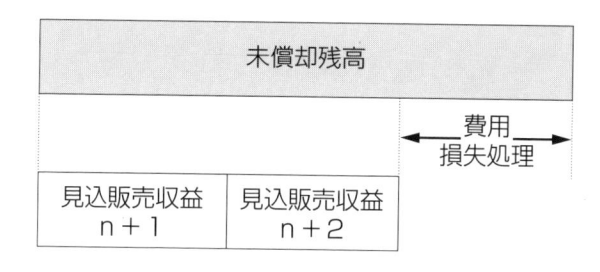

以上により、ケースごとの取扱いをまとめると、以下のとおりとなります。

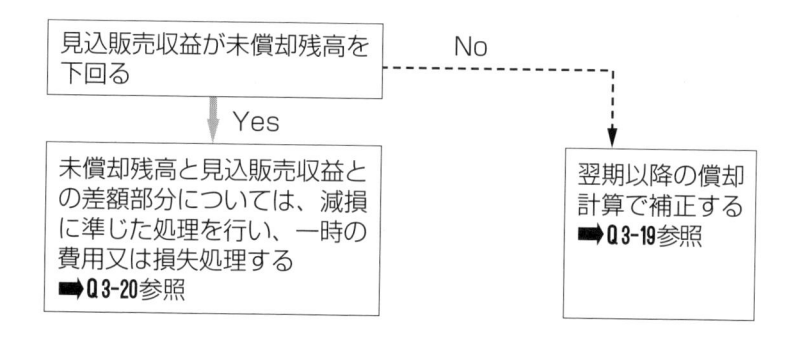

研究開発費等会計基準(注5)
ソフトウェア実務指針 19、20、43、44
ソフトウェア実務指針 Q&A Q22

Q 3-18 減価償却方法(設例①)

ソフトウェアの減価償却方法に関して具体的な計算例を教えてください。

A

❶ 見込販売数量(収益)に基づく減価償却費が均等配分額を下回らないケース

▶前提条件

① 無形固定資産として計上されたソフトウェア制作費の総額

150,000千円

② 当該ソフトウェアの見込有効期間　3年

③ 販売開始時における総見込販売数量及び総見込販売収益

	各年度の見込販売数量	販売開始時(初年度)の総見込販売数量及び各年度の期首の見込販売数量	各年度の見込販売単価	各年度の見込販売収益	販売開始時(初年度)の総見込販売収益及び各年度の期首の見込販売収益
	個	個	千円	千円	千円
初年度	560	1,600	240	134,400	336,000
2年度	700	1,040	220	154,000	201,600
3年度	340	340	140	47,600	47,600

（注）　販売が進むにつれ販売価格は下落するものと仮定している。

④ 販売開始時における見込みどおりに各年度の販売数量、販売収益が計上されるものとする。また、見込有効期間にも変更がないものとする。

上記のケースでの計算例及び会計処理は以下のとおりとなります。

▶計算例及び会計処理

1. 見込販売数量に基づく減価償却方法を採用した場合

	各年度の実績販売数量	販売開始時(初年度)の総見込販売数量及び各年度の期首の見込販売数量	見込販売数量に基づく減価償却額 (A)	残存有効期間に基づく均等配分償却額 (B)	各年度の減価償却実施額 (A)、(B)いずれか大きい額	各年度期首の未償却残高
	個	個	千円	千円	千円	千円
初年度	560	1,600	52,500	50,000	52,500	150,000
2年度	700	1,040	65,625	48,750	65,625	97,500
3年度	340	340	31,875	31,875	31,875	31,875

◎計算方法

見込販売数量に基づく減価償却額(A)と各期の均等配分額(B)を比較します。その結果、すべての年度で見込販売数量に基づく減価償却額(A)が各期の均等配分額(B)以上になっていますので、見込販売数量に基づく減価償却額が、各期の減価償却額となります。

	見込販売数量に基づく減価償却額(A)		残存有効期間に基づく均等配分額(B)
初年度	$150,000 \times \dfrac{560}{560+1,040} = 52,500$	>	$150,000 \div 3\,年 = 50,000$
2年度	$97,500 \times \dfrac{700}{700+340} = 65,625$	>	$97,500 \div 2\,年 = 48,750$
3年度	$31,875 \times \dfrac{340}{340} = 31,875$	=	$31,875 \div 1\,年 = 31,875$

（初年度）

| （借） | ソフトウェア減価償却費
（売上原価） | 52,500 | （貸） | ソフトウェア | 52,500 |

（2年度）

| （借） | ソフトウェア減価償却費
（売上原価） | 65,625 | （貸） | ソフトウェア | 65,625 |

（3年度）

| （借） | ソフトウェア減価償却費
（売上原価） | 31,875 | （貸） | ソフトウェア | 31,875 |

2. 見込販売収益に基づく減価償却方法を採用した場合

	各年度の実績販売収益	販売開始時（初年度）の総見込販売収益及び各年度の期首の見込販売収益	見込販売収益に基づく減価償却額 （A）	残存有効期間に基づく均等配分償却額 （B）	各年度の減価償却実施額 （A）、（B）いずれか大きい額	各年度期首の未償却残高
	千円	千円	千円	千円	千円	千円
初年度	134,400	336,000	60,000	50,000	60,000	150,000
2年度	154,000	201,600	68,750	45,000	68,750	90,000
3年度	47,600	47,600	21,250	21,250	21,250	21,250

◎計算方法

　見込販売収益に基づく減価償却額（A）と各期の均等配分額（B）を比較します。その結果、すべての年度で見込販売収益に基づく減価償却額（A）が均等配分額（B）以上になっていますので、見込販売収益に基づく減価償却額が、各期の減価償却額となります。

	見込販売数量に基づく 減価償却額（A）		残存有効期間に基づく 均等配分額（B）
初年度	$150{,}000 \times \dfrac{134{,}400}{134{,}400 + 201{,}600}$ $= 60{,}000$	$>$	$150{,}000 \div 3\,年 = 50{,}000$
2年度	$90{,}000 \times \dfrac{154{,}000}{154{,}000 + 47{,}600}$ $= 68{,}750$	$>$	$90{,}000 \div 2\,年 = 45{,}000$
3年度	$21{,}250 \times \dfrac{47{,}600}{47{,}600} = 21{,}250$	$=$	$21{,}250 \div 1\,年 = 21{,}250$

（初年度）

（借）　ソフトウェア減価償却費 （売上原価）	60,000	（貸）　ソフトウェア	60,000

（2年度）

（借）　ソフトウェア減価償却費 （売上原価）	68,750	（貸）　ソフトウェア	68,750

（3年度）

（借）　ソフトウェア減価償却費 （売上原価）	21,250	（貸）　ソフトウェア	21,250

❷ 見込販売数量（収益）に基づく減価償却費よりも 均等配分額のほうが大きくなるケース

▶前提条件

① 無形固定資産として計上されたソフトウェア制作費の総額

180,000千円

② 当該ソフトウェアの見込有効期間　　3年

③ 販売開始時における総見込販売数量及び総見込販売収益

	各年度の見込販売数量	販売開始時（初年度）の総見込販売数量及び各年度末の見込販売数量	各年度の見込販売単価	各年度の見込販売収益	販売開始時（初年度）の総見込販売収益及び各年度の期首の見込販売収益
	個	個	千円	千円	千円
初年度	1,050	3,000	144	151,200	375,000
2年度	800	1,950	136	108,800	223,800
3年度	1,150	1,150	100	115,000	115,000

（注）　販売が進むにつれ販売価格は下落するものと仮定している。

④　販売開始時における見込みどおりに各年度の販売数量、販売収益が計上されるものとする。また、見込有効期間にも変更がないものとする。

上記のケースでの計算例及び会計処理は以下のとおりとなります。

▶計算例及び会計処理

1. 見込販売数量に基づく減価償却方法を採用した場合

	各年度の実績販売数量	販売開始時（初年度）の総見込販売数量及び各年度の期首の見込販売数量	見込販売数量に基づく減価償却額 (A)	残存有効期間に基づく均等配分償却額 (B)	各年度の減価償却実施額 (A)、(B)いずれか大きい額	各年度期首の未償却残高
	個	個	千円	千円	千円	千円
初年度	1,050	3,000	63,000	60,000	63,000	180,000
2年度	800	1,950	48,000	58,500	58,500	117,000
3年度	1,150	1,150	58,500	58,500	58,500	58,500

◎計算方法

　見込販売数量に基づく減価償却額(A)と各期の均等配分額(B)を比較します。このケースでは、2年度において、見込販売数量に基づく減価償却額(A)よりも残存有効期間に基づく均等配分額(B)のほうが大きくなっているため、2年度については均等配分額が減価償却額となります。

	見込販売数量に基づく 減価償却額(A)		残存有効期間に基づく 均等配分額(B)
初年度	$180,000 \times \dfrac{1,050}{1,050+1,950} = 63,000$	>	$180,000 \div 3\,年 = 60,000$
2年度	$117,000 \times \dfrac{800}{800 \times 1,150} = 48,000$	<	$117,000 \div 2\,年 = 58,500$
3年度	$58,500 \times \dfrac{1,150}{1,150} = 58,500$	=	$58,500 \div 1\,年 = 58,500$

（初年度）

（借）　ソフトウェア減価償却費 　　　　（売上原価）	63,000	（貸）　ソフトウェア	63,000

（2年度）

　残存有効期間に基づく均等配分額が2年度の減価償却費となります。

（借）　ソフトウェア減価償却費 　　　　（売上原価）	58,500	（貸）　ソフトウェア	58,500

（3年度）

（借）　ソフトウェア減価償却費 　　　　（売上原価）	58,500	（貸）　ソフトウェア	58,500

2. 見込販売収益に基づく減価償却方法を採用した場合

	各年度の実績販売収益	販売開始時(初年度)の総見込販売収益及び各年度の期首の見込販売収益	見込販売収益に基づく減価償却額 (A)	残存有効期間に基づく均等配分償却額 (B)	各年度の減価償却実施額 (A)、(B)いずれか大きい額	各年度期首の未償却残高
初年度	千円 151,200	千円 375,000	千円 72,576	千円 60,000	千円 72,576	千円 180,000
2年度	108,800	223,800	52,224	53,712	53,712	107,424
3年度	115,000	115,000	53,712	53,712	53,712	53,712

◎計算方法

　見込販売収益に基づく減価償却額(A)と各期の均等配分額(B)を比較します。このケースでは、2年度目において、見込販売収益に基づく減価償却額(A)よりも残存有効期間に基づく均等配分額(B)のほうが大きくなっているため、2年度目については均等配分額が減価償却額となります。

	見込販売数量に基づく減価償却額(A)		残存有効期間に基づく均等配分額(B)
初年度	$180,000 \times \dfrac{151,200}{151,200+223,800}$ $=72,576$	＞	$180,000 \div 3\,年 = 60,000$
2年度	$107,424 \times \dfrac{108,800}{108,800+115,000}$ $=52,224$	＜	$107,424 \div 2\,年 = 53,712$
3年度	$53,712 \times \dfrac{115,000}{115,000} = 53,712$	＝	$53,712 \div 1\,年 = 53,712$

（初年度）

（借） ソフトウェア減価償却費 （売上原価）	72,576	（貸） ソフトウェア	72,576

（2 年度）

残存有効期間に基づく均等配分額が 2 年度の減価償却額となります。

（借） ソフトウェア減価償却費 （売上原価）	53,712	（貸） ソフトウェア	53,712

（3 年度）

（借） ソフトウェア減価償却費 （売上原価）	53,712	（貸） ソフトウェア	53,712

関連規定 ソフトウェア実務指針　設例 1、設例 2

減価償却方法
(設例②：見込販売数量(収益)に変動があるケース)

見込販売数量(収益)の検討の結果、変更が必要と認められましたが、変動幅は毎期経常的に起こりうる範囲内となっています。この場合の補正計算の方法について教えてください。

▶前提条件

① 無形固定資産として計上されたソフトウェア制作費の総額　　300,000 千円

② 当該ソフトウェアの見込有効期間　　3 年

③ 販売開始時における総見込販売数量及び総見込販売収益

	各年度の見込販売数量	販売開始時(初年度)の総見込販売数量及び各年度の期首の見込販売数量	各年度の見込販売単価	各年度の見込販売収益	販売開始時(初年度)の総見込販売収益及び各年度の期首の見込販売収益
	個	個	千円	千円	千円
初年度	1,000	3,500	200	200,000	495,000
2 年度	1,500	2,500	150	225,000	295,000
3 年度	1,000	1,000	70	70,000	70,000

（注）　販売が進むにつれ販売価格は下落するものと仮定している。

④ 販売開始初年度及び 2 年度は見込どおり販売されたが、3 年度における販売数量・販売収益が下表のように減少することとなった。

	初年度及び2年度の実績販売数量並びに3年度の見込販売数量	販売開始時(初年度)の総見込販売数量及び各年度の期首の見込販売数量	初年度及び2年度の実績販売単価及び3年度の見込販売単価	初年度及び2年度の実績販売収益及び3年度の見込販売収益	販売開始時(初年度)の総見込販売収益及び各年度の期首の見込販売収益
初年度	個 1,000	個 3,500	千円 200	千円 200,000	千円 495,000
2年度	1,500	2,500	150	225,000	295,000
3年度	800	800	60	48,000	48,000

▶計算例

1. 見込販売数量に基づく減価償却方法を採用した場合

	各年度の実績販売数量	販売開始時(初年度)の総見込販売数量及び各年度の期首の見込販売数量	見込販売数量に基づく減価償却額 (A)	残存有効期間に基づく均等配分償却額 (B)	各年度の減価償却実施額 (A)、(B)いずれか大きい額	各年度期首の未償却残高
初年度	個 1,000	個 3,500	千円 85,714	千円 100,000	千円 100,000	千円 300,000
2年度	1,500	2,500	120,000	100,000	120,000	200,000
3年度	800	800	80,000	80,000	80,000	80,000

◎計算方法

　見込販売数量に基づく減価償却額(A)と各期の均等配分額(B)を比較します。このケースでは、2年度末において、3年度の見込販売数量が変更になりますので、2年度以降の減価償却額は、変更後の見込販売数量(3年度：800)に基づいて計算します。

	見込販売数量に基づく 減価償却額（A）		残存有効期間に基づく 均等配分額（B）
初年度	$300,000 \times \dfrac{1,000}{1,000+2,500} = 85,714$	$<$	$300,000 \div 3 年 = 100,000$
2年度	$200,000 \times \dfrac{1,500}{1,500+1,000} = 120,000$	$>$	$200,000 \div 2 年 = 100,000$
3年度	$80,000 \times \dfrac{800}{800} = 80,000$	$=$	$80,000 \div 1 年 = 80,000$

（初年度）

（借） ソフトウェア減価償却費 （売上原価）	100,000	（貸） ソフトウェア	100,000

（2年度）

（借） ソフトウェア減価償却費 （売上原価）	120,000	（貸） ソフトウェア	120,000

（3年度）

（借） ソフトウェア減価償却費 （売上原価）	80,000	（貸） ソフトウェア	80,000

2. 見込販売収益に基づく減価償却方法を採用した場合

	各年度の実績販売収益	販売開始時（初年度）の総見込販売収益及び各年度の期首の見込販売収益	見込販売収益に基づく減価償却額 （A）	残存有効期間に基づく均等配分償却額 （B）	各年度の減価償却実施額 （A）、（B）いずれか大きい額	各年度期首の未償却残高
初年度	千円 200,000	千円 495,000	千円 121,212	千円 100,000	千円 121,212	千円 300,000
2年度	225,000	295,000	136,363	89,394	136,363	178,788
3年度	48,000	48,000	42,425	42,425	42,425	42,425

◎計算方法

　見込販売収益に基づく減価償却額と各期の均等配分額を比較します。この
ケースでは、3年度の見込販売収益が変更になりますので、3年度の減価償
却額は、変更後の見込販売収益(48,000千円)に基づいて計算します。

　その結果、すべての年度で見込販売収益に基づく減価償却額(A)が各期の
均等配分額(B)以上になっていますので、見込販売収益に基づく減価償却額
が、各期の減価償却額となります。

	見込販売数量に基づく 減価償却額(A)		残存有効期間に基づく 均等配分額(B)
初年度	$300{,}000 \times \dfrac{200{,}000}{200{,}000+295{,}000}$ $= 121{,}212$	$>$	$300{,}000 \div 3\,年 = 100{,}000$
2年度	$178{,}788 \times \dfrac{225{,}000}{225{,}000+70{,}000}$ $= 136{,}363$	$>$	$178{,}788 \div 2\,年 = 89{,}394$
3年度	$42{,}425 \times \dfrac{48{,}000}{48{,}000} = 42{,}425$	$=$	$42{,}425 \div 1\,年 = 42{,}425$

(初年度)

（借）　ソフトウェア減価償却費 　　　　（売上原価）	121,212	（貸）　ソフトウェア	121,212

(2年度)

（借）　ソフトウェア減価償却費 　　　　（売上原価）	136,363	（貸）　ソフトウェア	136,363

(3年度)

（借）　ソフトウェア減価償却費 　　　　（売上原価）	42,425	（貸）　ソフトウェア	42,425

 関連規定　　ソフトウェア実務指針　設例3

年度末の未償却残高が翌期以降の見込販売収益を上回ることとなった場合の会計処理について教えてください。

▶前提条件

① 無形固定資産として計上されたソフトウェア制作費の総額　300,000 千円

② 当該ソフトウェアの見込有効期間　3 年

③ 販売開始時における総見込販売数量及び総見込販売収益

	各年度の見込販売数量	販売開始時（初年度）の総見込販売数量及び各年度の期首の見込販売数量	各年度の見込販売単価	各年度の見込販売収益	販売開始時（初年度）の総見込販売収益及び各年度の期首の見込販売収益
	個	個	千円	千円	千円
初年度	1,200	3,500	200	240,000	521,000
2 年度	1,500	2,300	150	225,000	281,000
3 年度	800	800	70	56,000	56,000

（注）　販売が進むにつれ販売価格は下落するものと仮定している。

上記の場合で、見込販売数量に基づく償却方法を採用している場合の償却計算は以下のとおりです。

	各年度の実績販売数量	販売開始時（初年度）の総見込販売数量及び各年度の期首の見込販売数量	見込販売数量に基づく減価償却額（A）	残存有効期間に基づく均等配分償却額（B）	各年度の減価償却実施額（A）、（B）いずれか大きい額	各年度期首の未償却残高
	個	個	千円	千円	千円	千円
初年度	1,200	3,500	102,857	100,000	102,857	300,000
2 年度	1,500	2,300	128,572	98,571	128,572	197,143
3 年度	800	800	68,571	68,571	68,571	68,571

このケースでは、初年度から3年経過後まで、見込販売数量に基づく減価償却額の方が残存有効期間に基づく均等配分額より大きくなっています。

◎計算方法

見込販売数量に基づく減価償却額と各期の均等配分額の比較を行います。その結果、すべての期において、見込販売数量に基づく減価償却額(A)が、各期の均等配分額(B)以上になっていますので、見込販売数量に基づく減価償却額が各期の減価償却額となります。

	見込販売数量に基づく 減価償却額(A)		残存有効期間に基づく 均等配分額(B)
初年度	$300,000 \times \dfrac{1,200}{1,200+2,300} = 102,857$	>	$300,000 \div 3 \text{年} = 100,000$
2年度	$197,143 \times \dfrac{1,500}{1,500+800} = 128,572$	>	$197,143 \div 2 \text{年} = 98,571$
3年度	$68,571 \times \dfrac{800}{800} = 68,571$	=	$68,571 \div 1 \text{年} = 68,571$

次に、上記見込販売数量に基づく償却方法によった場合の、各年度末の未償却残高と見込販売収益との対比を行うと以下のようになります。

	各年度末の未償却 残高 (X)	販売開始時の総見込 販売収益及び各年度 末の見込販売収益 (Y)	各年度末における見 込販売収益を上回る 未償却残高の金額 (X−Y)
販売開始時	千円 300,000	千円 521,000	千円 —
初年度	197,143	281,000	—
2年度	68,571	56,000	12,571
3年度	—		—

このケースでは、2 年度末において未償却残高が年度末の見込販売収益を 12,571 千円超過することになります。したがって、この超過額 12,571 千円については、ソフトウェアの経済価値を裏付ける将来の収益獲得能力が喪失したものとして、2 年度末において一時の費用又は損失処理を行うことになります。

（初年度）

（借）　ソフトウェア減価償却費（売上原価）	102,857	（貸）　ソフトウェア	102,857

（2 年度）

通常の減価償却費の計上

（借）　ソフトウェア減価償却費（売上原価）	128,572	（貸）　ソフトウェア	128,572

ソフトウェアの帳簿残高が見込販売収益を上回る部分の損失計上

（借）　ソフトウェア減価償却費（売上原価）	12,571	（貸）　ソフトウェア	12,571

（3 年度）

（借）　ソフトウェア減価償却費（売上原価）	56,000	（貸）　ソフトウェア	56,000

 関連規定　ソフトウェア実務指針　設例 5

第4章

ベンダーの会計処理
（ソフトウェアの収益認識）

1 総論

Q 4-1　ソフトウェアの収益認識のための要件

ソフトウェア取引に係る収益を認識するための一般的な考え方について教えてください。

A ❶ 実現主義に基づく収益認識

ソフトウェア取引は、無形の資産が対象となります。また、取引内容も多様で複雑なケースも多くなります。しかし、ソフトウェア取引に係る収益認識の考え方それ自体は、それほど難解なものではなく、他の一般の商取引と同様に、「実現主義」を適用します。

「実現主義」とは、一連の取引において、以下の2要件を満たしたときに収益を認識する考え方です。実現主義によると、収益の客観性（検証可能な取引事実に基づいて収益を認識できる）と確実性（代金回収の蓋然性が高く、取引完結の確実性が高い）が確保されることから、収益認識の原則として広く一般的に適用されています。

> 実現主義の2要件
> ① 売り手により財・用役が提供されること
> ② 対価として現金や金銭債権等の貨幣性資産が取得されること

❷ ソフトウェアの区分別の収益認識の考え方

ソフトウェアの区分別に、この実現主義を適用した場合の基本的な考え方は以下のとおりとなります。

1 市場販売目的のソフトウェア取引

> ソフトウェア収益実務対応報告2 (1)①
> 　市場販売目的のソフトウェア取引については、一般的に、企業（ベンダー）の側でその仕様（スペック）がすでに確定しているため、納品が完了した時点で実質的に成果物の提供が完了している。

典型的な市場販売目的のソフトウェアは、パッケージ・ソフトウェアと考えられます。その場合、ソフトウェアの納品が完了すれば、ユーザーはソフトウェアを利用できる状態になります。したがって、納品が完了したときに収益を認識します。

ただし、納品後にユーザーが動作を確認する必要がある場合等、成果物の納品が完了しただけでは、ユーザーはソフトウェアを利用できる状態になりません。この場合には、原則として、ユーザーが検収したときに収益を認識すべきと考えます。

2 受注制作のソフトウェア

「成果の確実性」（工事契約会計基準9）が認められる契約については、進行基準を適用します。進行基準とは、ソフトウェア制作の収益総額、原価総額及び決算日における進捗度について信頼性をもって見積り、これに応じて収益及び原価を認識する方法です。すなわち、ソフトウェア制作作業の進捗に応じて、当該契約に係る収益を漸次認識します。

進行基準を適用すると、ユーザーに最終的な成果物を提供していない段階から収益を認識します。このため、収益認識の一般原則である実現主義を例

外的に適用した会計処理とみる考え方があります。一方で、ソフトウェア制作作業における収益実現の客観性と確実性の高さに鑑み、あくまで実現主義を通常通り適用した会計処理とみる考え方もあります。

　一方で、「成果の確実性」が認められず進行基準を適用できない契約については、完成基準を適用し、成果物を引き渡した時点で収益を認識します。完成基準を適用する場合、どの時点でユーザーに対し成果物の引渡しが完了したとみるかについては、以下の記載が参考になります。

ソフトウェア収益実務対応報告 2 (1)②

　受注制作のソフトウェア取引については、基本的にオーダーメイドによるものであり、その仕様（スペック）は確定していないため、通常、顧客（ユーザー）の側で契約内容に応じて、成果物がその一定の機能を有することについての確認が行われることにより成果物の提供が完了すると考えられる。したがって、契約上の取引相手との間で取り決めた成果物の内容に応じて、一般的には検収等何らかの形でその成果物の提供を確認することにより、収益を認識することとなる。

　したがって、完成基準を適用する場合、ユーザーが検収した時点で収益を認識するものと考えられます。

関連規定　ソフトウェア収益実務対応報告 2 (1)
工事契約会計基準 9、18

ソフトウェアの収益を認識できない可能性がある場合（取引の疑義）

ソフトウェア取引に疑義があり、収益を認識できない可能性がある場合とは、具体的にどのような場合でしょうか。

ソフトウェア取引の収益を認識するためには、当該取引が実在するという前提のもと、

① 売り手により財・用役が提供されること

② 対価として現金や金銭債権等の貨幣性資産が取得されること

という実現主義の2要件を満たすことが必要です。

ソフトウェア取引に疑義があり、実現主義の2要件を満たしていない場合は、収益を認識できません。ソフトウェア取引に疑義があり、その収益を認識するかどうか慎重に検討する場面として、具体的には以下のような場合が考えられます。

ソフトウェア収益実務対応報告2（2）

① 成果物の提供の完了の前提となる取引の実在性に疑義があるケース
- 通常は契約書等を取り交すべき取引において、当該取引に関する契約書等につき、ドラフトしか存在していない。
- 本来の顧客（ユーザー）との間で契約書等を取り交すには至っておらず、第三者であるパートナー（協力会社）との間で契約書等を取り交すにとどまっている。

② 成果物の提供の完了に疑義があるケース
- 通常は検収により成果物提供の完了を確認するような場合において、検収書又はこれに類似するものが入手されていない。
- 検収書又はこれに類似するものを入手しているにもかかわらず、入金予定日を経過しても未だに入金がない、若しくはソフトウェアの主要な機能に関するバグの発生等により作業を継続している。

③ 対価の成立に疑義があるケース

　通常このような場合には、これらの疑義に対して、実現主義の2要件を満たしていることを立証することは難しいものと考えます。ソフトウェア取引において適切に収益を認識するためには、上記のような疑義のある取引を適時に防止・発見できる体制を構築することに加え、契約書や検収書等の必要不可欠な証憑を整備することにより、実現主義の2要件を満たしていることを客観的に説明できることが重要です。

　また、進行基準を適用する場合には、これらの事項に加え作業の進捗部分について「成果の確実性」が認められるかどうか検討することも必要です（「成果の確実性」については Q2-7 参照）。

2 受注制作のソフトウェアの収益認識

Q 4-3 「検収」の意義

受注制作のソフトウェアに係る収益を認識するためには、どの時点でユーザーの検収が完了したと解釈するかが重要ですが、ユーザーから検収書を入手すれば、検収が完了したとみなしてもよいでしょうか。

A ❶ 形式的な「検収」では不十分

通常、受注制作のソフトウェアについては、制作したソフトウェアをユーザーに納品し、ユーザーの検収が完了し、検収書を入手することによってソフトウェアの提供が完了します。

ただし、ユーザーから検収書を入手しただけでは、必ずしもユーザーの検収が完了したといえない場合があるので留意する必要があります。

ソフトウェア業においては、ユーザーの予算消化の都合により作業途中でも検収書が発行される場合や、成果物の仮受領書の意味で検収書が発行される場合があります。このような場合、たとえ検収書を入手したとしても、未だ作業が完了していないため、ユーザーに請求書を発行できないことや、検収書の受領後にユーザーが仕様の変更を依頼すること等があります。それでは、実質的な「検収」は完了しているとはいえません。

❷ 実質的な「検収」が完了したといえるためには

　ユーザーの検収が完了したといえるためには、ベンダーとユーザーとの間で、成果物の仕様（スペック）、機能、性能等について、契約どおりのものが納入されたかどうかを実質的に確認することが必要です。具体的な要件としては、以下の記載が参考になります。

(1) 契約で定められた役務提供の完了（契約書に定められた納品物の納品完了）※
(2) 検収書等、ユーザーへのソフトウェアの引渡しと仕様・性能に関するテストの完了を確認できる書類の入手。
(3) 契約通りの代金請求が可能であり、かつ回収の見込みがあること。
　※契約に定められた納品物とは、例えば次のようなものをいう（社団法人情報サービス産業協会「新しいソフトウェア開発委託モデル契約書」より）

業務内容	納品物
システム仕様作成業務	「システム仕様書」を CD-ROM 等の媒体に保存したもの
ソフトウェア作成業務	「ソフトウェアのプログラム」、「検査仕様書」、「操作説明書」、「データ（旧システムのデータを新システム用に変換したもの）」を CD-ROM 等の媒体に保存したもの

　なお、当然のことながら、納入された CD-ROM 等はそれ自体に価値があるのではなく、検査合格したソフトウェアと同じ内容のものが記載されていることが重要である。従って、ソフトウェアの検査合格を完了しなければ、納品物の納品完了とはならないことに留意する必要がある。
　また、納品物の納品完了、ソフトウェアの検査合格によって、有形の媒体としては「所有権の移転」、ソフトウェアについては「ソフトウェアプロダクツの使用権許諾の開始」といった法的権利を確定させることが可能となる。

出所：「情報サービスにおける財務・会計上の諸問題と対応のあり方について」
情報サービスの財務・会計を巡る研究会（平成17年8月）

　すなわち、ユーザーの検収が完了したといえるためには、形式的に検収書を入手するだけでは足りません。ユーザーとの間で成果物が所定の仕様、機能、性能を有することを確認した旨を、例えばユーザーが成果物の仕様等をテストしたことがわかる書面を入手することにより客観的に証明することが必要です。

❸ 検収書に記載すべき事項

　検収書には、検収日の記載、ユーザーの社印及び検収権限のある人物の押印がもちろん必要です。また、「×× 一式の納入を確認しました」といった漠然とした記載ではなく、検収対象となっている成果物が所定の仕様、機能、性能を有することを確認した旨などの記載をユーザーに求めることが必要です。

Q 4-4　分割検収における収益認識

受注制作のソフトウェアにおいて、制作工程をいくつかのフェーズに分割して契約を締結する場合があります。このような形態の契約においては、収益認識にあたって、どのようなことに留意すべきでしょうか。

❶ 基本的な考え方

受注制作のソフトウェアにおいて、制作工程を設計段階、制作段階等の作業ごとのフェーズに分割してそれぞれ契約を締結し、フェーズごとに検収を行う(分割検収)場合があります。

収益を認識するためには、①売り手により財・用役が提供されることと、②対価として現金や金銭債権等の貨幣性資産が取得されること、という実現主義の2要件を満たす必要があります。

❷ フェーズごとに収益を認識できる場合

以下の例のように、各フェーズの成果物が相互に独立していると認められる場合には、フェーズごとに収益を認識できます。

ソフトウェア収益実務対応報告2(3)

1. 顧客(ユーザー)との取引において分割された契約の単位(フェーズ)の内容が一定の機能を有する成果物(顧客が使用し得る一定のプログラムや設計書等の関連文書も顧客にとってはそれ自体で使用する価値のあるものと考えられる)の提供であること。
2. 顧客(ユーザー)との間で、納品日、入金条件等についての事前の取り決めがあり、その上で当該成果物提供の完了が確認されること。
3. その見返りとしての対価が成立していること。

すなわち、各フェーズの成果物が相互に独立しており、後フェーズの契約

が解除された場合や作業が実施されなかった場合でも、前フェーズの契約や対価の入金が影響を受けなければ、フェーズごとに収益を認識できます。この場合は、フェーズごとに進行基準または完成基準を適用し、収益を認識します。

ここで、各フェーズの成果物の内容や入金条件等の事前の取決めについては、通常は契約書または注文書で確認します。実務的に内容の詳細については、見積書を参照する場合もあります。この場合、契約書や注文書と見積書の紐付きが明確になるように、見積書も契約書や注文書と同等の管理をする必要があります。

❸ フェーズごとに収益を認識できない場合

以下の例のように、形式的に契約を分割しても、各フェーズの成果物が実質的に独立していると認められない場合には、最終的な成果物(ソフトウェア)を提供し終えるまでを1つの大きな契約単位として、収益を認識する必要があります。

> ソフトウェア収益実務対応報告2(3)
> 1. (分割検収が)成果物の提供の完了の確認がなく、単に作業の実施のみに基づく場合
> 2. (分割検収が)成果物の提供の完了の確認がなく、単に入金条件にのみ関連している場合

このような場合のほか、各フェーズを成果物単位とせずにユーザーの予算都合によって恣意的に設定した場合も、フェーズごとに分割して収益を認識できないと考えられます。また、契約を締結し作業を開始した後に事後的にフェーズごとに分割した場合は、フェーズごとに収益を認識できるかどうかを検討することに加え、売上の早期計上を企画したものでないかどうかなどの契約変更の妥当性を慎重に検討する必要があります。

❹ 検収後にフェーズごとの契約額を修正する場合

　分割検収においては、最終的な成果物を提供する前に、ある特定のフェーズの契約額を検収後に修正する場合があります。このような場合は、当該フェーズの成果物が独立しているか疑義があるため、修正の内容や金額の重要性について吟味し、フェーズごとに分割して収益を認識できるかどうか再検討する必要があると考えます。

関連規定　ソフトウェア収益実務対応報告 2 (3)

Q 4-5 契約形態毎の収益認識の留意事項
（請負契約、準委任契約、SES 契約、派遣契約）

受注制作のソフトウェアにおいては、請負契約、準委任契約、SES 契約、派遣契約等、様々な形態の契約が締結されています。それぞれの契約形態について、収益認識にあたってはどのように考えればよいでしょうか。

A ❶ それぞれの契約の特徴

受注制作のソフトウェアにおいては、ご指摘のとおり様々な契約形態が採られています。それぞれの契約形態の特徴を整理すると以下のとおりとなります。

契約形態	意 義	受託者の義務	対 価
請負契約	受託者が委託者に対し、成果物の完成又は業務の完了を約する契約	成果物の完成作業の完了	成果物の完成、作業の完了に対して支払われる
準委任契約	委託者が一定の行為を受託者に委任する契約	作業の提供	作業の実施に対して支払われる
派遣契約	受託者が委託者に人員を派遣し、委託者の指示のもと労働に従事させる契約	作業の提供	作業の実施に対して支払われる
SES 契約	受注企業が自社の従業員等を発注企業に常駐させ、システム制作他のサービスを提供する契約	作業の提供	作業の実施に対して支払われる

請負契約と他の3つの契約形態を比較した場合の大きな特徴は、請負契約においては、受託者は成果物の完成義務または作業の完了義務を負う一方で、他の3つの契約形態においては、そのような義務はなく単に作業を提供すれば契約上の義務(債務)を果たす点にあります。

一般的に、請負契約のように、成果物の完成義務を負う業務受託は「成果請負」、他の3つの契約形態のように、完成義務はなく単に役務や労務を提供する業務受託は「工数請負」とよばれています。

❷ 各契約の法的形式ではなく実質を重視することの重要性

　以上のような各契約の特徴に基づくと、請負契約については、成果物の完成義務または役務提供の完了義務を伴うため、進行基準または完成基準により収益を認識し、他の3つの契約形態については、成果物の完成義務はなく役務や労務を提供すれば足りるため、役務や労務の提供に応じて、「月割」又は「作業時間×単価」等により収益を認識するものと思われます。しかし、問題はそれほど単純ではありません。

　ソフトウェア業においては、契約形態上は準委任契約や派遣契約、SES 契約といった工数請負の形をとりながらも、実際はソフトウェアとしての機能を有する一定の成果物の給付を目的としており、事実上の成果請負となっているケースがあります。また、逆に請負契約といった成果請負の形をとりながらも、一定の成果物の給付を目的としておらず、事実上の工数請負となっているケースもあります。そのため、収益を認識する方法については、契約形態だけではなく、契約の実質に照らして判断する必要があります。

　このように考えると、各契約においては、以下のように収益を認識することが適切であると考えます。

```
請負
準委任      実質が成果請負の場合　⇒　進行基準または完成基準
派遣        実質が工数請負の場合　⇒　役務提供基準
SES
```

すなわち、請負契約、準委任契約、SES 契約、派遣契約については、その実質が成果請負であるものについては、進行基準または完成基準を適用すべきと考えます。一方、その実質が工数請負であるものについては、役務提供基準を適用し、「月割」又は「作業時間×単価」で算定した業務報酬に応じて収益を認識することが適切であると考えます。

3 市場販売目的の ソフトウェアの収益認識

Q 4-6 市場販売目的のソフトウェアの販売形態別の 収益認識の時点

　市場販売目的のソフトウェアの販売形態は様々ですが、それぞれの販売形態毎に収益を認識すべき時点について教えてください。

　　　　市場販売目的のソフトウェアの販売形態は様々であり、それぞれの販売形態に応じて収益認識の時点は若干異なってきます。しかし、それぞれの販売形態に共通する考え方は、実現主義に基づき収益認識を行うということです。

　Q 4-1 で述べたとおり、一連の取引において、実現主義の2要件を満たしたときに収益を認識します。

> 実現主義の2要件
> ① 売り手により財・用役が提供されること
> ② 対価として現金や金銭債権等の貨幣性資産が取得されること

　これを市場販売目的のソフトウェア取引にあてはめると、一般的には、ユーザーが取引対象のソフトウェアを利用できる状態になった時に、この実現主義の2要件が成立しますから、販売形態ごとに、「どの時点をもってユーザーがソフトウェアを利用できるようになったといえるか」という視点から考えると、収益を認識すべき時点が整理できます。

❶ パッケージ・ソフトウェアの販売

パッケージ・ソフトウェアについては、仕様、機能等が標準化されており、ユーザーもそれを前提に取引することが通常です。また、販売前にベンダー側で動作確認も完了しており、ユーザーもそれを前提に取引することが通常です。したがって、製品を納品した時点でユーザーがいつでも利用可能な状態であるといえるため、通常は、製品を納品した時点で収益を認識します。

また、一般の製造会社や商社においては、従来から、商製品を出荷した時点で収益を認識する（出荷基準）実務がみられます。これは業界慣行や過去の販売取引の実績から、出荷した商製品に関する顧客の検収はほぼ確実であり、出荷した時点をもって収益が実現したとみなしても支障のないことによるためです。仕様、機能が標準化されているパッケージ・ソフトウェアについても、同様にユーザーによる検収の確実性が合理的に予測できる場合であれば、出荷基準により収益を認識できると考えます。

一方、パッケージ・ソフトウェアでも、基幹システム全般に関する大規模なもの等については、納品後にユーザーの動作確認が必要となる場合があります。そのような場合には、製品を納品しただけでは、「ユーザーがソフトウェアを利用できるようになった」とはいえないため、納品後にユーザーで実施される検収が完了した時点で収益を認識する必要があります。

❷ インターネットでのダウンロードによる販売

インターネットでのダウンロードによる販売の場合、通常、ユーザーがベンダーのウェブ上でソフトウェアの購入申込を行い、ベンダーが電子メール等で販売承諾を通知することで契約が成立します。ソフトウェアの販売代金はクレジットカードや電子マネーで決済されている場合が多く、ベンダーが販売承諾を通知した時に、ユーザーはソフトウェアをいつでも利用可能な状態になります。したがって、ベンダーが販売承諾を通知した時点で収益を認

識することが適切であると考えます。

❸ ライセンス契約による販売

① 基本的な考え方

ライセンス契約による販売の場合、製品の納品に合わせて契約書にライセンスの開始日を明記します。製品を納品した後にライセンス契約を締結する場合や、製品を納品する前にライセンス契約を締結する場合があります。

そのような場合、製品の納品とライセンス契約の締結のどちらか一方だけが満たされたとしてもユーザーが当該ソフトウェアを利用できる状態になったとはいえません。したがって、製品の納品が完了し、かつ契約に基づくライセンスの開始日が到来した時点で収益を認識するものと考えます。

② ライセンス期間が設定されている場合

パッケージ・ソフトウェアの販売、インターネットでのダウンロードによる販売等の販売形態を問わず、ソフトウェアの使用許諾期間(以下、ライセンス期間)が設定されているケースがありますが、その場合どのように考えればよいのでしょうか。

ライセンス期間が設定されていない場合には、ベンダーはユーザーに対して、ソフトウェアの使用権を販売するものと考えることができます。その場合、先述したように、製品の納品が完了し、かつライセンス開始日が到来した時点で、ユーザーはソフトウェアをいつでも利用できる状態であるため、収益を認識します。

一方、ライセンス期間が設定されている場合には、該当ソフトウェアの販売取引を単純にソフトウェア使用権の売買取引と見ることはできません。ベンダーは、所定のライセンス期間にわたりユーザーにソフトウェアを利用させなければ、役務提供を完了したとはいえないのではないかという問題が生じます。そのように考えると、ライセンス料を一時の収益として認識するこ

とは妥当ではなく、ライセンス期間にわたり収益を認識するという考え方も成り立ちます。

この点、現状の実務では、ライセンス期間にわたり収益を認識する方法と、製品の納品が完了し、かつライセンス期間の開始日が到来した時点で一時の収益を認識する方法の双方の会計処理が行われています。

それぞれの方法の考え方を整理すると、以下のようになります。

① ライセンス期間にわたり収益を認識する立場

この立場では、ライセンス料の金額をユーザーの利用可能期間の長短に応じて設定していることや、ユーザー側も利用可能期間にわたる継続的な権利やサービスを期待してソフトウェアを購入していること等を重視します。この立場によると、ライセンス料はユーザーがライセンス期間にわたりソフトウェアを使用できる対価であり、ベンダーはライセンス期間にわたりユーザーにソフトウェアを利用させて初めて役務の提供を完了したといえます。したがって、製品の納品が完了しかつライセンス期間の開始日から終了日にわたり、月割り等の方法で収益を認識します。

また、ライセンス期間を設定している場合においても、ライセンス料を契約開始時に一括して支払い、また、契約上も一度受け取ったライセンス料を返還不要とするケースが多いと思いますが、この立場においては、それらの事実をあまり重視しません。

② 契約開始時点で一時の収益を認識する立場

この立場では、ライセンス期間の設定はユーザーがソフトウェアを利用できる期間を設定しているに過ぎず、製品の納品完了後にベンダーがユーザーに改めて役務を提供しないこと、また、通常ライセンス料を契約開始時点に一括で支払うこと、一度受取ったライセンス料を契約上で返還不要としていること等を重視します。この立場によると、製品の納品を完了し、かつライセンス開始日が到来した時点で、ベンダーは役務の提供を完了していること

になります。したがって、その時点でライセンス料を一時の収益として認識します。

　以上のように、ライセンス期間が設定されている場合には、現状、2通りの会計処理が行われています。例えば、期間の定めがあるライセンス料が期間の定めがないものより割安に設定されているか等、ライセンス契約の実態を判断して、実態に即した会計処理を行うことが必要です。実態を判断することが困難である場合は、上記のいずれかの会計処理を採用することになりますが、この場合、一度採用した会計処理は、以後継続して適用することが必要です。

　また、上記の会計処理は、ライセンス料だけでなく、ライセンスの更新料についても同様であると考えます。

④ 機器組込みソフトウェアの販売

　携帯電話、電化製品、工作機械等の製品にあらかじめインストールされているソフトウェアを一般に機器組込みソフトウェアといいます。また、ソフトウェア会社がパソコンメーカー等と提携して、自社のソフトウェアをパソコン等にプリインストール(バンドル)して販売するような取引も広い意味での機器組込みソフトウェアといえるかもしれません。

1 自社製品に組み込まれているソフトウェアの販売

　製造会社において、携帯電話、電化製品、工作機械等の自社製品に組み込まれているソフトウェアは、当該自社製品と有機的一体として機能するものです。この場合、自社製品に組み込まれるソフトウェアをパッケージ・ソフトウェアと同様に捉えて、製品の収益を認識する時点と同時に収益を認識するべきと考えます。

　携帯電話や電化製品、工作機械等については、通常は出荷基準、納品基準、

検収基準のいずれかの基準で収益を認識するものと考えられますので、組み込まれているソフトウェアもそれと同じ基準で行うものと考えます。

② 機器メーカー等に対して自社制作の組込み用のソフトウェアを販売する場合

他社製品のパソコン等に自社制作のパッケージ・ソフトウェアをプリインストールして販売する場合や、携帯電話や家電メーカー等に自社制作の機器組込み用ソフトウェアを販売する場合には、ベンダーにとってのユーザーは、当該機器のエンドユーザーではなく、パソコン等のメーカーになります。前述①と同様の考え方に基づき、メーカーがソフトウェアを利用可能となる納品時点（又は出荷時点か検収時点）で収益を認識するものと考えます。

さらに、メーカーとソフトウェア・ライセンス契約を締結し、メーカーからエンドユーザーへの出荷量に応じてライセンス料を受領する場合があります。通常、メーカーからエンドユーザーへの出荷量を把握できないため、メーカーからの出荷実績報告に基づき収益を認識します。

なお、メーカーから個別に受託してソフトウェアを制作する受注制作のソフトウェアの場合には、進行基準または完成基準を適用します。

市場販売目的のソフトウェアをカスタマイズして販売する場合

市場販売目的のソフトウェアをユーザー仕様にカスタマイズして販売するような場合、どのように収益を認識するべきでしょうか。

　　　　市場販売目的のソフトウェアの中でも比較的専門性が高く、大規模なソフトウェアについては、ユーザーの要望に基づき様々なカスタマイズをする場合があります。また、追加機能（オプション）も多種用意されており、ユーザーの利用目的に応じて適宜追加することが可能となっています。

❶ ユーザー固有のカスタマイズをする場合

　このような場合、ベンダーとユーザーとの間では通常は受託制作契約を締結し、ベンダーは、カスタマイズ完了後のソフトウェアをユーザーに納入する義務を負います。したがって、実質的には受注制作のソフトウェアと同様に、カスタマイズの内容が軽微な場合を除いて、「工事契約会計基準」にしたがって、進行基準または完成基準を適用するものと考えます。具体的には受注制作契約上の対価を市場販売目的のソフトウェアとカスタマイズ部分に分解できるのであれば、前者に納品基準（出荷基準）または検収基準、後者に進行基準または完成基準を適用するものと考えます。分解できないのであれば、両者を一体として進行基準または完成基準を適用するものと考えます。

　なお、カスタマイズとは、製品マスター自体の改変ではなく、特定のユーザーの要望に基づき製品マスターに機能を付加するものですので、カスタマイズ部分を製品マスターとして資産計上することはありません。

❷ カスタマイズが標準の追加機能(オプション)の 選択にすぎない場合

　一方、「カスタマイズ」の意味するところが、あらかじめベンダーがライン
ナップした標準の追加機能(オプション)の中から、ユーザーが追加したい機
能をいくつか選択するということに過ぎず、ユーザー固有のカスタマイズを
しない場合があります。

　このような場合では、追加機能(オプション)の1つひとつが、標準仕様の
パッケージ・ソフトウェアと同等のものであると考えることができます。し
たがって、納品基準(又は出荷基準)で収益を認識するものと考えます。ただし、
機能追加後に、ソフトウェアが全体として正常に稼動するかどうかの動作確
認を必要とするような場合には、納品基準(又は出荷基準)ではなく検収基準で
収益を認識するべきと考えます。

ソフトウェアをエンドユーザーではなく、販売代理店や卸売業者または小売店に販売する場合、収益を認識するにあたりどのようなことに留意すればよいでしょうか。

市場販売目的のソフトウェアを、直接エンドユーザーに販売するのではなく、販売代理店や卸売業者または小売店に販売する場合があります。このような場合、販売先である販売代理店や卸売業者または小売店に、製品であるソフトウェアの保有、販売に係るリスク(瑕疵担保責任、陳腐化リスク、破損リスク、滞留リスク、売上債権の回収リスク等)をどの程度移転しているかにより会計処理が異なってきます。

❶ 販売代理店や卸売業者に販売する場合

販売代理店や卸売業者は、通常、ベンダーとエンドユーザーとの間の取引の仲介者的立場に過ぎません。したがって、製品であるソフトウェアの保有、販売に係るリスクは、ベンダーに留保されたままとなっています。このような販売代理店等との取引は実質的な委託販売としてとらえることが適当であり、販売代理店等がエンドユーザーに納品を完了した時点で収益を認識します。

委託販売に係る収益の認識にあたっては、販売代理店がエンドユーザーに販売する都度、販売完了の報告をもらう必要がありますが、報告を適時にもらうことが困難な場合も想定されます。そのような場合は、代理店から仕切計算書(売上計算書)が販売の都度(月次等)送付されてきていることを条件に、当該仕切計算書(売上計算書)が到達した日をもって収益実現の日とみなすことも認められています。

❷ 小売店に販売する場合

　一方、ソフトウェアを家電量販店等の小売店に販売する場合には、通常、ソフトウェアの保有と販売に係るリスクは、小売店側に移転しています。したがって、ベンダーにとっては、ソフトウェアを小売店に販売した時に販売は完結していると考えられますから、小売店へソフトウェアを納品した時に収益を認識します。

　ただし、小売店との間の取引では、返品制度が多くとられています。その場合は、過去の返品実績等に基づき、将来予想される返品額を合理的に見積り、返品調整引当金を計上する必要があります。

　以上、販売代理店や卸売業者または小売店との取引の典型的なケースについて検討しましたが、卸売業者であっても、事実上は製品であるソフトウェアの保有、販売に係るリスクを負っているケースや、小売店であっても、店舗の売り場を場貸しするだけでソフトウェアの保有、販売に係るリスクを負っていないケースも見受けられます。したがって、取引相手の属性(卸売業者か小売店か)によって形式的に会計処理を判断するのではなく、相手先との販売契約の内容に基づき、ソフトウェアの保有、販売に係るリスクが販売先に移転しているかどうかという見地から、実質的に判断する必要があります。

関連 規定	企業会計原則　注解6

4 その他の論点

Q 4-9 複合取引(SI サービス契約等)

ソフトウェア制作においては、1つの契約で複数の製品やサービスを一括して取引する場合があります。このような場合、どのように収益を認識すればよいでしょうか。

❶ 複合取引の例

ソフトウェア制作を設計段階から完成、保守まで一括して受託する SI サービス契約(システム・インテグレーション・サービス契約)にみられるように、1つの契約でソフトウェアとハードウェア、トレーニングサービス、保守サービス等の複数の製品やサービスを一括して受託する形態の契約が見受けられます。具体的には、以下のような場合が考えられます。

ソフトウェア収益実務対応報告3
① 市場販売目的のソフトウェアとソフトウェア関連サービスの複合取引
・ソフトウェア販売に保守サービスやユーザー・トレーニング・サービスが含まれているケース
・ソフトウェア・ライセンス販売(使用許諾)にアップグレードの実施が含まれているケース
② 受注制作のソフトウェアとソフトウェア関連サービスの複合取引
・システム開発請負契約に期間的なシステム利用や保守サービスに関する

契約が含まれているケース
③　その他
・財である機器(ハードウェア)とソフトウェアを販売するケースのように、財と財の販売が１つの契約とされているが、それらが必ずしも有機的一体として機能しない場合

② 基本的考え方

　このように、収益認識のタイミングが異なる複数の製品やサービスを単一の契約としているケースで、管理上の適切な区分に基づき、販売する製品やサービスの内容やそれぞれの金額の内訳をユーザーとの間で合意している場合には、契約上の対価をそれぞれに適切に分割して、それぞれの製品・サービスに即した方法で収益を認識するのが適切です。

１つの契約		要素ごとに収益を認識する	収益認識方法
受注制作のソフトウェア	ユーザーと合意した金額に基づき、適切に対価を分割	受注制作のソフトウェア →	進行基準又は完成基準
市場販売目的のソフトウェア		市場販売目的のソフトウェア →	納品基準(出荷基準)又は検収基準
ハードウェア	分割	ハードウェア →	納品基準(出荷基準)又は検収基準
保守・トレーニングサービス		保守・トレーニングサービス →	サービス提供基準

❸ ユーザーとの間で金額の内訳を合意していない場合 または、金額の内訳が各製品・サービスの公正価値を 表していない場合

一方、ユーザーとの間で金額の内訳を合意していない場合には、契約金額を分割できないため問題となります。また、ユーザーとの間で金額の内訳を合意していても、特定の製品・サービスの値引を他の製品・サービスに負担させている場合や、ベンダーがユーザーの同意のもと収益を操作する目的で意図的に対価の配分額を歪めている場合には、それぞれの金額が各製品やサービスの公正価値を表さなくなり、適切に収益を認識できません。

このような場合、契約額全体を各製品・サービスの公正価値に基づき按分することが望ましいと考えます。具体的には、所定の手続により承認された標準価格等に基づき按分する方法が考えられます。未だ市場で販売開始されていない製品・サービス等については、標準価格表が設定されていないことも考えられます。その場合は、価格決定権限者(担当役員、取締役会等)が決定した価格に基づいて按分する方法も適用できると考えます。ただし、当該価格は、公正価値を考慮し適切に決定されており、以後当該サービスの提供にあたって適用される価格と重要な乖離のないことが必要と考えます。

❹ 付随的要素を含む場合

複合契約であっても、契約の中心となる主な製品・サービスが存在し、他の製品・サービスがそれに付随していると判断した場合には、主たる製品・サービスに合わせて一括して収益を認識することができます。

❺ 製品・サービスが有機的一体として機能している場合

　1つの契約に含まれる製品やサービスがすべて有機的一体として機能し、契約を分割できない場合があります。例えば、すべてのサービスを提供するまでユーザーが入金しない場合や、特定の製品・サービスの提供を不履行とすることが他の製品・サービスの契約や入金に影響を与える場合は、当該製品・サービスは有機的一体として機能していると考えることができます。

　このような場合には、契約全体を1つの単位として、一体として収益を認識する必要があります。具体的には、契約全体に進行基準または完成基準を適用するケースが多いと考えられます。

　また形式上は複数契約になっていても、それらの契約が有機的一体として機能している場合にも、当該契約群を全体として1つとみて、上記と同様の会計処理を行うものと考えます。

関連規定	ソフトウェア収益実務対応報告3

Q 4-10　純額取引(商社的取引)

　ソフトウェア取引において、他社間の取引の仲介や仲立ちをする場合があります。このような場合、収益を総額で認識してもよいでしょうか。

A ① 収益の純額・総額の基本的な考え方

　ソフトウェア取引が拡大するにつれて、複数企業を介在する取引が多く見受けられます。このような取引の中には、製品・サービスの保有、販売に係るリスク(瑕疵担保リスク、在庫リスク、代金回収リスク等)を負わず、また製品・サービスに対して付加価値を付与せずに、実質的には単に手数料相当額のみを受け取るだけの取引も存在します。委託販売における販売受託者が典型的な例ですが、このような場合、収益を総額で認識することはできず、利ざや部分(手数料相当額)のみを純額で認識することが必要となります。

　通常、以下のような場合には、製品・サービスの販売にあたって通常負担すべきリスクを負っていない、または製品・サービスに対して付加価値を付与していないと考えられるため、反証できない限り、収益を純額で認識することになると考えられます。

ソフトウェア収益実務対応報告4
・機器(ハードウェア)やパッケージ・ソフトウェアなどの完成度の高いものにソフトウェア開発を行って販売するケースにおいて、ソフトウェア開発の占める割合が小さいなど、付加価値がほとんど加えられていない場合の当該機器(ハードウェア)やパッケージ・ソフトウェアに関する取引
・受注制作ソフトウェアにおいて、第三者であるパートナー(協力会社)にそのプロジェクト管理のすべてを委託している場合の当該ソフトウェア開発に関する取引

・機器(ハードウェア)にソフトウェアを組み込んだ製品やパッケージ・ソフトウェアの売手が、製品の仕様(スペック)や対価の決定に関与していない場合の当該機器(ハードウェア)やパッケージ・ソフトウェアに関する取引

② 米国における収益の総額表示と純額表示の判断指針

　収益を総額または純額のいずれで計上するかについて、FASB EITF 問題第 99-19 号「収益を本人として総額表示すべきか代理人として純額表示すべきか」では、単一の指標で判断するのではなく、以下の指標が示す事実関係と状況に基づいて総合的に判断すると規定されており、「我が国の収益認識に関する研究報告」においても参考として引用しています。

我が国の収益認識に関する研究報告6
（収益を総額で計上すべき指標）
・取引において主たる債務者(ユーザーに対してサービス責任を負う者)である。
・商品受注前又は顧客からの返品に関して一般的な在庫リスクを負っている。
・自由に販売価格を設定する裁量がある。
・商品の性質を変えたり、サービスを提供することによって付加価値を加えている。
・自由に供給業者を選択する裁量がある。
・製品やサービスの仕様の決定に加わっている。
・商品受注後又は発送中の商品に関して物的損失リスクを負担する。
・代金回収にかかる信用リスクを負担する。
（収益を純額で計上すべき指標）
・供給業者が契約の主たる債務者である。
・会社が稼得する金額は確定している。
・供給業者が信用リスクを負う。

 関連規定
ソフトウェア収益実務対応報告4
我が国の収益認識に関する研究報告6

Q 4-11　アフターコスト、機能追加や仕様変更が発生する場合

ソフトウェアの販売完了後にアフターコストの発生を予想する場合、収益認識にあたって留意すべきことはありますか。また、販売完了後に無償で機能追加や仕様変更する場合、どのように会計処理を行えばよいでしょうか。

❶ アフターコストの取扱い

受注制作のソフトウェアや市場販売目的のソフトウェアに大規模なカスタマイズをして販売する場合等には、販売後に瑕疵担保期間を設けるのが通常です。このような瑕疵担保期間内に発生したアフターコストの取扱いは、以下のように考えられます。

① アフターコストが通常発生する範囲内である場合

将来発生を予想するアフターコストが、販売活動の過程で通常発生する範囲内である場合には、所定の会計方針に基づき収益を認識するとともに、過去のアフターコストの発生実績等に基づき発生予想額を合理的に見積り、引当金を計上することが適切と考えます。➡ **Q 2-22** 参照

② アフターコストが特に多額である場合

ソフトウェアの販売を完了した後で、瑕疵を補修するための多額のアフターコストの発生を予想する場合は、実質的にユーザーの要求する仕様・水準の製品を納入できていない状態であるといえます。このような費用は、もはやアフターコストの範囲内であるとはいえず、実質的にはソフトウェア制作のための追加原価ととらえるのが妥当と考えます。

したがって、進行基準を適用する場合には、当該費用の発生額を予測し、原価総額を修正した上で、ユーザーが最終検収する時点まで当該基準を適用

する必要があります。また、当該費用の金額や補修作業の進捗度を合理的に見積ることができない場合には、「成果の確実性」が認められないこととなるため、進行基準を適用できないと考えます。

　完成基準を適用する場合には、たとえ形式的に検収書を入手したとしても、当該瑕疵補修作業を完了し、ユーザーの最終検収を受けるまでは収益を認識できないと考えます。

❷ 無償で重要な機能追加や仕様変更する場合

　ソフトウェアの販売後に、無償で重要な機能追加や仕様変更する場合は、ソフトウェアの検収が不適切であったと考えられます。

　このような場合、実質的にはユーザーによる検収は完了しているとはいえないため、多額のアフターコストの発生を予想する場合と同様に、進行基準を適用する場合は、「成果の確実性」の再検討を行う必要があり、完成基準を適用する場合はユーザーによる当該作業の最終検収まで収益を計上できないものと考えます。

ソフトウェアの販売後に、ソフトウェアの保守業務やユーザーの従業員に対するトレーニングを実施するサービスを提供することがありますが、会計上どのように処理すべきでしょうか。

ソフトウェアの販売後に、使用方法等について一定期間サポートする場合や、ユーザーの従業員に対して研修会を開催する場合があります。また、ソフトウェア納入後の様々なトラブルに対応するために保守サービスを提供する場合や、無償もしくは廉価でのアップグレード版を提供する場合、アップグレードが行える権利をソフトウェアと一緒に販売する場合等もあります。

このようなサポートサービスについては、電話、メール、ファックス等による対応から、対面による対応、ユーザー先での作業による対応等様々な形態がありますが、サービスの提供に伴い人件費や経費が発生しますので、その処理が問題となります。

このようなサービスは、有償で提供する場合と無償で提供する場合とで処理が異なってくると考えられます。

❶ トレーニングサービスや保守サービスを有償で提供する場合

これらのサービスを有償で提供する場合は、役務の提供に応じて収益を認識します。すなわち、トレーニングサービスについては、トレーニングや研修会が完了した時点で収益を認識します。保守サービスについては、期間契約の形となるのが通常と思われますので、月割計上等の方法で収益を認識します。

❷ トレーニングサービスや保守サービスを 無償で提供する場合

　トレーニングサービスや保守サービスを無償で提供する場合は、当該サービスはソフトウェア取引と一体であると考えられますから、これらのサービスを独立して会計処理することは妥当ではありません。このような場合には、重要性がない場合を除き、ソフトウェア取引に係る収益を認識する際に、サービスの提供にあたり発生する費用を合理的に見積った上で、費用計上する必要があると考えます。

　無償のサービスに重要性がなく、通常のアフターサービスとしてとらえられる場合には、発生する費用の重要性も低いと考えられるため、通常は販売費及び一般管理費として発生時に費用計上します。

❸ 当初想定していなかった臨時・特別の保守費用が 発生する場合

　ソフトウェアの販売時には想定していなかった不具合が発生すること等により、臨時・特別な保守作業が発生する場合があります。

　帰責がベンダー側にあり、無償保守として対応せざるを得ない場合等には、重要性が乏しい場合を除き、発生する費用・損失を合理的に見積った上で、未払計上ないしは引当計上する必要があると考えます。

　なお、無償で行う作業内容が保守作業の範囲を超え、機能追加や仕様変更等のソフトウェアの制作と認められる場合等には、当該作業に係る費用は、保守費用ではなくソフトウェアの追加の制作費とすることが妥当といえます。したがって、当該機能追加や仕様変更が重要である場合は、実質的にユーザーは検収を完了していないため、多額のアフターコストが発生する場合（Q4-11 参照）と同様に、進行基準を適用する場合は、「成果の確実性」が成立しているか否かの再検討を行う必要があり、完成基準を適用する場合は、ユーザーによる当該作業の最終検収まで収益を計上できないと考えます。

第 **5** 章

ユーザーの会計処理
（自社利用のソフトウェア）

1 自社利用のソフトウェアの概要

Q 5-1 **自社利用のソフトウェアの定義**

自社利用のソフトウェアとは、どのようなものでしょうか。

 **❶ 自社利用のソフトウェア**

「ソフトウェア実務指針」では、自社利用のソフトウェアを以下のように分類しています。

利用目的	例
社内業務を効率的又は効果的に行う目的	社内の業務処理に利用している以下のようなソフトウェア ・財務会計ソフトウェア ・固定資産管理ソフトウェア ・販売管理ソフトウェア等の社内業務の基幹系ソフトウェア
第三者への業務処理サービス等の提供目的	・給与計算業務を受託している場合の給与計算ソフトウェア ・経理業務を受託している場合の財務会計ソフトウェア ・クラウド・サービスに提供しているソフトウェア

　上記のように自社利用ソフトウェアには、自社の管理業務等の内部業務に使用されるものだけでなく、得意先等の外部にサービスを提供するために利用するソフトウェアも含まれることになります。

❷ 自社利用のソフトウェアの取得形態

自社利用のソフトウェアの取得形態は以下の場合があります。

● 外部から購入する場合

● 外部に制作を委託する場合

● 自社で制作する場合

 研究開発費等会計基準四3、4

Q 5-2 自社利用のソフトウェアの会計処理

自社利用のソフトウェアの会計処理の概要について、教えてください。

❶ 取得費・制作費

　自社利用のソフトウェアの取得費・制作費に関しては、会計上は、当該ソフトウェアを利用することにより、将来の収益獲得や費用削減が確実であると認められる場合には、適切な原価を集計した上、資産として計上しなければなりません。将来の収益獲得効果や費用削減効果が不明な場合や、効果が確実であると認められない場合には、取得費・制作費は、資産計上されることなく、発生時の費用として処理されることになります。

❷ 減価償却費

　資産計上された自社利用のソフトウェアは、利用実態に応じて最も合理的な方法で減価償却を行うことになります。一般的には、以下のような減価償却の方法が採用されています。

利用目的	減価償却方法
社内業務を効率的又は効果的に行う目的	定額法
第三者へのサービス提供目的	定額法ないし、市場販売目的のソフトウェアと同様の方法（見込販売収益又は見込販売数量に応じた償却）

　自社利用のソフトウェアについては、市場販売目的のソフトウェアと比べて、収益との直接的な対応関係が希薄なことが多く、また、物理的な劣化を伴わない無形固定資産の償却であるため、一般的には定額法による償却が合

理的であると考えられます。

　ただし、自社利用のソフトウェアでも、第三者への業務処理サービスの提供に用いるもので将来の獲得収益を見積ることができるものについては、市場販売目的のソフトウェアと同様に、見込販売収益や見込販売数量に基づく減価償却を行う方が、費用・収益対応の観点からより合理的な場合もあると考えられます。

　また、減価償却期間は、技術革新の状況等に配慮し、原則として5年以内の年数とされ、5年を超える年数にする場合には、合理的な根拠に基づくこととされていることに留意する必要があります。

　なお、機械装置等に組み込まれている自社利用のソフトウェアについては、当該機械装置等に含めて機械装置の減価償却費として償却されます。

❸ 期末における評価

　自社利用のソフトウェアについては、基本的に「固定資産減損会計基準」が適用されますので、毎期末に減損の兆候の有無を検討した上で、必要な場合は減損損失を計上することとなります。

　ただし、自社利用のソフトウェアが第三者へのサービスの提供を目的としている場合等で、見込販売収益や見込販売数量に基づく方法で償却を行っている場合は、「固定資産減損会計基準」の手続に代えて、未償却残高が翌期以降の見込販売収益を上回ったときに当該超過額を一時の費用又は損失として処理する方法を採ることも可能であると考えられます。

　取得費・制作費及び減価償却費並びに期末における評価の詳細については、以下の質問をご参照ください。

項　　目	質問内容	該当する質問番号
取得費・制作費の会計処理	資産計上される場合	Q 5-3
	資産計上の開始時点及び終了時点	Q 5-4
	制作途中で将来の収益獲得又は費用削減効果が確実となった場合	Q 5-5
	取得価額の範囲(導入費用)	Q 5-6
減価償却	自社利用のソフトウェアの減価償却方法	Q 5-7
	自社利用のソフトウェアの減価償却方法の変更	Q 5-8
	自社利用のソフトウェアの利用可能期間の見直し	Q 5-9
期末における評価	自社利用のソフトウェアと固定資産の減損会計	Q 5-14

 関連規定

研究開発費等会計基準意見書三 3 (3) ③
研究開発費等会計基準四 3、4、5
ソフトウェア実務指針 11、21
固定資産減損会計基準
固定資産減損会計基準適用指針 6、69

COLUMN

ビッグデータ

　近年、ビッグデータという言葉をメディアなどで目にすることが多くなりました。ビッグデータという用語は、情報技術白書などの情報技術分野からマーケティング分野まで幅広く使われていますが、現時点ではビッグデータという用語に関して合意された明確な定義は無いようです。最大公約数的な理解としては「技術的な難しさや重要性の認識の低さから従来は分析や管理の対象となっていなかった、企業等により保存されている非構造的非定型的な大量のデータ」というところでしょう。

　ビッグデータは、従来のアプローチや従来の技術では、量的質的に分析が困難であったデータといえます。このようなデータが、スマートフォンの普及や各種製品のネットワーク化に伴い、様々な情報が大量にデジタル化され、移送・保存されるようになったことで、様々な角度から関係性を分析することが可能になりました。そうして蓄積されたビッグデータを解析することで、企業の販売戦略、自動車事故や犯罪の予防、交通渋滞やイベントにおける人々の動きの予測、さらには天気予報にいたるまで、幅広い分野での活用が期待されています。

　情報通信白書によれば、ビッグデータの活用事例として以下のようなものがあるようです。

・メーカーにおけるビッグデータの活用・分析による品質管理システムの構築により品質向上
・気候データ等のビッグデータ分析による農作物の栽培状況のベストプラクティス化

現時点では、特に商業や不動産業の分野で活用が進んでいると推察されています。確かに、天候によって売上が大きく左右される飲食店や小売店などでは、ビッグデータの活用により予測の精度が高まれば、大きな恩恵を受けられそうです。

　ただ、ビッグデータの活用は、まだ始まって間もなく、試行錯誤という面もあります。商品の陳列をビッグデータの分析により変更したところ売上が増加したという事例もありますが、なぜ増加したのかについて、マーケティングデータ分析とマッチすることまではできていないそうです。従来の常識と反するようなビッグデータの分析結果がでたときに、どのように対応するのか、別のデータを用いるべきなのか、困ってしまうかもしれません。

　ビッグデータが従来のビジネスでどのように活用できるのか、また新たなビジネスが生まれてくるのか、今後の展開が期待されます。

2 取得費・制作費の会計処理

Q 5-3 ## 自社利用のソフトウェアとして 資産計上される場合とは

どのような場合に将来の収益獲得又は費用削減が確実なものとして、自社利用のソフトウェアが資産計上されることになるのでしょうか。

A ❶ 資産計上される場合

「ソフトウェア実務指針」では、将来の収益獲得又は費用削減が確実である自社利用のソフトウェアの取得費・制作費は、無形固定資産として計上することとなります。将来の収益獲得又は費用削減効果が見込まれる程度と会計処理との関係は以下のとおりです。

将来の収益獲得又は費用削減	会計上の取扱い
確実であると認められる場合	資産計上
不明な場合	費用処理
確実であると認められない場合	費用処理

ソフトウェアは、無形の資産でもあることから、有形固定資産と異なり、その経済価値を客観的に把握することが困難な場合もあります。そのため、資産計上要件を満たしているかどうかについては、より慎重な判断が求められているものと考えられます。

② 将来の収益獲得又は費用削減が確実であると 認められる場合

① 「ソフトウェア実務指針」の例示

　将来の収益獲得又は費用削減効果が確実であると認められる場合について、「ソフトウェア実務指針」では、具体的な態様は様々であり、自社利用のソフトウェアの資産計上要件を包括的に掲げることは困難とされていますが、資産計上される場合として以下のような具体例が示されています。

例　　　示	見込まれる効果
(1) 通信ソフトウェア又は第三者への業務処理サービスの提供に用いるソフトウェアを利用し、会社が契約に基づいて情報等の提供を行い、受益者からその対価を得る場合	・サービスの受益者から獲得される収益
(2) 自社で利用するためにソフトウェアを制作し、当初意図した使途に継続して利用することにより、会社の業務を効率的又は効果的に遂行することができると明確に認められる場合（ソフトウェア制作の意思決定段階から制作の意図・効果が明確）	・間接人員削減による人件費削減効果 ・複数業務を統合するシステム採用による入力作業等の効率化 ・従来なかったデータベース・ネットワーク構築による業務の効率化又は有効性の向上
(3) 市場で販売されているソフトウェアを購入し、かつ、予定した使途に継続して利用することによって、会社の業務を効率的又は効果的に遂行することができると認められる場合	・ソフトウェアを利用することによる会社の業務の効率化、有効化

② 実務上の取扱い

　実務上、将来の収益獲得又は費用削減効果の検討にあたっては、以下の項目について検討することが必要になるものと考えます。

① ソフトウェアの目的適合性の検討
② ソフトウェアに係る便益の発生可能性の検討

① ソフトウェアの目的適合性の検討

　将来の収益獲得又は費用削減の効果の有無を判断するためには、第一にソフトウェアの仕様や機能が会社の意図する目的に適合しているかを検討する必要があります。ソフトウェアの仕様や機能が、会社の意図する目的にそぐわない場合や、目的を達成するのに不十分な場合には、将来の収益獲得又は費用削減を合理的に期待することができないことも考えられます。

　制作又は購入するソフトウェアが、会社の収益獲得又は費用削減という目的を達成できるのかについて十分に吟味することが必要と考えます。

② ソフトウェアに係る便益の発生可能性の検討

　当該ソフトウェアに係る便益の発生可能性、すなわちソフトウェアを利用することで、具体的にどのような形でどの程度の便益が発生するかの検討が必要になると考えます。

　自社利用のソフトウェアでは、制作を開始する時点や、外部からの購入を決定する時点で、社内稟議や取締役会決議等の承認手続きを経るのが通常と考えられます。その際、将来の収益獲得又は費用削減効果の内容と程度につき、客観的な資料に基づき、可能な限り定量的・具体的に明らかにした上で承認を得ることが必要と考えます。

❸ 独自仕様の社内利用ソフトウェア

　独自仕様の社内利用ソフトウェアの場合には、当該ソフトウェアの利用によって直接的にキャッシュ・フローが生ずることは通常は考えられないため、将来の費用削減効果に基づくネット・キャッシュ・インフローの増加によって、資産計上の可否の判断をすることになります。「研究開発費等会計基準

Q&A」においては、以下の具体例が示されています。

（将来の収益獲得が確実であると認められる場合）
　受注に基づく在庫の手配、発送指示作業を手作業で行っているため、物流部門の能力には余裕があるのに、毎日の取扱高が限定されている会社において、当該業務をコンピュータ処理することにより、取扱高の増加が可能になる場合。
（将来の費用削減が確実であると認められる場合）
　遠隔保守システムの構築により、現場に派遣する保守要員が減少する場合は、利用する前に比し人件費の削減効果が確実に見込まれる。

　「研究開発費等会計基準 Q&A」では、独自仕様の社内利用ソフトウェアについては、自社で制作する場合や外部委託により制作する場合もあり、資産計上するにあたり、ソフトウェアの利用実態を十分に把握し、資産計上の要件を満たしているか否かについて検討する必要があるとされています。

 関連規定　研究開発費等会計基準四 3
ソフトウェア実務指針 11
ソフトウェア実務指針 Q&A Q15

Q 5-4　自社利用のソフトウェアの資産計上の開始時点及び終了時点

　自社利用のソフトウェアに関して、資産計上の開始と終了の時点について教えてください。

❶ 資産計上の開始時点

　「ソフトウェア実務指針」では、自社利用のソフトウェアに係る資産計上の開始時点は、将来の収益獲得又は費用削減が確実であると認められる状況になった時点であり、開始時点はそのことを立証できる証憑に基づいて決定することとなります。これは、無形の資産である自社利用ソフトウェアについては、資産計上の開始時点を恣意的に操作される可能性もあることから、客観的な証憑に基づき判断することを要請しているものと考えられます。

　具体的な証憑としては、以下の例があげられています。

①　ソフトウェアの制作予算が承認された社内稟議書

②　ソフトウェアの制作原価を集計するためのプロジェクトコードを記入した管理台帳

❷ 資産計上の終了時点

　「ソフトウェア実務指針」では、資産計上の終了時点は、実質的にソフトウェアの制作作業が完了したと認められる状況になった時点であり、そのことを立証できる証憑に基づいて決定することとなります。終了時点も客観的な証憑に基づいて判断することが求められています。

　具体的な証憑としては、以下の例があげられています。

①　ソフトウェア作業完了報告書

② 最終テスト報告書

❸ 証憑の整備

　資産計上の開始時点及び終了時点は、開始または終了を立証できる客観的証憑に基づいて決定することが求められていますので、開始または終了の時点を立証できる証憑を整備することが必要となります。

　一般に、外部に制作を委託している場合は、証憑が整備されている場合が多いものと考えられますが、自社制作の場合には十分な証憑が整備されていない場合も少なくありません。証憑の整備が十分でないと、ソフトウェアの取得原価の妥当性を検討することが困難となります。そのため、社内規程で自社利用のソフトウェアの制作にあたって必要な証憑を明確にするとともに、証憑への記載事項も明確にしておくことが望まれます。

　これらの証憑は、資産計上の開始時点と終了時点を判断するための根拠となるほか、資産計上の可否の判断の根拠にもなるため、以下のような点に留意する必要があります。

留意事項	摘　要
将来の収益獲得又は費用削減効果の内容と程度が明確にされているか	将来の収益獲得又は費用削減が確実であることについての記載が必要となります。社内稟議書において、ソフトウェアの利用目的や制作期間、予算のみが記載されている場合、資産計上できるものかの判断は困難です。「将来の収益獲得又は費用削減の効果」の記載欄を設け、どのような効果があるかを記載することが必要です。
資産計上の開始時点及び終了時点が明確にできるものか	例えば、社内稟議書において、制作完了予定日や稼動開始予定日のみが記載されており、制作着手日や完了確認日の記載がない場合や、予定のみで確定日の記載がない場合は、資産計上の開始時点や終了時点が判断できません。制作開始日が確認できない場合、その稟議書のみでは資産計上を開始すべき日が判断できない可能性があります。このような場合、日付の記載または他の証憑の確認が必要になります。
様式の統一	事務処理の効率化という観点から、証憑の様式は統一されていることが望まれます。社内規程、マニュアル等で証憑の様式を統一し、記載事項も統一しておくことが望まれます。

関連規定 ソフトウェア実務指針 12、13、37

Q 5-5 制作途中で将来の収益獲得又は費用削減効果が確実となった場合

　制作を開始した時点では、将来の収益獲得又は費用削減が確実ではなかった自社利用のソフトウェアについて、制作途中で将来の収益獲得又は費用削減が確実と認められる状況になった場合にはどのように会計処理すべきでしょうか。

　自社利用のソフトウェアについては、制作を開始する時点において、ソフトウェアの利用者が要求する機能を発揮するソフトウェアが完成し、かつ、実際の業務での利用に耐えられるかどうか確実に判断することには、困難を伴うことも考えられます。状況によっては、以下のようにソフトウェアの制作活動が開始された後に、資産計上の要件を満たしていることが判明する場合もあると考えられます。

- 社内業務処理目的のソフトウェアについて、制作の進捗により、完成の目処がつき、将来の収益獲得又は費用削減が確実であると見込まれることとなった。
- 自社利用のソフトウェアを使用したサービスの提供契約や事業開始が確定し、将来の収益獲得の確実性が明らかになった。

　このような場合のソフトウェアの制作費の会計処理を整理すると以下のとおりになります。

将来の収益獲得又は費用削減が確実であると認められた時点	会計処理
以前の制作費	費用処理。過去に遡って資産計上はしない。
以降の制作費	資産計上。

関連規定　ソフトウェア実務指針 Q&A Q16

Q 5-6　自社利用のソフトウェアの導入費用

　自社利用のソフトウェアを制作することを計画しています。直接制作に要する費用のほか、設定作業等の導入費用が発生する見込みですが、ソフトウェアの導入費用の処理方法について教えてください。

A　ソフトウェアの導入費用の会計処理

　「研究開発費等実務指針」において示されている、ソフトウェアの導入費用の会計処理を整理すると以下のとおりとなります。

導入費用の区分	導入費用の種類	会計処理
(1) 購入ソフトウェアの設定等に係る費用	購入ソフトウェアに設定が必要な場合 会計ソフトで科目設定、画面や帳票修正等追加作業に要する費用	ソフトウェアの取得原価として処理
(2) ソフトウェアを大幅に変更して自社仕様とするための費用	過去に制作したソフトウェアや市販のパッケージ・ソフトウェアの仕様を大幅に変更し、自社仕様のソフトウェアとして利用する（既存のソフトウェアを部品として、新たなソフトウェアを制作する）場合	ソフトウェアの制作費と同様の処理
(3) その他の導入費用	① データのコンバート費用 ② トレーニングのための費用	発生した事業年度の費用として処理

1 購入ソフトウェアの設定等に係る費用がある場合

　購入ソフトウェアの設定等に係る費用が発生するケースとしては、以下のケースがあげられますが、これらの費用は購入したソフトウェアを利用するために不可欠な費用であるため、有形固定資産の取得に要する付随費用と同様に、ソフトウェアの取得価額に含めることとなります。

- 財務会計ソフトウェアの科目マスターの設定のように設定作業が必要となる場合
- 自社の仕様に合わせて画面や帳票などを修正する場合

これらの作業は、自社で行う場合と外部委託する場合がありますが、いずれの場合もソフトウェアの取得価額に含めることとなります。なお、上記の費用について重要性がない場合は、費用処理することができる点も有形固定資産の取得に要する付随費用の場合と同様です。

② ソフトウェアを大幅に変更して自社仕様とするための費用がある場合

自社で過去に制作したソフトウェア又は市場で販売されているパッケージ・ソフトウェアの仕様を大幅に変更して、自社のニーズに合わせた新しいソフトウェアを制作する場合があります。このような場合、完成品のソフトウェアを購入したというより、むしろパッケージ・ソフトウェア等を部品として利用して、新しいソフトウェアを制作していると考えることができます。

そのため、これらの費用は、以下のような処理が行われます。

- 将来の収益獲得又は費用削減が確実であると認められる場合を除き、購入ソフトウェアの価額も含めて費用処理する。
- 将来の収益獲得又は費用削減が確実であると認められる場合、購入ソフトウェアの価額を含めて当該費用を無形固定資産として計上する。

③ その他の導入費用がある場合

以下の費用は、ソフトウェアを利用するための環境を整備し有効利用を図るためのものと考えられ、通常ソフトウェアそのものの価値を高める性格の費用ではないため、原則として発生時の費用として処理することとなります。

区　分	内　容
①　データのコンバート費用	新システムでデータを利用するために旧システムのデータを移動させるための費用
②　トレーニングのための費用	ソフトウェアの操作を教育研修するための費用

　なお、ソフトウェアを外部から購入する場合や外部に制作を委託した場合に、ソフトウェアの制作に加えてデータコンバート作業やトレーニング等の費用も含めた複合契約となっていることがあります。このような場合、契約上のデータコンバート費用やトレーニング費用の合理的な金額が明確になっていればその金額に従って処理することになります。契約上、これらの費用が明確になっていない場合、「ソフトウェア実務指針」では合理的な見積りによって資産計上される購入の対価とそれ以外の費用に区分して会計処理することとされています。合理的な見積りの方法としては、例えば制作作業と導入作業の作業時間数によって按分する方法、市場で販売されている同一または類似のソフトウェアの価格を契約金額から控除することで導入費用相当額を見積る方法などが考えられます。

　ただし、見積りには困難が伴うことも多いため、実務においては、契約上できるかぎりソフトウェアの対価とトレーニング費用等の金額を明示しておくことが望まれます。

関連規定　ソフトウェア実務指針14・10、30・40

COLUMN

要件定義の重要性

受注制作のソフトウェアにおいて、要件定義は、ユーザー側においてもベンダー側においても非常に重要なフェーズです。

ユーザーの立場においては、要件定義において関連する各部署から様々な要求事項をとりまとめることになりますが、ユーザーの情報システム部門がいかに網羅的に情報を吸い上げ、かつ具体性をどのように高めて機能を定義していくかがポイントとなります。ソフトウェア制作では、この要件定義が十分にできていないことに起因して、制作途中で仕様変更が行われることが往々にしてあります。そうすると、制作工数が増加し支払金額が増えてしまうのみならず、予定していた期限までにシステムが完成しない可能性も生じますので、注意が必要です。

一方ベンダーの立場においても、要件定義はソフトウェア制作における指針であり、その後のトラブルの原因にもなり得る重要なフェーズといえます。要件定義において十分に項目を拾えなかったことで、制作の途中で顧客からの要求事項が増加するにも関わらず、追加での契約を締結できず、かつ当初の契約額のなかで追加工数を吸収できないことから、大幅な赤字を計上してしまうというケースは、実務において少なくありません。場合によっては、プロジェクトの中止や、顧客から制作遅延による訴訟等も生じる可能性があります。

上記より要件定義においては、ユーザーの情報システム部門とベンダーとの間で、要求事項の具体性とその実現可能性を踏まえた、綿密なコミュニケーションが求められる、非常に重要なフェーズであるといえます。

3 自社利用のソフトウェアの減価償却

Q 5-7　自社利用のソフトウェアの減価償却方法

自社利用のソフトウェアの減価償却の方法について教えてください。

A

❶ 自社利用のソフトウェアの償却方法

「ソフトウェア実務指針」では、自社利用のソフトウェアについては、各企業がその利用実態に応じて最も合理的と考えられる減価償却の方法を採用すべきものですが、市場販売目的のソフトウェアに比し収益との直接的な対応関係が希薄な場合が多く、また物理的な劣化を伴わない無形固定資産の償却であることから、一般的には定額法による償却が合理的であるとされています。

ただし、「ソフトウェア実務指針 Q&A」においては、自社利用のソフトウェアでもサービス提供に用いるソフトウェアで将来の獲得収益を見積ることができるものなど、見込販売収益に基づく減価償却を行うほうが費用・収益の対応の観点からより合理的な場合もあることが示されています。

❷ 自社利用のソフトウェアの耐用年数

「ソフトウェア実務指針」では、自社利用のソフトウェアの償却の基礎となる耐用年数は、当該ソフトウェアの利用可能期間によるべきですが、原則として5年以内の年数とし、5年を超える年数とするときには、合理的な根拠

に基づくことが必要としています。

❸ 実務上の取扱い

1 減価償却方法と耐用年数

実務的には、以下のような減価償却方法が採用されることが一般的です。

ソフトウェアの利用目的	収益との対応	減価償却の方法	耐用年数
第三者への業務処理サービスの提供目的	明確でない	定額法	5年ないし市場販売目的のソフトウェアに準じて3年
	明確	市場販売目的のソフトウェアと同様の方法(販売見込数量(収益)に応じて償却)	
社内業務を効率的又は効果的に行う目的	明確でない	定額法	5年

2 耐用年数の見直し

「ソフトウェア実務指針」では自社利用のソフトウェアの利用可能期間の見積りは、適宜見直しを行うこととされています(見直しの方法は Q5-9 参照)。

❹ 減価償却の方法の開示

自社利用のソフトウェアの減価償却の方法については、重要な会計方針として以下の2項目を開示する必要があります。

- ●自社利用のソフトウェアに関して採用した減価償却の方法
- ●見込利用可能期間(年数)

 関連規定
研究開発費等会計基準四5
研究開発費等会計基準(注)(注5)
ソフトウェア実務指針 21、22、45、46
ソフトウェア実務指針 Q&A Q23

Q 5-8 自社利用のソフトウェアの減価償却方法の変更

第三者へのサービス提供目的の自社利用のソフトウェアについて、当初、定額法で減価償却を行っていましたが、収益との対応を重視し、市場販売目的のソフトウェアに準じて見込販売収益に基づく償却方法に変更することの可否について教えてください。

① 減価償却方法の変更の可否

過年度遡及会計基準において、減価償却方法の変更は会計方針の変更とされており、自社利用のソフトウェアの減価償却の方法の変更は会計方針の変更となります。会計方針は、正当な理由により変更を行う場合を除き、毎期継続して適用することとされているため、正当な理由がなければ、減価償却の方法を変更することはできません。そのため、ご質問の変更が正当な理由を有しているかを検討することとなります。

過年度遡及会計基準の適用指針では、企業が会計方針の変更を行う際の判断の指針として、会計基準等の改正に伴う会計方針の変更以外の会計方針の変更を行うための正当な理由がある場合とは、下記の2つの要件が満たされているときをいうとされています。

① 会計方針の変更が企業の事業内容又は企業内外の経営環境の変化に対応して行われるものであること

② 会計方針の変更が会計事象等を財務諸表に、より適切に反映するために行われるものであること

また会計監査の観点からは、会計方針の変更のための正当な理由があるかどうかの判断に当たり、以下の事項が総合的に勘案されます。

(1)　会計方針の変更が企業の事業内容又は企業内外の経営環境の変化に対応して行われるものであること

(2)　会計方針の変更が会計事象等を財務諸表に、より適切に反映するために行われるものであること

(3)　変更後の会計方針が一般に公正妥当と認められる企業会計の基準に照らして妥当であること。また、変更後の原則又は手続が類似の会計事象等に対して適用されている原則又は手続と首尾一貫したものであること。

(4)　会計方針の変更が利益操作等を目的としていないこと

(5)　会計方針を当該事業年度に変更することが妥当であること (変更の適時性)

　ご質問の場合、減価償却の方法の変更の理由としては「収益との対応を重視し」とされていますが、新たな会計方針により会計事象等が財務諸表により適切に反映されることを前提として、変更年度において当該ソフトウェアの減価償却費と当該ソフトウェアから獲得される収益との対応関係がどのように変わったのか (経営環境の変化) に照らし、変更の適時性を検討して可否を判断することとなります。

❷ 減価償却方法の変更の取り扱い及び注記

　過年度遡及会計基準においては、ソフトウェアの減価償却方法は会計方針として位置付けることとされているものの、その変更は会計方針の変更を会計上の見積りの変更と区別することが困難な場合に該当するものとされています。会計方針の変更を会計上の見積りの変更と区別することが困難な場合、会計上の見積りの変更と同様に取り扱い、遡及適用は行いません。したがって、ソフトウェアの減価償却方法を変更した場合、遡及適用は行わず、当期及び当該ソフトウェアの残存耐用年数にわたる将来の期間の損益で認識することになります。

減価償却方法の変更に関する注記としては、以下の事項を記載する必要があります。

(1)　会計方針の変更の内容

(2)　会計方針の変更を行った正当な理由

(3)　減価償却方法の変更が、当期に影響を及ぼす場合は当期への影響額。
　　当期への影響がない場合でも将来の期間に影響を及ぼす可能性があり、
　　かつ、その影響額を合理的に見積ることができるときには、当該影響額。
　　ただし、将来への影響額を合理的に見積ることが困難な場合には、その
　　旨　➡ **Q 8-6** 参照

 正当な理由による会計方針の変更等に関する監査上の取扱い
ソフトウェア実務指針 22、46
過年度遡及会計基準 11、18

Q 5-9 自社利用のソフトウェアの利用可能期間の見直し

自社利用のソフトウェアの利用可能期間の見直しを行った場合の会計処理について教えてください。

A ❶ 利用可能期間の見直しを行った場合の会計処理

「ソフトウェア実務指針」では、自社利用のソフトウェアの利用可能期間の見積りは、様々な要因により影響を受けるものであり、それぞれの見積り時点では最善の見積りであっても、時の経過に伴う新たな要因の発生等により変動することが予想されるため、適宜見直しを行うこととされています。

利用可能期間の見直しは、会計上の見積りの変更に該当するとされています。会計上の見積りの変更は、当該変更が変更期間のみに影響する場合には当該変更期間に会計処理を行い、当該変更が将来の期間にも影響する場合には、将来にわたり会計処理を行うことになります。したがって、ソフトウェアの利用可能期間の見直しにより耐用年数の変更を要することとなった場合には、当期及び当該ソフトウェアの残存耐用年数にわたる将来の期間の損益で認識することになります。

例えば、当期末において耐用年数の見直しを行った場合には、以下のように減価償却費が計算されます。

$$\text{当事業年度の減価償却額} = \text{当期首における未償却残高} \times \frac{\text{当事業年度の期間}}{\text{当期首における変更前の残存耐用年数}}$$

$$\text{翌事業年度の減価償却額} = \text{翌期首における未償却残高} \times \frac{\text{翌事業年度の期間}}{\text{翌期首における変更後の残存耐用年数}}$$

＊当年度末において耐用年数の変更が行われたものとしているため、当事業年度の減価償却額は残存耐用年数変更前のものとなりますが、会計上の見積りの変更は適宜行われるため時期によっては当事業年度の減価償却費も変更される可能性があることに留意が必要です。

　なお、耐用年数の変更の理由が、過去に定めた耐用年数がその時点での合理的な見積りに基づく耐用年数でなかったため、事後的に合理的な見積りに基づいた耐用年数に変更するという場合があります。この場合、過去の時点で既に不合理であった耐用年数を訂正するものですから、会計上の見積りの変更ではなく、過去の誤謬の訂正に該当することになります。この場合には、原則として過去の財務諸表に遡って修正再表示が求められます。

❷ 利用可能期間の変更に伴う注記

　見込利用可能期間の変更は、会計上の見積りを変更することであるため、その影響が重要である場合には、以下の事項を記載することとされています。
➡ Q8-6 参照
(1)　会計上の見積りの変更の内容
(2)　会計上の見積りの変更が、当期に影響を及ぼす場合は当期への影響額
　　　当期への影響がない場合でも将来の期間に影響を及ぼす可能性があり、
　　　かつ、その影響額を合理的に見積ることができるときには、当該影響額
　　　ただし、将来への影響額を合理的に見積ることが困難な場合には、その旨

 ソフトウェア実務指針 21、22、46
ソフトウェア実務指針 Q&A Q23
過年度遡及会計基準 18

4 クラウドサービス

Ⓠ 5-10 **クラウドサービスの
ソフトウェアの区分**

クラウドサービスに用いられるソフトウェアの区分について教えてください。

近年ではネットワーク環境の進展に伴って、ネットワーク環境を利用した新たな方法でのサービスの提供が広まっています。その中で、ソフトウェアや情報システムを「所有」するのではなく、ネットワークを介して「利用」する取引として、いわゆるクラウドサービスが一般的なものとなりつつあります。

クラウドに関する明確な定義はありませんが、一般的には、ユーザーが何らかの作業を行うときに、インターネットに接続して、インターネット上のサーバーでソフトウェアを利用する形態が、クラウドサービスと呼ばれています。多くのクラウドサービスでは、実際の情報処理が自己の端末や自社等のLANのサーバーで行われるのではなく、主としてインターネット上の外部のサーバーで行われる点に特徴があります。

従来のソフトウェア業の一般的なビジネスモデルはソフトウェアの販売（使用許諾権の販売）から収益を獲得するというものでしたが、クラウドサービスは、ソフトウェアをインターネット経由でサービスとして提供し、利用料を得るビジネスモデルと考えることもできます。

ユーザーから見れば、これらのサービスにより、インターネットに接続で

きる環境があれば、オペレーション・システム (OS) や端末を選ばず、インターネットそのものがプラットフォームとなり、またサービス提供者がソフトウェアのバージョンアップ等も行うため、ユーザーはアクセスすればいつでも最新のソフトウェアを利用することができるというメリットがあります。

クラウドサービスは、性質により SaaS（Software as a Service）、PaaS（Platform as a Service)、IaaS (Infrastructure as a Service)に分類されることがあります。

性質別分類	内　容
SaaS	インターネットを通じてアプリケーションソフトウェア等をウェブ上で利用できるようにするサービス。このうち、アプリケーションによる処理を提供するサービスをASP（Application Service Provider)サービスと呼ぶことがあります。
PaaS	ハードウェアやデータベースなどを含むシステム開発に必要な環境一式を、ネットワークを通じて提供するサービス。
IaaS	クラウド構築のために必要なインフラのみを提供するサービス。

また、クラウドサービスの提供形態別に分類することもあります。

提供形態別分類	内　容
パブリッククラウド	不特定多数に提供されるクラウドサービス
プライベートクラウド	特定のユーザーに限定したクラウドサービス

プライベート・クラウド（ユーザーは限定）

パブリック・クラウド（ユーザーは不特定多数）

	アプリケーション	アプリケーション基盤	インフラ機器
SaaS	← ベンダーが提供 →		
PaaS	ユーザーが用意	← ベンダーが提供 →	
IaaS	← ユーザーが用意 →		ベンダーが提供

❶ クラウドサービスの
ベンダー側のソフトウェアの区分

ASP サービスを提供するクラウドサービスでは、ユーザー側のコンピュータにソフトウェアを一式インストールして独立稼働させるのではなく、ネットワーク経由で利用者にサービスを提供します。すなわち、ベンダーはソフトウェア自体を複製して販売（使用許諾権の販売）することなく、ソフトウェア自体はベンダー側のコンピュータで保有したまま、そのソフトウェアをユーザーに利用させます。

また、ユーザー側のコンピュータにパッケージ・ソフトウェアをダウンロードし、一定期間パッケージ・ソフトウェアを利用させるパッケージの期間利用型のクラウドサービスでは、ソフトウェアはユーザーのコンピュータにダウンロードされますが、ソフトウェア自体が売買されるものではなく、一定の期間に限って使用権を与えるものと言えます。

いずれにしても、通常、ソフトウェア自体の販売がなされないことになります。

「研究開発費等会計基準」によれば、市場販売目的のソフトウェアとは、製品マスター（複写可能な完成品）を制作し、これを複写したものを販売するものですので、通常、クラウドサービスにおけるベンダー側のソフトウェアは市場販売目的のソフトウェアには該当しないと考えられます。したがって、通常、第三者へのサービスの提供に用いる自社利用のソフトウェアに区分されることになります。

❷ クラウドサービスの
ユーザー側のソフトウェアの区分

クラウドサービスでは、ユーザーはソフトウェア自体を購入することなく、ソフトウェア自体はベンダーのコンピュータで保有されたままクラウドサー

ビスの提供を受ける、もしくはユーザーのコンピュータにインストールされますが一定期間のみ使用できるサービスを受けることになります。これらのクラウドサービスでは、ホスティング、運用・保守はサービスの提供者であるベンダーが行っており、クラウドサービスの代金にはこれらの費用も含まれていることが一般的です。クラウドサービスの代金は単なるソフトウェアの使用許諾の対価ではなく、業務委託を含む一式のサービスの対価と言えます。

したがって、通常、ソフトウェアの取得には該当せず、クラウドサービスの対価を費用として計上することになります。

ただし、自社内のみや限られた取引先との間のみで使用されるプライベートクラウドのような専用サービスの場合、使用するソフトウェアが特定ユーザー向けに受注制作され、ユーザーによるソフトウェアの取得に該当する場合があります。また、クラウドで使用するソフトウェアの購入が必要な場合には、ユーザーによるソフトウェアの取得に該当する場合があります。

クラウドサービスという言葉はすでに一般化していますが、その取引の内容は多様です。また、SaaS・PaaS・IaaS といった区分をしたとしてもその実態は様々です。したがって、クラウドという用語のみにもとづいて一律に会計処理を行うのではなく、取引内容と実態に応じて会計処理を決定していく必要がある点には、注意が必要です。

ベンダー側の会計処理

クラウドサービスのソフトウェアのベンダー側の会計処理について教えてください。

A ① クラウドサービスのソフトウェアのベンダー側の会計処理

クラウドサービスの提供で用いられるソフトウェアは、ソフトウェアそのものを複製販売するものではなく、インターネット経由で第三者にソフトウェアの処理結果をサービスとして提供したり、ユーザー側がコンピュータにインストールしたソフトウェアを一定期間使用することとなります。

このようなクラウドサービスを提供するためのソフトウェアにつき、「研究開発費等会計基準」の定義から判断すると、通常、自社利用のソフトウェアに区分されるものと考えられます。ただし、クラウドという名称を付したサービスであっても、ソフトウェアの使用期間に制限がないなど、実質的にソフトウェアのダウンロード販売の場合には、市場販売目的のソフトウェアに該当することとなります。

クラウドサービスの内容	ソフトウェアの区分
・ASP サービスの提供 ・パッケージ・ソフトウェアの期間使用	自社利用のソフトウェア（第三者への業務サービス提供目的）
・パッケージ・ソフトウェアのダウンロード販売	販売目的のソフトウェア

❷ クラウドサービスのソフトウェアの減価償却の方法

1 自社利用のソフトウェアに区分されたクラウドサービスの
ソフトウェア

　「ソフトウェア実務指針」上、自社利用のソフトウェアは、その利用の実態に応じて最も合理的と考えられる減価償却の方法を採用すべきですが、一般的には定額法により償却されることが合理的とされています。クラウドサービスに使用されるソフトウェアについても、収益獲得を合理的に見積もることができるなど特別に利用の実態に応じて別の償却方法が合理的であると判断される場合を除いて、通常は定額法が合理的と考えられます。また、収益獲得を見積もることができる場合でも、収益や稼働が安定的に見込まれる場合などには、定額法が合理的と判断されることも考えられます。償却期間は、原則として5年以内とされており、サービスの提供期間等により判断することになります。

　ただし、クラウドサービスに使用されるソフトウェアは、利用者にソフトウェアの処理結果を提供するためのソフトウェアであることから、経済的実態に鑑みると、市場販売目的のソフトウェアに近いものと考えることもできます。そのため、将来の獲得収益を見積ることができる場合には、市場販売目的のソフトウェアに準じた会計処理が合理的な場合も考えられ、その場合には3年以内の期間にわたり、見込販売数量または見込販売収益に応じた減価償却を行うことも合理的と考えられます。

2 市場販売目的のソフトウェアに区分された
クラウドサービスのソフトウェア

　実質的にダウンロード販売されるソフトウェアなどは市場販売目的のソフトウェアとみなすことができます。このようなソフトウェアは、3年以内の期間にわたり、見込販売数量または見込販売収益に応じた減価償却を行うことになります。

区　分	収益との対応等	償却方法	償却期間
自社利用のソフトウェア	・収益との対応関係が不明な場合 ・稼働や収益が安定的と見積もられる場合	定額法	5年以内
	・収益獲得を見積ることができる場合	見込販売数量（収益）に応じた減価償却	3年以内
市場販売目的のソフトウェア	・収益獲得を見積ることができる場合	・見込販売数量（収益）に応じた減価償却	3年以内

❸ クラウドサービスの収益認識

　ASP型、パッケージ・ソフトウェアの期間利用型のクラウドサービスの場合、対象となる期間やサービスの提供に応じ収益認識をすることになると考えられます。対価を一括で受領していた場合であっても、契約期間にわたりサービスが提供されるに従って収益を認識します。なお、試用期間・無料期間等がある場合については、通常、それらの期間も契約期間に含めたうえで収益を認識することになると考えられます。

　また、クラウドサービスの提供にあたり、ソフトウェアの開発費や専用サーバーの取得費などを受領する場合があります。そのような場合、受領した金額が、クラウドサービスとは別の用役・物品をユーザーに提供する対価であるかどうかを個々に判断したうえで、それぞれの内容に応じて収益認識がなされることになると考えられます。

　ソフトウェアのダウンロード販売に該当する場合、対価受領の確実性を前提に、販売許諾の通知時に収益を認識することとなると考えられます（Q 4-6参照）。

Q 5-12　ユーザー側の会計処理

クラウドサービスのユーザー側の会計処理について教えてください。

A　クラウドサービスにおいては、ユーザーはシステムを「所有」することなく「利用」することができます。クラウドサービスの利用者は、通常、ソフトウェアの購入対価としてではなく、クラウドサービスに対して対価を支払うことになります。クラウドサービスは、ソフトウェアの使用許諾契約、ホスティングサービス契約、システムの運用・保守契約等が複合した取引といえますので、ユーザーはクラウドサービスの内容や実態に応じて判断し、会計処理を行うことになります。

一般的な月単位・年単位での ASP サービスの利用料の中には、実質的にソフトウェアの使用許諾費や運用・保守費用等の費用が含まれていると考えられます。ただし、契約内容が、ASP サービスの委託のみでユーザーにとってそれ以上の権利・義務がない内容であれば、通常、個々の費目を推定して会計処理を分ける必要はなく、一括して業務委託費等として費用処理することが妥当と考えられます。

ただし、使用期間の定めがない等で実質的にはソフトウェアの購入取引と考えられるものや、ファイナンス・リースに該当する取引については、ソフトウェアの取得もしくはファイナンス・リースとして、資産計上して有効期間にわたり償却することになります。

Q 5-13 ライセンス料等の会計処理

クラウドサービスにおけるライセンス料等の一時金の会計処理について教えてください。

 クラウドサービスの利用にあたり、ライセンス料等の呼称での一時金の支払いがなされることがあります。このような一時金に関しては、内容に応じて対象期間・有効期間・解約の可否等を検討して、会計処理を決定していくことになります。

❶ ベンダー側の会計処理

クラウドサービスのライセンス料等の一時金の受取については、ライセンスの対象期間や契約（見込）期間、解約時の返金の有無などを検討したうえで、以下のような会計処理を行うこととなります。

- ●受取時に収益計上
  ライセンスの対象期間や契約期間が定められておらず期間を見込めない場合で解約時の返金義務がない場合等
- ●契約期間にわたり収益計上
- ●契約見込期間にわたり収益計上
  ライセンスの契約期間の定めがあるような場合、または契約期間を見込むことが可能な場合で解約時に契約期間に応じた返金が定められているような場合等

❷ ユーザー側の会計処理

ライセンス料等の一時金の支払は、ライセンスの有効期間や解約の可否等について、取引実態と契約内容を吟味したうえで、その内容に応じて、以下

のいずれかの処理をすることが妥当と考えられます。

- ●支払時に費用処理
- ●契約期間にわたり費用処理
- ●契約見込期間にわたり費用処理

❸ 初期設定費用の処理

　クラウドサービスの提供にあたり、ソフトウェアを利用するための初期設定の費用が支払われる場合があります。このような初期設定費用は、ライセンス料と同様に処理されることが妥当と考えられます。

クラウドサービスと SOC 報告書

　　クラウドサービスプロバイダが受託業務に係る内部統制の保証報告書 (SOC 報告書：Reporting on Controls at a Service Organization) を作成し、サービス利用企業に提供する動きが活発になってきました。そこで、ここでは簡単に SOC 報告書について取り上げてみました。

　　SOC 報告書は、ある特定の業務を企業 (受託会社) が外部者から受託、提供する場合に、当該業務に係る受託会社における内部統制の有効性について、監査法人や公認会計士が独立した第三者の立場から客観的に検証した結果を記載したものあり、米国公認会計士協会 (AICPA) において、利用目的及び報告書の配布可能先によって SOC1、SOC2、SOC3 の 3 つに分類されています。

AICPA の カテゴリ	利用目的	報告書の配布可能先
SOC1	財務諸表に係る重要な虚偽表示リスクの評価に利用	特定の利用者 ・受託会社 ・(SOC1) 委託会社及びその監査人 ・(SOC2) 委託会社その他、受託業務の内容や適用される規準等を理解する企業、団体等
SOC2	下記いずれかに関する内部統制の状況の理解 ・セキュリティ	
SOC3	・可用性 ・処理のインテグリティ ・機密保持 ・プライバシー	不特定の利用者 (SOC3 シールもしくは Trust シールを受託会社のウェブサイトで掲示および AICPA ウェブサーバで報告書を公開)

これまでは、クラウドサービスの利用企業における財務諸表監査や内部統制報告制度の経営者評価での利用を前提としたもの、すなわち SOC1 報告書が主流でした。

　しかし、最近ではクラウドサービスプロバイダが提供するサービスの品質をより的確に利用企業へ伝えようという動きがあり、クラウドサービスプロバイダにおける SOC2 報告書の提供に向けた取組みが増えています。

　今後は、SOC1 と SOC2 の両方の報告書をクラウドサービスの利用企業に対し提供していくことも考えられます。また、クラウドサービスプロバイダとしては、SOC2 への対応をいかしつつもより広く利害関係者に対し自社のサービス品質をアピールできるよう、報告書の利用制限のない SOC3 報告書の提供を検討していく可能性もあります。

5 その他の論点

Q 5-14 自社利用のソフトウェアと固定資産の減損会計

自社利用のソフトウェアと、「固定資産の減損に係る会計基準」(以下、「固定資産減損会計基準」)の関係について教えてください。

A

❶「固定資産減損会計基準」の適用範囲の考え方

「固定資産減損会計基準」では、固定資産に関して、資産の収益性の低下により投資額の回収が見込めなくなった場合、帳簿価額を回収可能価額まで減額し、当該減少額を減損損失として当期の損失として計上します。ここでいう固定資産には、無形固定資産も含まれますが、他の会計基準に減損処理(減損処理に類似した会計処理を含む)に関する定めがある場合は対象資産から除かれます。

❷ 自社利用のソフトウェアと「固定資産減損会計基準」の適用

自社利用のソフトウェアに関しては、市場販売目的のソフトウェアと異なり減損に類似した収益性の低下を反映する会計処理(Q 3-17 ③、Q 3-20)は規定されていないため、「固定資産減損会計基準」及び同適用指針の適用対象になる

とされています。

　しかし、第三者への業務処理等のサービスを提供するための自社利用のソフトウェアにおいて、市場販売目的のソフトウェアに準じて、見込販売数量や見込販売収益に基づく方法で償却を行っている場合については、市場販売目的のソフトウェアに準じて、減損に類似した収益性の低下を反映する会計処理を実施している場合があると考えられます。

　このように自社利用のソフトウェアであっても、市場販売目的のソフトウェアと同様の会計処理が行われている場合においては、市場販売目的のソフトウェアと同様に「固定資産減損会計基準」及び同基準の適用指針の適用対象外になると解することができます。

ソフトウェアの種類	減価償却の方法	収益性の低下を反映する処理	減損会計基準の適用
社内業務を効率的又は効果的に行う目的のソフトウェア	定額法	―	適用あり
第三者への業務処理、サービス提供目的のソフトウェア	定額法	―	適用あり
	見込販売数量（収益）に基づく方法	行っていない	適用あり
		行っている	適用なし

関連規定　固定資産減損会計基準―
固定資産減損会計基準適用指針 6-69

Q 5-15 自社利用のソフトウェアの除却

自社利用のソフトウェアを除却する際の留意点について教えてください。

A ❶ 除却処理の基本的な考え方

⓵ 自社利用のソフトウェアの除却処理

　無形固定資産である自社利用のソフトウェアについても、利用可能期間が経過していなくても、当該ソフトウェアを利用しなくなった場合は、会計上、未償却残高を一時の費用又は損失として処理することになります。典型的には、以下のような場合に、除却処理が必要となります。

● ソフトウェアの機能が陳腐化した等の理由で事業の用に供しないこととなった場合
● 社内の業務処理を行う基幹系システムや、財務会計ソフトウェアを新たに入れ替えるケースで従来利用していたソフトウェアを利用しなくなるケース

　自社利用のソフトウェアが、陳腐化等の理由で事業の用に供されないこととなった場合には、速やかに除却処理を行うことが必要です。

⓶ 自社利用のソフトウェアの一部機能の除却

　無形固定資産である自社利用のソフトウェアの機能の一部を利用しなくなった場合には、利用しなくなった機能部分の帳簿価額を合理的に算定して除却の会計処理を行うことが理論的な会計処理と考えられます。除却部分の帳簿価額の算定に当たっては、例えば、当初の見積りを参考にして帳簿価額を按分する方法、各機能の作成に要した作業工数の比率によって帳簿価額を按分する方法などが、合理的な方法と考えられます。一部除却の会計処理を容易にするため、自社利用のソフトウェアの資産計上に当たっては、以下の

ような対応で機能別に資産計上することも考えられます。

- 自社で制作する場合、機能別にプロジェクトコードを発番し、機能ごとにプロジェクト別原価計算を行い、機能別の制作原価を把握する
- 外部に制作を委託する場合、機能ごとにフェーズを分けて契約することで、機能別の制作原価を把握する

また、自社利用のソフトウェアの一部を除却したことを外形的に確認することは困難であるため、除却の稟議書や除却報告書等を除却処理の根拠証憑として具備しておく必要があるとともに、以下のような対応を行い、ソフトウェアを実際に利用できなくする状態にすることが望まれます。

- 利用しなくなった機能部分をハードウェアから消去する
- メニューから削除して利用できなくする

② 法人税法の取扱い

法人税法も、ソフトウェアについて、当該ソフトウェアを今後事業の用に供しないことが明らかな事実があるときには、物理的な除却、廃棄、消滅等がない場合であっても除却損失の損金処理が認められます。事業の用に供しないことが明らかな事実としては、以下のような場合があげられます。

- 当該ソフトウェアによるデータ処理の対象となる業務が廃止され、利用しなくなったことが明らかな場合
- ハードウェアやオペレーティング・システム(OS)の変更等によって、他のソフトウェアを利用することになり、従来のソフトウェアを利用しなくなったことが明らかな場合

❸ 自社利用のソフトウェアの除却にあたっての リスクとその対応

　機械装置等の有形固定資産の場合、物理的に廃棄されている場合はもちろん、物理的に廃棄されていない場合でも、遊休状態となっている等、利用されている形跡の有無は、物理的に現場を確認することで比較的容易に把握できます。それに対し、自社利用のソフトウェアの場合、無形の資産であり、サーバーやパソコン等にインストールされ、実際に稼働しているかどうかを外形的に確認することは困難です。

　したがって、自社利用のソフトウェアの除却に関する社内ルール（事前稟議や除却時の報告等に関するルール）を策定し、陳腐化やソフトウェアの入れ換え等により使用しなくなったソフトウェアが生じた場合は、利用部署から速やかに報告を受け、適時に除却処理を行うことのできる体制を構築することが必要となります。また決算時には、各利用部署に対しソフトウェアの利用状況を確認する手続を設けること等により、ソフトウェアの除却処理が漏れなく行われるようにすることが必要です。

関連規定	ソフトウェア実務指針 Q&A Q19、Q20 法基通 7-7-2 の 2

自社利用の機器組込みソフトウェアの取扱いについて教えてください。

　　現在、自動車、工作機械等、多くの機械は電子制御されており、IC チップ等が組み込まれていないものを探すほうが困難になっています。そのような電子制御の機械に搭載されている IC チップ等には、「コンピュータを機能させるように指令を組み合わせて表現したプログラム等」であるソフトウェアが組み込まれています。このような機器組込みソフトウェアの取扱いは、以下のとおりです。

❶ 機械装置等の取得原価に含めて会計処理する場合

「ソフトウェア実務指針」では、有機的一体として機能する機器組込みソフトウェア(機械又は器具備品等に組み込まれているソフトウェア)は独立した科目として区分するのではなく、当該機械等の取得原価に算入し、「機械及び装置」等の科目を用いて処理する、とされています。ソフトウェア部分を区分して無形固定資産に計上せず、機械装置等の取得原価に含めて処理する理由として、以下の2点があげられています。

- ●機器とソフトウェアは相互に有機的一体として機能すること。両者は別個では何ら機能せず、両者は一体としてはじめて機能する。
  - →両者は機能一体であり、機器とソフトウェアの対価は、通常区分されていない。
  - →機器、ソフトウェアの技術革新を考えると、一方だけが長く機能するとは考えにくい。
- ●経済的耐用年数も両者に相互関連性が高い。

❷ 機械装置等の取得原価に含めず、区分して会計処理する場合

「ソフトウェア実務指針」では、以下のような場合はソフトウェアと機器を区分して処理することが適切な場合もあるとされています。

① ソフトウェアの交換 (バージョンアップ) が予定されている場合で、バージョンアップによる機能向上が革新的であるような場合

このような場合、バージョンアップされたソフトウェアには新たな価値が含まれており、新たな資産と考えられます。また、バージョンアップのための費用が区分されることが多く、その対価を把握することも容易です。

② 機械等の購入時にソフトウェア交換が契約により予定され、新・旧ソフトウェアの購入価格が明確な場合

ソフトウェアと機械等の対価が契約等により明らかに区分されている場合には、機械装置として一括して処理する方が不合理な場合があります。例えば、機械装置の使用期間中に新ソフトウェアへの更新が決まっており、機器に組み込まれているソフトウェアの使用期間と機器の使用期間が明らかに異なっている場合、機器とソフトウェアを一体として、機械装置の耐用年数で償却を行うことは合理的とはいえません。そのような場合には、両者を区分して計上し、それぞれの耐用年数、償却方法で償却することが合理的と考えられます。

 関連規定　研究開発費等会計基準四 3
ソフトウェア実務指針 17、41
ソフトウェア実務指針 Q&A Q17、Q18

Q 5-17 研究開発目的で制作したソフトウェアを自社利用のソフトウェアとして利用する場合

研究開発目的で制作したソフトウェアについて、研究開発が成功した後に、自社利用のソフトウェアとして利用する場合の会計処理について教えてください。

A 研究開発が成功した結果、完成したソフトウェアの取扱い

新たなプログラミング手法の開発や、既存のソフトウェアを著しく改良するソフトウェア等の制作は、研究開発活動として企業活動の中で日常的に行われています。このような研究開発活動を行うために発生する人件費、外注費、経費等は通常、研究開発用のプロジェクトコードを発番して、制作費を集計し、研究開発費として発生時に費用処理されます。

研究開発活動が成功してソフトウェアを社内の業務処理目的ないし、第三者へのサービス提供目的で利用する場合も考えられます。このような場合であっても、当該ソフトウェアの制作原価を資産計上することはありません。

「研究開発費等会計基準 Q&A」では、実証プラント装置を研究開発目的で制作した資産を例に挙げ、研究開発が成功し、当該装置を生産設備として使用する場合であっても、以下の理由からその製作原価は研究開発費として処理する、とされています。

- 試行錯誤の研究開発を通じて製作される装置は、研究開発段階では生産設備として使用可能なものができるかどうかの判断は極めて困難であること。
- 研究開発に該当する装置の試作過程及びその稼動による機能確認の研究開発は固定資産の製作活動ではなく、その活動自体が研究開発活動であること。

●研究開発の結果、良品の試作品が完成する場合もあるが、この試作品は、あくまでも研究開発の結果、副次的に得られたものであり、通常、研究開発の目的を達成した時点で廃棄されるため、研究開発費に含めて処理すべきであること。

関連規定 ソフトウェア実務指針 Q&A Q4

Q 5-18 自社利用のソフトウェアを販売する場合等の会計処理

当社では、社内の業務処理のために、自社開発した自社利用のソフトウェアを活用しています。今般このソフトウェアの機能が高いため、自社での利用を継続しつつ、他社に提供することを検討しています。他社に販売する場合と、クラウドサービスを提供する場合において、それぞれどのような会計処理が求められるか教えてください。

A

❶ 当初資産計上したソフトウェアの会計処理

他社に提供する場合であっても、社内の業務処理に利用している自社利用のソフトウェアの会計処理は変更することなく、従来どおり社内利用目的のソフトウェアとして減価償却を行います。なぜなら、自社利用のソフトウェアは、一定の用途を前提として、将来の収益獲得または費用削減が確実と認められた場合に資産計上されるものであり、その用途が追加されたからといって、ソフトウェアの簿価を按分するようなことは想定されていないと考えられるためです。

❷ 他社に提供する際のカスタマイズ費用の会計処理

他社に販売したり、クラウドサービスを提供するに当たっては、当初資産計上したソフトウェアをカスタマイズすることが必要になります。

このカスタマイズ費用に関しては、当初資産計上したソフトウェアとは別個に、会計処理を検討することになります。

自社利用のソフトウェアを市場販売目的のソフトウェアとして利用するために要したカスタマイズ費用については、市場販売目的のソフトウェアの制作費として処理することになります。したがって、「最初に製品化された製

品マスター」(Q 3-5 参照)の完成時点が研究開発の終了時点とされるため、それより前に発生したカスタマイズ費用は研究開発費として発生時に費用処理され、それより後に発生したカスタマイズ費用はソフトウェアとして無形固定資産に計上されます。

　また、クラウドサービスで提供するために要した費用については、自社利用のソフトウェアの制作費に準じて会計処理されることになるものと考えます。

カスタマイズ関連費用の区分		会計処理
市場販売目的のソフトウェアとして利用するために要した費用	研究開発費に該当する費用	研究開発費として、費用処理
	最初に製品化された製品マスターの完成後の費用	市場販売目的のソフトウェアとして、資産計上
	バグ取り費用	費用処理
クラウドサービスで提供するために要した費用	収益獲得の確実性が認められる以前の費用	研究開発費等として、費用処理
	収益獲得の確実性が認められた以後の完成後の費用（マスター完成後）	自社利用のソフトウェアとして、資産計上
	バグ取り費用	費用処理

Q 5-19 自社利用のソフトウェアのリース契約

自社利用のソフトウェアをリース契約により取得する場合の会計処理について教えてください。

❶「リース取引に関する会計基準」

自社利用のソフトウェアをリース契約により取得する場合、「リース取引に関する会計基準」に従い、処理することが必要となります。

「リース取引会計基準」では、リース取引の区分毎に以下の処理を行うこととなります。

リース取引の区分	会計処理
ファイナンス・リース取引に該当する場合	通常の売買取引に準じて処理
オペレーティング・リース取引に該当する場合	賃貸借取引に準じて処理

❷ ファイナンス・リース取引に該当する場合

「リース取引会計基準」では、以下の要件を満たすリース取引をファイナンス・リース取引としています。

要　　件	内　　容
(1) 解約不能	・リース期間の中途において当該契約を解除できないリース取引 ・解約時に、未経過リース料の概ね全額を規定損害金として支払うリース取引等上記に準ずるリース取引
(2) フルペイアウト	・借手がリース物件の経済的利益を実質的に享受できるリース取引 ・リース物件使用に伴うコストを実質的に負担するリース取引

ファイナンス・リース取引については、借手は、貸手からリース物件を購入した場合と同様の処理を行います。すなわち、リース取引開始日においてリース物件とこれに係る債務がリース資産及びリース債務として計上されます。ただし、契約金額が少額なものや契約期間が1年以内など、個々のリース資産に重要性が乏しいと認められるものについては、賃貸借取引に係る方法に準じて会計処理を行うことも認められています。

　なお、「リース取引会計基準」では、ファイナンス・リース取引を所有権移転ファイナンス・リース取引と所有権移転外ファイナンス・リース取引に分けて、その後の会計処理を定めています。その区分は以下のとおりです。

区　　分	会計処理
所有権移転ファイナンス・リース取引	・リース資産の減価償却費は、自己所有の固定資産の減価償却方法と同一の方法により算定。 ・耐用年数は、経済的使用可能予測期間。
所有権移転外ファイナンス・リース取引	・リース資産の減価償却費は、原則として、リース期間を耐用年数とし、残存価額をゼロとして算定。 ・償却方法は、自己所有の固定資産の減価償却方法に関わらず、定額法、級数法、生産高比例法等から選択。

　所有権移転ファイナンス・リース取引も、所有権移転外ファイナンス・リース取引も、いずれも売買取引として処理され、資産として計上される点は共通しています。しかしながら、所有権移転ファイナンス・リース取引が割賦による購入であると考えられるのに対して、所有権移転外ファイナンス・リース取引は、所有権が移転しないため、期間を区切った使用権の売買という性質も持っていると考えられます。

　そのため、減価償却の方法に関して、所有権移転ファイナンス・リース取引が自己所有の同種の固定資産と同じ方法により減価償却を行うのに対して、所有権移転外ファイナンス・リース取引はリース期間を耐用年数とし残存価額をゼロとして、定額法等で実施する点で相違があります。

❸ オペレーティング・リース取引に該当する場合

　オペレーティング・リース取引とは、ファイナンス・リース取引以外のリース取引をいいます。オペレーティング・リース取引については、通常の賃貸借取引に係る方法に準じて会計処理を行います。

❹ 「固定資産の減損に係る会計基準」との関係

　資産計上される自社利用目的のリース資産についても、「固定資産の減損に係る会計基準」が適用されます。

第 6 章

ソフトウェア業界の
会計不正事例

1 ソフトウェア業界の会計不正事例

Q 6-1 循環取引による会計不正

循環取引による会計不正の事例について教えてください。

❶ 会計不正の事例

　A社は、システム構築業務およびそれに伴うハードウェア販売等の情報サービス関連の事業を展開していました。A社社長からの予算達成のプレッシャーが強い中、業績が芳しくなかったB事業部の事業部長は、長年にわたりA社の子会社を利用し、ハードウェア販売に係る循環取引を行っていました。具体的には、B事業部長は当期の事業部目標から逆算して販売取引額を定め、循環取引のための取引先の選定、商流の調整を主導し、A社の子会社を含め複数社を巻き込んだ実体のないハードウェア販売による売上の架空計上を行っていました。しかし循環取引であることから、販売したハードウェアはA社が最終的に買い取る必要があります。買い戻しのための資金が多額に必要となり、管理部が取引の異常性を感知したため、当該循環取引に伴う会計不正が発覚することとなりました。

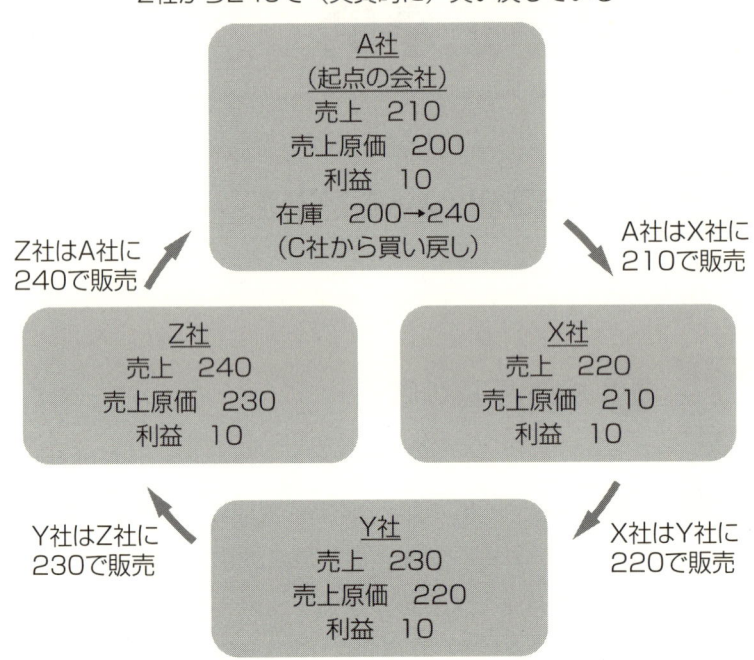

循環取引のイメージ図

A社は、200の在庫をX社に210で販売し、
Z社から240で（実質的に）買い戻している

A社
（起点の会社）
売上　210
売上原価　200
利益　10
在庫　200→240
（C社から買い戻し）

A社はX社に
210で販売

Z社はA社に
240で販売

Z社
売上　240
売上原価　230
利益　10

X社
売上　220
売上原価　210
利益　10

Y社はZ社に
230で販売

Y社
売上　230
売上原価　220
利益　10

X社はY社に
220で販売

② 発生の要因分析

　ある特定の会社を起点として、1社または複数社を介在した実体のない取引が行われ、販売された製品やサービスが最終的に取引の起点となった会社に戻って来るという取引を一般に循環取引といいます。循環取引を行う目的は、関与している当事者の売上や利益を不正に水増しするところにあります。

　本事例では、B事業部長が業績目標達成のために企図した会計不正であり、業績目標の達成を強く求められるA社の組織風土及びB事業部における事業部長の独断専行が背景にあります。B事業部長は、長年同事業部に在籍し、営業活動に不可欠な権限だけでなく広範な事業部での権限が与えられていま

した。またＡ社の取締役会において、他の取締役や監査役から取引の合理性や妥当性等について、質問や疑問の声はあがっておらず、結果としてＢ事業部長の会計不正に気付くことができませんでした。

さらに循環取引の過程で、辻褄を合わせるために請求書、納品書を事後的に作成することもあったようですが、社内でそれがおかしいと相談できるような内部通報制度が整備されていませんでした。また、月次で事業部の業績を報告させる制度は存在していましたが、業績数値の根拠や取引実態を把握するために、顧客別の売上データなどの業績管理資料を入手して、事業部の実態をモニタリングする体制は整備されていませんでした。

❸ 会計不正防止のための内部統制の視点

循環取引においては、通常、注文書や契約書、検収書が形式的に作成されており、実際に入金があるケースが多く、発見するのは困難と言われます。しかし循環取引は、本来不正を目的とした実体のない取引であることから、突き詰めて分析していくと、例えば売上先と仕入先に同一の会社が存在する、利益率が通常よりも異常に低い（もしくは異常に高い）、新規取引先にも関わらず取引金額が多額である、在庫残高が大きく膨れる傾向にある等、一定の異常な兆候が検出されることが少なくありません。

循環取引の特徴

- 特定の限られた役員や従業員以外に、取引内容を理解している者がいない
- エンドユーザーが不明確である
- 売上先と仕入先に同じ会社がある、同業種の会社に売上計上をしている
- 取引の内容に照らして、利益率が異常に低いまたは高い
- 新規の取引先にも関わらず、取引金額が多額である
- 現物取引による循環取引の場合、在庫金額が急激に拡大する
- 循環の中で資金ショートを引き起こさないため、通常の支払いサイトより短くなる

　このため、循環取引を防止・発見するためには、以下の視点が必要です。

１ 取引全体の把握と経済合理性の検討

　一部の役員や従業員しか取引の内容を把握していないという状況や、それを許容する組織風土は、循環取引による会計不正を生じさせる一つの要因であると考えられます。したがって、エンドユーザーや仕入先等を含め商流を明確にし、取引全体を把握する体制、取引の経済合理性の要否を検討する仕組みが必要と考えます。

２ 事業部管理体制の構築

　各事業部の業績内容を適切に検証するため、取引先別の売上データや仕入データ、粗利の推移や在庫の回転期間等、主要な営業管理資料も含めて業績・会計データを提出させ、提出されたデータや根拠に基づいて月次で検証を行うなど、事業部の業績の正確性を担保し適切にモニタリングする体制を構築する必要があります。

また事業部において、特定の担当者に権限や裁量を広く与えないよう、適切な職務分掌を設定する、売上計上における各証憑の記載内容が適切かどうかを確認する仕組みを設ける等が考えられます。

　さらに定期的な人事異動によるローテーションも、長期間にわたる権限集中とそれに伴う会計不正防止の観点で、必要な施策であると考えられます。

③ その他

　実効性のある内部通報制度の整備、内部監査や親会社経理部による循環的な管理体制のチェックは、不正防止及びコンプライアンス意識の向上に寄与すると考えられます。

Q 6-2 進行基準による会計不正

進行基準による会計不正の事例について教えてください。

❶ 会計不正の事例

　受注ソフトウェアを制作しているA社は、収益認識基準として、進行基準を適用していました。A社のB事業部では、業績が芳しくなかったため、プロジェクト責任者が作業報告書の時間数を事後的に修正し、プロジェクトには従事していない人員の工数を追加して原価に含め、実態よりも高い、原価比例法に基づく進捗率を算出し、進行基準による売上高を前倒しで計上していました。なおA社では、作業時間の修正に係る承認は行われていませんでした。当該売上高の前倒し計上は、会計監査人の監査の過程で発見され、その後の社内調査により詳細が判明しています。

> ### 進行基準による売上の前倒し

【本来の進行基準による売上高】

$$
\underset{\substack{\text{受注金額} \\ \text{（注文書又は契約書）} \\ 5,000}}{} \times \frac{\underset{\substack{\text{実際発生原価} \\ 200}}{}}{\underset{\substack{\text{総見積原価} \\ 1,000}}{}} = \underset{\substack{\text{進行基準による売上} \\ \text{計上高} \\ 1,000}}{}
$$

【会計不正により実際発生原価を操作した場合の進行基準による売上高】

$$
\underset{\substack{\text{受注金額} \\ \text{（注文書又は契約書）} \\ 5,000}}{} \times \frac{\underset{\substack{\text{実際発生原価＋架空原価} \\ 200+100}}{}}{\underset{\substack{\text{総見積原価} \\ 1,000}}{}} = \underset{\substack{\text{進行基準による売上} \\ \text{計上高} \\ \mathbf{1,500}}}{}
$$

❷ 発生の要因分析

　進行基準とは、プロジェクト全体の完成前にプロジェクトの進捗度に対応する部分について収益計上を行う会計処理です。原価比例法を採用している場合、プロジェクトの進捗度は「実際原価 ÷ 総見積原価」により算出され、その進捗度に受注金額を乗じた金額で売上計上されることになります。そのため、進行基準による不適切な売上計上は、実際原価及び総見積原価を操作することで行うことが可能となります。

　本事例が発生した要因として、まず、事業部売上・利益を過大に計上することで社内における高い評価を受けることができる、という誘因がありました。また作業時間数の修正について承認が行われておらず、当該修正が合理的な修正か否かについて、管理部等による根拠資料に基づく検証が行われていなかったことが挙げられます。根拠資料に基づく検証には、例えば、作業報告書と見積書、発注書における作業工数との照合、人員別作業スケジュール表との照合等が考えられます。

❸ 会計不正防止のための内部統制の視点

　進捗度の改ざんによる売上高の前倒し計上は、実際に作業を行っている人員以外には、どのプロジェクトの作業を行っている時間なのかがわかりにくいこと、総見積原価には将来発生するコストの見積りが介在することから、一般的に発見するのは困難と言われています。また、プロジェクト 1 つひとつの進捗状況について、ソフトウェアの制作段階では、プロジェクトに関与していない者が見てもどの程度完成しているかが不明瞭なケースが多いと考えられます。

　そのため、実際原価の集計及びその修正、総見積原価の見積りの過程において、第三者を介在させ、相互牽制機能を強化する必要があります。具体的には、進行基準による売上の前倒し計上を防止・発見するために、以下の視

点が必要と考えます。

1 PMO（プロジェクトマネジメントオフィス）による評価体制

　大型プロジェクトについては、社内における品質管理部等の PMO を設け、プロジェクトの進捗状況を評価する必要があります。具体的には、PMO により総原価見積りに関する評価と承認を行う、実際のプロジェクト進捗状況と売上計上に用いた進捗率に異常な乖離が生じる場合には、重点的にモニタリングを行う、といった評価体制が必要と考えます。

2 作業報告書の修正に係る承認

　作業報告書の時間数、プロジェクトコード等の修正を行う場合には、修正の理由を明確にしたうえで、上長による承認を行う仕組みを構築することが必要です。

3 進行基準による売上計上時における検証作業

　進行基準による売上計上は見積りを伴うことから、管理部門による見積原価と実際原価との対比等、一定の検証が求められます。本事例では作業報告書の修正が会計不正の原因となっていますので、例えば作業報告書と見積書に記載された予定人員を照合する、人員別作業スケジュール表における作業期間や工数について、予定と実績とを比較する等の検証が考えられます。このように、進行基準による売上計上を適切に行うためには、相互牽制機能を強化し、適切な原価集計が行われる仕組みの構築が必要と考えます。

Q 6-3 リース会社を利用した 不良資産販売による会計不正

　リース会社を利用した不良資産の販売による会計不正の事例について教えてください。

A ❶ 会計不正の事例

　　P社は、メーカーの代理店であり、システム関連機器を販売する業務を展開していました。P社は滞留して売れる見込みのないシステム関連機器を子会社S社と結託し、S社へ販売することでS社への売上を計上していました。S社はリース会社T社とリースバック(T社に当該機器を販売するとともに当該機器を借りるリース契約)を行う一方で、P社に対して実態のない業務提供契約を締結することで、P社からリース料と同額の業務受託料を受領していました。当該会計不正は、P社における内部告発により発覚した事例です。

リース会社を利用した不良資産の販売

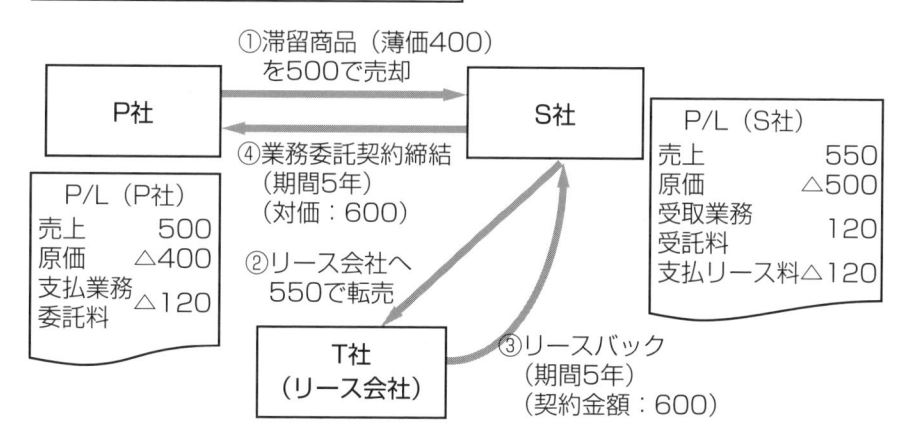

❷ 発生の要因分析

　本事例は1つひとつの取引について見ると、それぞれ単独の合理性のある取引（上記図表①〜④を参照）のように見えるため、不正であることに気付かない可能性があります。またこの取引はP社、S社、リース会社T社のそれぞれにメリットがあるため、すべての取引が成立しています。

　しかしながら、この取引を全体として1つの取引としてみた場合には、P社が不良資産の販売により不適切な売上計上を行うために仕組まれた取引であることがわかります。

　P社は比較的規模が小さく、受注・売上計上・購買（仕入）に係る担当者が分離されておらず、相互牽制が効いていませんでした。そこで担当者が売上予算を達成させるために当スキームを考え、実行に移していました。また、予算達成のためには会計不正もやむを得ない、と考える低いコンプライアンス意識も背景にありました。

❸ 会計不正防止のための内部統制の視点

　当該取引は滞留している不良在庫の販売であり、実質的には実体のない取引であるといえます。また特にリース会社を利用したスキームであるため、取引全体の把握が難しいと考えられます。

　こうしたリース会社を利用した不正を防止・発見するためには、以下の視点が必要と考えます。

☐1 取引の経済合理性を検証する仕組み

　滞留している不良在庫を販売し、販売先からサービス提供を受けているという外観を踏まえ、稟議決裁等の社内における承認過程において、取引の全体像を把握する仕組みが必要となります。そのうえでリース会社と取引を行う必然性や、取引の経済合理性の要否を検討することが求められます。

② 適切な職務分掌

　また本事例では、受注・出荷・売上計上の担当者が同一であったことに起因して会計不正が生じています。したがってこれらを分離し適切に職務分掌を図り、相互牽制の効く体制を整備する必要があります。

Q 6-4　契約の分割による会計不正

契約の分割による会計不正の事例について教えてください。

A ❶ 会計不正の事例

　　12月決算会社であるA社は、取引会社B社より基幹システムの制作を受注していました。単体テストまでが完了し、結合テストフェーズの契約を締結していましたが、12月末決算の直前に結合テストフェーズの契約を2つに分割しました。そして実際には、後工程の作業が完了して初めて結合テストに係る成果物が提供されるにも関わらず、A社は形式的に前工程の検収書を入手することで、売上の一部を前倒しで計上していました。なおB社から入手した検収書は、すでに終わっている作業内容に対して検収する、但し、分割した後工程の全てが完了した時点で支払いを行う、という条件付きのものでした。

決算直前の契約分割

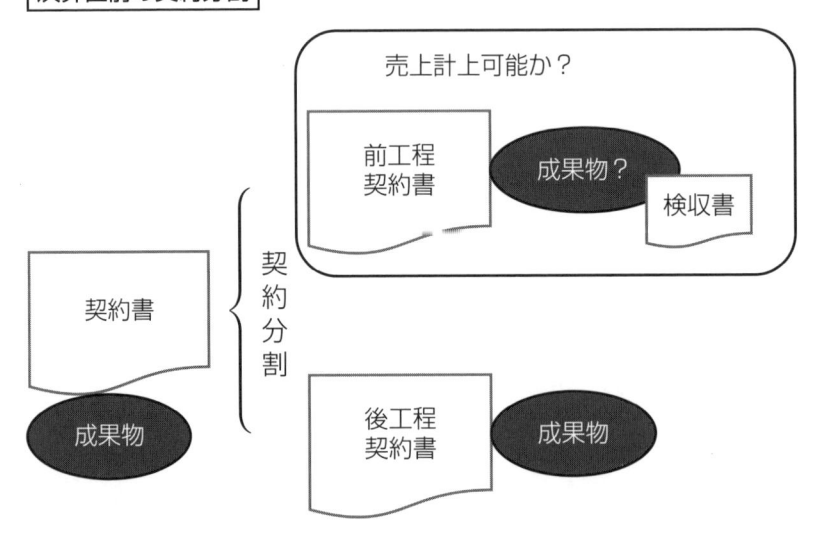

本事案は、後工程で設計上の欠陥が顕在化し、制作作業の遅延及び赤字発生の可能性が濃厚になったことから、社内で詳細に原因調査を行った結果、前工程での売上計上時期にも疑義があることが判明し、調査を通じて不適切な収益計上が発覚したものです。

❷ 発生の要因分析

　分割した契約書の受注内容には、「結合テスト」としか記載されておらず、分割された契約内容や具体的な成果物に関しては現場担当者しか判別できない状況でした。また管理部門では、計上された売上案件に対し、検収書等が入手されているかどうかのチェックが形式的にしか行われていなかったことから、何故決算の直前で契約が分割されたか、契約の分割が具体的な成果物を伴う妥当なものか、という観点で検証することが行われていませんでした。

❸ 会計不正防止のための内部統制の視点

　ソフトウェア制作において、分割した契約に係る収益が実現したといえるためには、契約単位の内容が一定の機能を有する成果物の提供があり、かつ対価が成立していることが必要となります。本事案では、形式的に契約が分割されているだけで、成果物提供の完了がなく、対価の成立もないことから、売上計上は適切ではなかったと考えられます。

　こうした不適切な契約分割による収益の前倒し処理を防止・発見するためには、以下の視点が必要と考えます。

⬚1 事後的な契約の分割に関するルールの明確化

　形式的に契約の分割が行われることを防ぐため、①分割した契約の内容が一定の機能を有する成果物を提供していること、②顧客との間で事前に検収日、入金条件に関する合意を行うこと、③対価が成立していること、という

要件を充足していれば、事後的な契約分割を可能とする社内ルールを明確にしておく必要があります。

　また例えば、売上計上の直前に恣意的に契約を分割し、不適切な売上の前倒し計上を防止するため、検収日間際の一定期間内での契約分割は認めない、とする社内ルールや、通常の契約分割承認よりも上位の役職者の承認を必要とするなど、通常の分割契約の場合とは異なる措置を設けることも有用と考えます。

② 内部牽制機能の強化

　一括検収である契約を事後的に分割することは、売上の前倒し計上を企図した可能性があることから、分割された契約内容が妥当か否か、慎重に検討することが必要となります。変更された分割契約に、成果物や金額、検収日、入金条件等が明記されているかどうか、契約の分割は合理的な理由に基づくものか、検収と入金のサイクルに異常点はないか、等の観点で、PMO 等の第三者が確認する仕組みが求められます。

与信限度を超過した取引による会計不正の事例について教えてください。

A ❶ 会計不正の事例

　　A社は債権回収のリスクに対して、新規得意先との取引開始時に、財政状態等(支払能力)を勘案して与信限度額を設定していました。A社の一部の事業部では、得意先B社に対する債権残高が与信限度額を超過することが判明していましたが、予算達成のプレッシャーもあることから取引を継続することとしました。与信限度額を超過している事実を隠ぺいするため、与信限度額を超える部分については、架空の会社C社に債権残高を付け替えることにより、取引先1件当たりの債権残高を圧縮し与信限度内であるように見せかけていました。本事例は、監査法人から送った残高確認のうち、確認が取れない取引先(宛先不明)があることから判明しました。

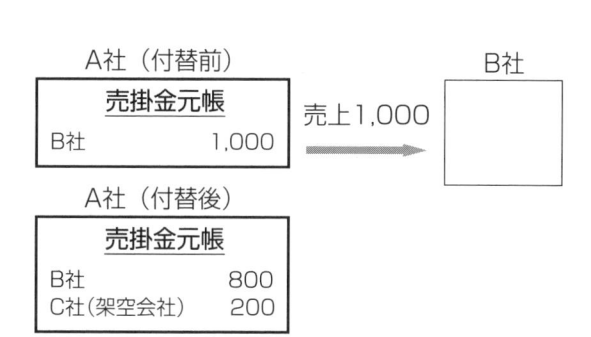

与信限度額を付替

B社への与信限度額800のため、超過分200をC社に付替

A社（付替前）

売掛金元帳

B社	1,000

売上1,000 →

B社

A社（付替後）

売掛金元帳

B社	800
C社(架空会社)	200

❷ 発生の要因分析

本事例が起きた要因は、以下の2つが挙げられます。

1 営業成績へのプレッシャー

A社はインセンティブ制度を採用した給料体系であり、与信限度を超えて取引を行うことによる債権回収リスクを無視して、営業担当者自身の営業成績を重視したことにより行われた会計不正でありました。

2 相互牽制機能の欠如

得意先審査、取引の実行、請求業務及び債権管理とすべての過程が部門内で完結する業務フローとなっていたため、内部監査や監査役による監査を除き、他部門による相互牽制が実施されていませんでした。専門的な知識が必要であったことから従業員の異動はほとんどなく、また、当該部門は営業成績を常に達成していたことから、他の役員や部門が積極的に口を出しにくい状況でした。

なお内部監査室の監査では、当該部門の個別帳簿と経理部の帳簿の不一致があると指摘をしていたものの、会計処理上の単純なミスと判断し、原因を深く追求していませんでした。

❸ 会計不正防止のための内部統制の視点

与信限度額は相手に与える信用の限度で、売掛取引を行う際の上限額です。新規取引を開始する場合には信用調査を行い、個々の相手先の財政状況(支払能力)に応じた与信限度額を設定し、受注の際に与信限度額の範囲内であるか否かのチェックをすることが必要です。適切な与信限度額の設定及び運用を行うことは、売掛金の回収を確保するための大事な手続になります。

本事例のような、不正取引を防止・発見するためには、以下の視点が必要

と考えます。

1 適切な業務分掌

　本事例では、部門内で同一担当者が得意先審査や売上計上、請求業務、債権管理を行っていたことに起因して、会計不正が発生しています。したがって、上記業務を分離し、適切な業務分掌と相互牽制の効く体制を整備する必要があります。

2 残高確認書の発送

　経理部等の管理部門が独自に、定期的に債権残高確認書を発送・回収し、差異が出ている取引先について、差異の内容が合理的な理由によるものかを調べることが、異常な取引の早期発見に寄与すると考えられます。

3 内部監査のフォローアップ

　内部監査の結果、何らかの検出事項が発見された場合には、関係各所に周知し、原因分析と改善策の策定を行う必要があります。

　本事例では、内部監査室が帳簿の不整合を指摘していたことから、もし直ちに原因分析や調査を行っていれば、もっと早期に発見されていた可能性があります。

　内部監査の実効性を確保し、会計不正を牽制するために、適切な内部監査のフォローアップが必要です。

Q 6-6 商品の転売による会計不正

商品の転売による会計不正の事例について教えてください。

❶ 会計不正の事例

開発担当者は、大型のシステム制作案件の原価においてパソコンを発注し、当該パソコンを転売することにより金銭を着服していました。またパソコンの購入費用は、当該案件の売上原価で処理されていました。内部監査の過程で、発注されていた数台のパソコンが個人ユーザー向けとして使用されるタイプのものであったことを不審に思い、詳細調査を行った結果、上記転売の事実が発覚しました。

❷ 発生の要因分析

大規模なシステム制作プロジェクトの場合、様々な種類のハードウェア及びソフトウェアが複合的に取引されることが多いですが、本事例でも取引内容が多岐にわたり、また、その為に発注されるパソコン等のハードウェアも大量にあることから、受注内容と発注内容の照合が厳密に行われていませんでした。

また、キッティング等が必要なハードウェアについては、担当者が社内で物品を受取り、ユーザーに納品することになっていたことから、担当者が物品の流用をしやすい環境にありました。

なお形式的には、受注と発注に関する職務分離は担保されていましたが、発注部門が取引内容の実態の把握をしていなかったため、実質的には開発担当者の指示と裁量で発注がなされていました。

❸ 会計不正防止のための内部統制の視点

本事例は、主として従業員が私的な利益を得ることを目的として行われています。不正の目的、発生の要因を勘案し会計不正を防止・発見するためには、以下の視点で統制の強化を図ることが必要です。

⬜1 原価見積りの承認と実際発生原価の検証

原価に係る取引の内容を明確にするため、原価見積りについて、開発部門における上長の承認が必要です。また実際の発生原価と見積原価とを比較しモニタリングすることは、会計不正を抑制する観点の上からも、重要であると考えます。

⬜2 物流管理の徹底

パソコンのような換金性が高い商品が取引される際、契約先と納品先が異なっている、納品先が社内になっている、営業担当者が直接客先に納品することになっている等の場合、発注担当者や売上処理担当者は、その理由や妥当性に留意する必要があります。

⬜3 内部監査等モニタリングの強化

内部監査部門による実地棚卸や取引の実在性に関する監査を強化することは、会計不正の防止・発見の観点で有用です。特に、発注の際に発注すべきもののみが発注されているか、といった発注内容の妥当性をモニタリングすること、また、不正リスクが高いと思われる商流、取引形態について、日常的に不正防止の観点でモニタリングを行うことが必要です。

Q 6-7　外注費の架空発注による会計不正

外注費の架空発注による会計不正の事例について教えてください。

A ❶ 会計不正の事例

　　A社担当者は、B社から基幹システム制作を受注し、B社か
らの受注の一部を外注業者であるC社に架空発注しました。B
社からの受注は本来1,200でしたが、300を上乗せした1,500で契約を締結
しました。制作はA社内で行われていましたが、制作人員の入退館記録と
外注先からの請求内容に不整合があったことから、内部監査担当者が詳細な
調査を行った結果、A社、B社及びC社の担当者が共謀し、B社から資金を
不正に着服していたことが判明しました。

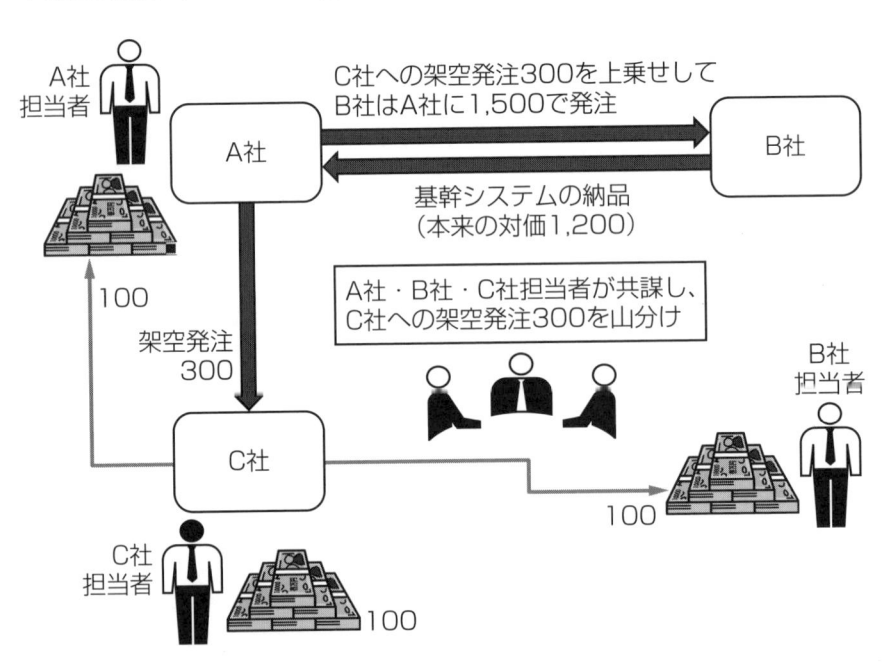

❷ 発生の要因分析

　A社には、発注部門による定期的な外注先の管理や選定の見直しを行うルールがありましたが、その運用は形骸化しており、実質的には制作担当者の指示により外注先が選定されていました。またC社は小規模であり、同社の規模を考えると比較的多額の外注発注がなされていたにも関わらず、発注担当者は社内規程にそった外注管理の観点でのチェックを適切に行っていませんでした。さらに外注先からの成果物は、A社が定める検査基準によりその合否を判定した後、検収することになっていましたが、一部の外注先からの取引については、技術部門による検証、確認が十分に行われていませんでした。

❸ 会計不正防止のための内部統制の視点

　ソフトウェア制作は、その対象物が「無形」の資産であるため、外注先への発注内容の妥当性の検証が一般的には困難と考えられます。このため、外注費の架空発注を防止・発見するためには、以下の視点が必要と考えます。

⬜1 外注取引先の管理の強化

　外注取引先との取引の妥当性を確認する手法として、新規の外注取引先に対する信用調査や、既存の外注取引先の棚卸、技術部門や発注部門による外注先の業務視察や内部監査部門による外注先審査の運用状況のモニタリングは有効と考えられます。

⬜2 PMOなど第三者による実在性の検証

　PMOが品質管理の観点に加え、金額の妥当性も検証することにより、外注先との結託による架空請求や水増し請求について防止・発見の可能性が高まるものと考えます。

不適切な工数振替による会計不正

不適切な工数振替による会計不正の事例について教えてください。

Ａ ❶ 会計不正の事例

　　Ａ社の子会社であるＡＡ社では、ソフトウェア制作を行っています。ＡＡ社のＢ事業部では利益の予算達成を企図し、完成したプロジェクトの工数を仕掛中のプロジェクトに振り替えるという利益操作を行っていました＜ケース１＞。また将来の損失発生が見込まれる仕掛中のプロジェクトについて、受注損失引当金の計上を回避するため、利益が出ている別プロジェクトへ工数を振り替えていました＜ケース２＞。

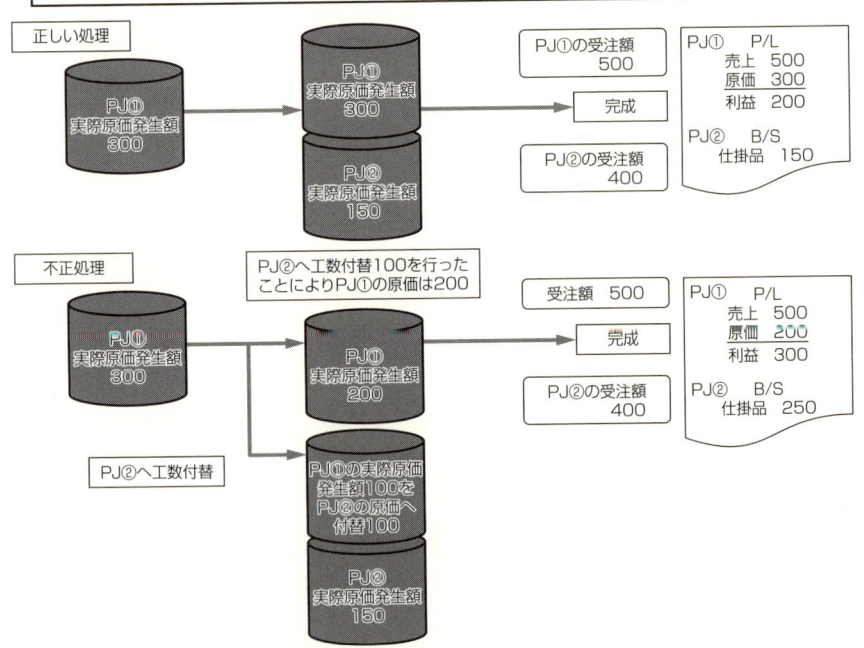

＜ケース１＞
完成したプロジェクトの工数を仕掛中のプロジェクトに振り替え

正しい処理

PJ①
実際原価発生額
300

PJ①
実際原価発生額
300

PJ②
実際原価発生額
150

PJ①の受注額
500

完成

PJ②の受注額
400

PJ①　P/L
売上　500
原価　300
利益　200

PJ②　B/S
仕掛品　150

不正処理

PJ①
実際原価発生額
300

PJ②へ工数付替100を行ったことによりPJ①の原価は200

PJ①
実際原価発生額
200

PJ②へ工数付替

PJ①の実際原価発生額100をPJ②の原価へ付替100

PJ②
実際原価発生額
150

受注額　500

完成

PJ②の受注額
400

PJ①　P/L
売上　500
原価　200
利益　300

PJ②　B/S
仕掛品　250

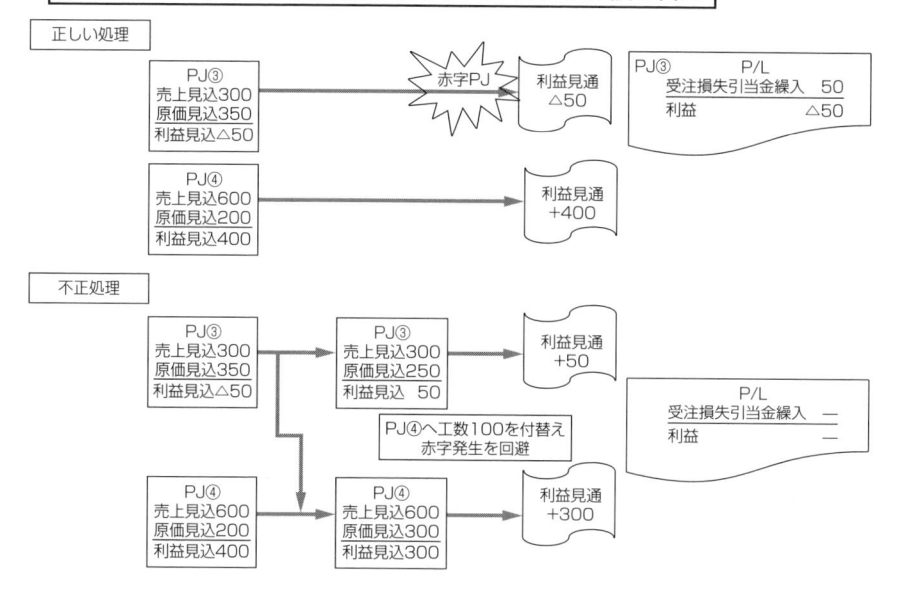

A社では社外への業績公表値達成を強く求められ、子会社についても予算必達のプレッシャーがかけられる傾向にあるという背景のもと、AA社のB事業部主任の主導により、不適切な工数の振替が行われていました。

本事例は、決算における経理部による仕掛品残高の検証の過程で発覚しました。

❷ 発生の要因分析

ソフトウェア制作においては、そのプロジェクトが利益を稼得しているかどうかを把握するため、また損失が見込まれている場合には受注損失引当金を適時に計上するために、プロジェクトごとの適切な損益管理が重要となります。特に人件費については、ソフトウェア業界においてコストに占める比重が高いと考えられますが、プロジェクトごとに原価を正確に集計し、その

後恣意的な工数の振替を防止する仕組みが無い場合には、次のような問題が生じる可能性があります。

- 人件費が正しいプロジェクトに計上されない結果、適切な期間損益が財務諸表に表示されない
- 不採算プロジェクトの発見が遅れ、受注損失引当金等の会計処理が適時になされない
- 問題となるプロジェクトの発見が遅れる結果、経営判断を誤るリスクがある他、必要な対応が遅れて顧客に不利益を与え、顧客の信用を失ってしまう可能性がある

本事例では、AA 社の B 事業部主任が主導して工数を異なるプロジェクトに振り替えていましたが、工数振替に関する上長の承認は形式的にしか行われておらず、工数を振り替える理由や時期などに関する検討が行われていない状況にありました。

また社長や監査役が出席して討議を行う業績検討会議において、個別プロジェクトに関する状況報告は求められておらず、個別プロジェクトに対する牽制機能が徹底されていなかったことが、不適切な工数振替の発見が遅れた要因と考えられます。

なお AA 社では、B 事業部主任の行為に疑問を抱く社員も複数いましたが、AA 社では内部通報制度が整備されておらず、予算達成を至上目的とする組織風土を背景に、不適切な振替を指摘する社員は現れなかったという点も挙げられます。

❸ 会計不正防止のための内部統制の視点

本事例は、決算における経理部による仕掛品残高の検討の過程で発見されましたが、それまで実施されていた不適切な工数振替は見過ごされていました。したがって、不適切な工数の振替を防止または早期に発見するためには、

第三者による工数振替に係るチェック体制の構築が有用であると考えられます。具体的には振替の内容とその理由について上長が承認し、その内容を品質管理部等の第三者がモニタリングする仕組みが有用です。

　また決算時における不適切な工数振替を防ぐため、プロジェクト別に予定工数と実際工数との差異を月次で分析し、その分析結果を上長がレビューする、あるいは重要なプロジェクトについて業績検討会議にてレビューを行うという仕組みも重要と考えます。

Q 6-9 不良在庫の廉価販売の損失隠蔽による会計不正

不良在庫の廉価販売の損失隠蔽による会計不正の事例について教えてください。

A ❶ 会計不正の事例

ソフトウェアライセンスの仕入販売を行っているP社では、誤発注により大量に購入したソフトウェアライセンスを思うように販売できず、大量の在庫を抱え込むこととなりました。そこで、当該ソフトウェアライセンスを仕入価格より大幅に低い価格で外部に販売し、在庫処分を行いましたが、その結果多額の赤字が発生することとなりました。この損失を隠すため、P社は子会社S社に対して、赤字を補てんする金額で当該ライセンスの架空販売を行うとともに、S社に対して売掛金支払いのための資金を融通する目的で、仕入価格の水増しを行っていました。しかし、P社社員からの内部通報により、当該会計不正が発覚することとなりました。

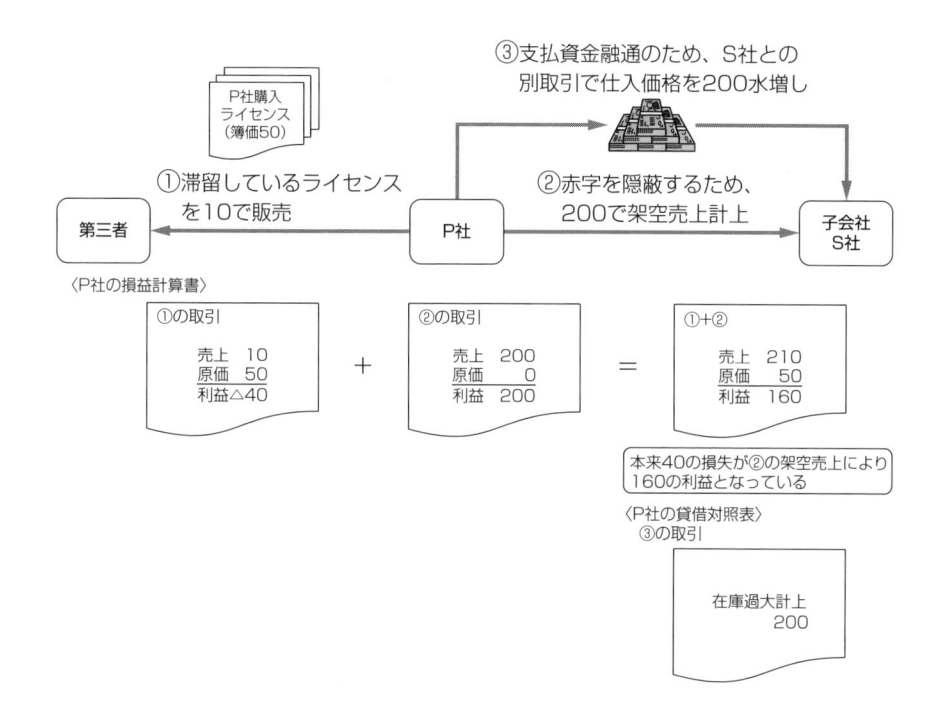

② 発生の要因分析

　廉価販売による損失の隠蔽はどの業界でも発生する会計不正であり、ハード機器の仕入販売やライセンス販売等、有形・無形に関わらずソフトウェア業界においても起こり得ると考えられます。

　事例の会社では、大量の在庫に窮し、廉価販売したことにより生じた損失を隠蔽したいという動機のもと、親しい関係者がいる子会社を利用し恣意的な取引を行うことが可能な状況にあり、損失を隠蔽する会計不正を行うに至ったと考えられます。

　本事例ではS社への架空売上が行われ、一見するとP社では利益を計上しており、また売掛金についても仕入価格の水増し分を入金してもらうことにより滞留することなく、発見することが難しい外観が作り出されていまし

た。

　架空売上の入金を偽装するために行われた仕入価格の水増しにより、特定の相手先に対して仕入金額が以前より多額になっているにも関わらず、事業部長の指示で行っていたということもあり、他事業部の従業員が取引の合理性を確認することはできず、結果として不正に気が付くことができませんでした。

❸ 会計不正防止のための内部統制の視点

　今回のケースでは、廉価販売による損失を隠蔽すべく、架空売上や入金確保のための仕入価格の水増しといった行為を伴っていたことから、一部の会社との取引量が通常より多く発生することや取引額が多額になるといった兆候が発生していたものと考えられます。

　このため、廉価販売による損失の隠蔽を防止・発見するためには、以下の視点が必要と考えられます。

⬜1 通常の取引量を超える取引を行っている会社のモニタリングや取引額

　通常の取引量や取引額を超えて取引を行っている相手先の有無をモニタリングし、その取引の経済的合理性を確認し、取引量や取引額の増加が妥当なものであるかを確認する必要があると考えられます。

⬜2 コンプライアンス意識の向上

　支配的な関係にある子会社を利用した損失隠蔽が行われる可能性が高いことから、親会社は、子会社との協力・連絡体制の構築や内部通報制度の周知向上、さらにはコンプライアンス意識や企業理念に関し共有・浸透させるための機会を十分に確保し、これらの体制を整える必要があります。

資産性のないソフトウェアの資産計上による会計不正の事例について教えてください。

❶ 会計不正の事例

　A社のB事業部では、市場販売目的として外部に販売する予定であるソフトウェアについて、試作品を制作した日付をもって「最初に製品化された製品マスター」の完成時期と判断し、それ以降に発生した機能の改良や強化等に伴う費用をソフトウェア仮勘定として資産計上していました。

　しかし、実際には試作品は機能評価のために制作されたものであり、製品完成のための技術的なリスクは解消されていなかったことから、「最初に製品化された製品マスター」と判断できるものではなく、本来は研究開発費として費用処理すべき支出をソフトウェア仮勘定として資産計上していました。

　なおB事業部長は、本来は研究開発費処理すべきであると認識していたものの、「最初に製品化された製品マスター」の完成時期及び研究開発の完了について意図的に誤った承認を行っていました。

　当該事実は、製品マスター完成後の支出が多額に発生しており、ソフトウェア仮勘定が想定以上に大きくなっていた点を管理担当取締役が疑問に感じ、内部監査を通じて調査を行った結果、判明したものです。

❷ 発生の要因分析

　市場販売目的のソフトウェアの制作費を研究開発費として費用計上するか、ソフトウェアとして資産計上するかについては、研究開発の終了時点をもっ

て判断することになります。「研究開発費及びソフトウェアの会計処理に関する実務指針」では、研究開発の終了時点を判断するにあたり、①製品マスターについて販売の意思が明らかにされること、②最初に製品化された製品マスターが完成すること、という2つの要件が満たされることが必要とされています。したがって、この「最初に製品化された製品マスター」をどのように判定するかがポイントとなります。

市場販売目的のソフトウェアについては、製品マスター完成までに多くの費用が発生し、研究開発段階で発生した支出は、研究開発費として費用処理されます。

そのため、部門の予算達成や利益を確保するために、「最初に製品化された製品マスター」の完成時点を意図的に前倒しし、発生した人件費や経費を資産化しようとする会計不正が起こり得ると考えられます。

B事業部では、業績が芳しくなく当初の予算達成が困難な状況下において、部門の利益をねん出するために、本来費用化すべき研究開発費を資産計上していました。

またA社では、「最初に製品化された製品マスター」に関する判定基準やマニュアルが明確に定められていなかったこと、社内において研究開発の終了に係る承認が部門内で完結してしまっていたことから、第三者が客観的に「最初に製品化された製品マスター」の完成時点を評価する仕組みがありませんでした。

さらに、B事業部長は本来資産化すべきでない費用であると認識していたにも関わらず、部門業績に対するプレッシャーにより資産計上を容認していた、というコンプライアンス意識の欠如も、当該会計不正が発生した原因であると考えられます。

❸ 会計不正防止のための内部統制の視点

市場販売目的のソフトウェアを制作する際の人件費や経費等の費用化、資

産化の判断基準である「最初に製品化された製品マスター」の完成時点が曖昧な場合には、恣意的な判断により、本来費用化すべき費用を意図的に資産計上するといった会計不正が行われる可能性が高くなります。

このため、資産性のないソフトウェアの資産計上を防止・発見するためには、以下の視点が必要と考えられます。

1 資産化すべき時点の明確化とその周知徹底

市場販売目的のソフトウェアであれば、資産化の要件である「最初に製品化された製品マスター」の完成時点は、製品完成のための技術的なリスクが解消されたかどうか、完成と判断した時点で製品を量産化できる状況にあるかどうかが重要です。そして、社内で上記の要件に該当するためにはどのような仕様要件を満たしていなければならないか等を共有し、各担当者へ周知徹底することが必要と考えられます（Q3-4 参照）。

2 相互牽制による資産化要件の確認

資産化の要件を明確化したとしても、担当者による意図的な完成時点の変更により会計不正を行う余地は残っていることから、資産化の要件を満たしているかについて、制作している部門のみならず、PMO 等の第三者のチェックによる確認を行うという統制を構築する必要があると考えられます。

Q 6-11 その他の会計不正を防止するための内部統制

会計不正を防止するために構築すべき一般的な内部統制について教えてください。

① 定期的な人事ローテーションの実施

会計不正を防止する一つの施策として、定期的な人事ローテーションを実施することが考えられます。例えば一人の担当者が、特定の取引先と継続的に長期間付き合っていると、キックバックや在庫の横流し等の会計不正を引き起こすような、癒着ともいえる密接な関係が生じる可能性が高まります。

あるいは同じ担当者がずっと同一業務を続けていると、経験に則した業務の効率化は図られるかもしれませんが、その担当者しかわからないという状況や、業務の実態が見えにくくなり、第三者によるチェック機能が有効に働かなくなる可能性が高まります。

したがって、一人の担当者による特定の取引先との癒着を防ぐ、あるいは長期間同一業務を担当できないよう、人事ローテーションを定期的に行ったり、連続した営業日の休暇制度を導入し、他の従業員の関与する度合いを増やす等、不正行為が発生しづらい環境を整えることが有用であると考えられます。

② 組織風土の改善

不正を防止するためには、コンプライアンス遵守の組織風土の醸成が必要不可欠です。その一環として、経営トップからの積極的なメッセージの発信、定期的な職階別のきめ細かい研修、日々の啓蒙活動等、不断の取組みが必要です。また不正が発生した場合には、懲罰規程に基づき厳正かつ公正に対処

するとともに、将来の不正発生を牽制するためにも、不正の事実、懲罰結果等を公開することも求められます。

　また、従業員へのコンプライアンス研修の実施による組織風土の改善、内部監査や親会社経理部による循環的な管理体制のチェックなどは、会計不正防止に資するものと考えます。

　さらに、内部通報制度を設置しこれを運用することも、会計不正を防止する抑止力になると考えられます。

COLUMN

課徴金事例集

　金融庁は、平成 17 年に課徴金制度を導入し、インサイダー取引等の不公正取引や、有価証券報告書等の不提出・虚偽記載などの違反者に対して、行政上の措置として金銭的負担を課すこととしています。また、金融庁に属する審議会等の一つである証券取引等監視委員会においては、有価証券報告書等に対する開示検査を行っており、開示検査の傾向や不適正な会計処理等の概要を、「金融商品取引法における課徴金事例集」として Web 上で毎年公表しています。

　この課徴金事例集においては、課徴金制度が開始されて以降の、課徴金納付命令勧告の開示規則違反の傾向を取りまとめており、「違反行為者の業種別分類」においては、「情報・通信業」が 79 社中 19 社と最大の件数となっています（平成 27 年 8 月公表）。これは情報・通信業において、ソフトウェアやライセンス等の無形固定資産が不適切な会計処理に利用される事例が多くみられることによるものです。

　さらに、「開示書類の虚偽記載に関する個別事例」として、実際に発生した事案の概要や不正の背景を整理しているので、各企業において同様の不正リスクが存在していないかどうか、内部統制の脆弱な点がないかどうかをチェックするに当たり、非常に有用な資料であると考えられます。

第 **7** 章

ソフトウェア業の内部統制

1 総論

Q 7-1 ソフトウェア業の特徴が内部統制に与える影響

ソフトウェア業の特徴が、内部統制に与える影響について教えてください。

ソフトウェア業は、

① 業界の特徴として多段階請負構造である

② 成果物が無形である

③ 取引形態、契約形態が多種多様である

④ 先行作業や仕様変更を伴う場合が多い

⑤ 業務範囲、責任範囲等を明記しないまま契約締結される場合が多い

という特徴を有しており、会計において、収益認識や原価計算、仕掛品評価や引当金の計上等に影響を及ぼすことが考えられます。したがって、ソフトウェア業の特徴を考慮した内部統制の整備・構築が必要となります。

それぞれの特徴が内部統制に与える影響を整理すると、以下のようになります。

ソフトウェア業の特徴	内部統制に与える影響
① 業界が多段階請負構造であること ・複数企業が取引に関与することが多いため、取引の全体像、取引における会社の位置付けを把握することが困難	・循環取引・スルー取引等の会計不正が生じやすい ・取引の全体像を把握する必要がある ・外注先の与信、制作能力等の管理が重要となる ・商社的仲介取引について、純額・総額表示の検討が必要となる
② 成果物が無形であること ・当事者以外の第三者に対して取引の実在性や原価の網羅性を客観的に証明することは困難 ・取引価額について、その経済合理性を判断することが困難 ・ソフトウェア制作状況を客観的に確認することが難しい	・取引の実在性、取引価額の合理性について慎重に検討する必要がある ・開始・終了（検収・引渡し）に関する証憑を整備・入手する必要がある ・他のプロジェクトへの工数付替について注意が必要となる ・制作チーム以外の第三者による進捗度等のモニタリングが求められる
③ 取引形態、契約形態が多種多様であること ・複数の取引行為が同一の契約書等に記載されることがある ・「システム一式」など、契約書に詳細な記載がない場合、取引実態が不明確となり収益計上額が恣意的に決定されるおそれがある	・個々の契約書・発注書が重要となる ・実態に即した収益計上基準を検討する必要がある
④ 先行作業や仕様変更を伴う場合が多いこと ・納期近くになっても契約書の締結がなされない場合がある ・仕様変更の際の文書（覚書等）が、適時に締結されない、もしくはない場合がある	・原価集計開始時の妥当性について検討する必要がある ・追加作業の発生について、原価集計単位を検討する必要がある ・契約を適時に締結し、契約内容について明確にしておく必要がある ・先行作業に係る仕掛品の資産性を検討する必要がある

⑤　業務範囲、責任範囲等を明記しないまま契約締結される場合が多いこと ・追加作業が生じた場合の取決め等が明確でない場合がある	・追加原価発生に伴う採算悪化について検討する必要がある ・契約書の記載内容について、事前に検討する必要がある

2 収益認識に関する内部統制

Q 7-2 収益認識(受注制作のソフトウェア・完成基準)の内部統制

完成基準で受注制作のソフトウェアの収益を認識する際の、内部統制上の留意点について教えてください。

A ① 受注制作のソフトウェアのフロー（制作完了から収益計上まで）

受注制作のソフトウェアについて、制作作業が完了してから、ユーザー側での検収が終了し、収益が計上されるまでの一般的なフローは、以下のとおりです。

ここでは、特に重要な、「検収書の入手」と「収益計上」について解説します。

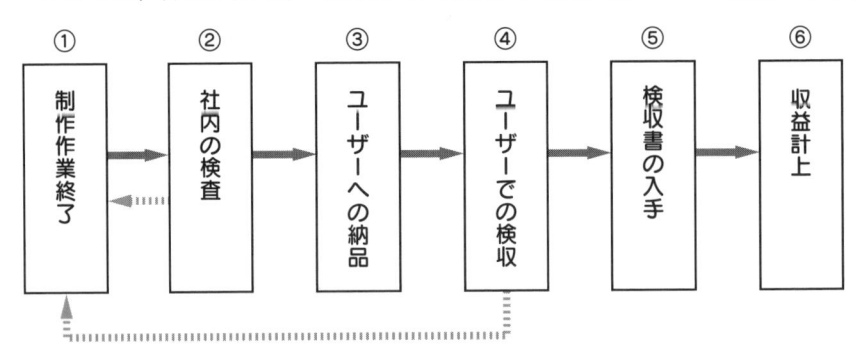

① 制作作業終了 → ② 社内の検査 → ③ ユーザーへの納品 → ④ ユーザーでの検収 → ⑤ 検収書の入手 → ⑥ 収益計上

❷ 検収書入手・収益認識時のリスク

　受注制作のソフトウェアにおいては、ユーザーの検収をもって役務の提供が完了します。無形であるソフトウェアの収益計上において、検収書は重要な証憑といえます。

　検収書入手・収益認識時に想定されるリスクとしては以下のようなものが考えられます。

想定されるリスク	会計及び経営面に与える影響	対応する 内部統制
・実質的に制作活動は終了しているがユーザーの都合等により検収書の入手ができない	・収益計上が先送りされる	❸—③
・実際に制作活動が終了していないのにユーザーの都合（予算消化・業績達成等）で検収書が発行される（Q4-3参照）	・受領した検収書を根拠に、収益を前倒し計上してしまう ・検収書入手後も、仕様の変更など、瑕疵対応として想定される以上の作業を求められる ・請求書を発行しても、入金がなされない ・受領した検収書をもとに、プロジェクトが完了したと誤って認識し、実際は赤字の発生が見込まれる状況にも関わらず、受注損失引当金が計上されない	❸—① ❸—② ❸—③
・検収書を未入手のまま収益計上がなされる	・架空の売上が計上されてしまう	❸—①

❸ 検収書入手、収益認識時のリスクに対応する内部統制

　上記のリスクに対応する統制としては以下の3つが考えられます。

1 社内の検査時の内部統制

　ユーザーによっては十分な検収を行う能力がない場合や、ユーザー都合で検収書が発行されないケース、あるいは形式的な検収しかなされない可能性があるため、制作作業が事実上完了したことを、少なくとも社内で明らかにしておく必要があります。

　社内の検査における内部統制として、具体的には以下のような内容が考えられます。

社内検査時の内部統制
・客観的で均質的な検査がなされるように、検査方法についてマニュアル化を行う ・制作担当者以外の第三者(例えば、プロジェクト管理部門など)が検査を行う ・検査が完了した事実を明らかにするために、チェックリストなどを用いて文書化をしておく ・ユーザーとの間で行った制作終了に関する打ち合わせ議事録を作成する

2 検収書入手時の内部統制

　検収書はユーザーによる検収が完了した、また制作が実際に完了していることを示す重要な証憑であるため、検収書を受領する際には、その記載内容について不備がないことを十分に確認する必要があります。

　検収書の入手時の内部統制として、具体的には以下のような内容が考えられます。

検収書入手時の内部統制
・営業担当者、制作担当者以外の第三者が、検収書の記載内容等のチェックを行う 　〈特に重要なチェック項目〉 　　① 　検収日は印字されているか 　　② 　検収対象(契約書等に記載された成果物)が明示されているか

③ 原則としてユーザーの社印が押されているか

なお、記載内容等に不備があるものの、その不備が実質的に重要でないと考えられる場合もあるため、あらかじめ例外処理を定めておくことも考えられる

・検収書に記載不備がないように、会社仕様の検収書フォーマットの使用をユーザーに求める。もしくは、記載項目等をあらかじめユーザーに提示しておく
・ユーザー都合で形式的に検収書が発行されていないかどうかを検証するため、異常な利益率になっていないか、後原価が発生していないかどうかの確認を行う

③ 収益認識時の内部統制

完成基準のプロジェクトについては、一般的には検収書の入手を収益認識の要件にしているものと考えられます。

このように通常は検収書を根拠に収益認識がなされますが、ユーザーが検収書を発行しても、実質的な検収が終了していないケースもあるため、特に大規模なプロジェクトにおいては、検収書の入手以外の方法でも、ユーザーの検収手続の完了を確認することが望まれます。

収益認識時の内部統制として、具体的には以下のような内容が考えられます。

収益認識時の内部統制
・原則的には、営業担当者、制作担当者以外の第三者が、当該プロジェクトにつき、社内での検査が完了し、さらに一定の要件を満たした検収書を受領していることを確認する。 ・大規模なプロジェクトについては、社内での検査完了及び検収書の受領だけでなく、ユーザーにおいて検収手続が実際に行われた事実を確認する。 ・ユーザーによる検収の際に、会社仕様（もしくはユーザー仕様）のチェックリストを使用してもらい、検収書とともにチェックリストを提出してもらう。 ・チェックリストが入手できない場合等については、ベンダーの管理部門は、必要に応じてユーザーのシステム部門の責任者等に直接連絡を取り、検収が完了したことを確認する。

自社利用のソフトウェアを使用してサービスを提供し収益を認識する場合に、必要な内部統制について教えてください。

A ❶ 自社利用のソフトウェアの収益認識

自社利用のソフトウェアについては、社内の業務に利用する場合には収益認識の問題は生じませんが、クラウドサービスのように、自社利用のソフトウェアを使用して外部にサービスを提供する場合には、収益認識の問題が生じます。

受注制作のソフトウェアと比較すると、ユーザーへソフトウェアそのものを納入するわけではないため、ソフトウェアが完成したことについて対外的な検収を受ける必要はありません。自社利用のソフトウェアは、受注制作ソフトウェアや市場販売目的のソフトウェアとは異なり、ソフトウェアの機能ないしはソフトウェアによる処理結果をユーザーに提供するという役務の提供が目的となりますので、その役務提供が完了したかどうかを確認する必要があります。

なお、自社利用のソフトウェアについては、提供される役務の内容によって以下の3つに区分できると考えられますので、その区分に従い説明します。

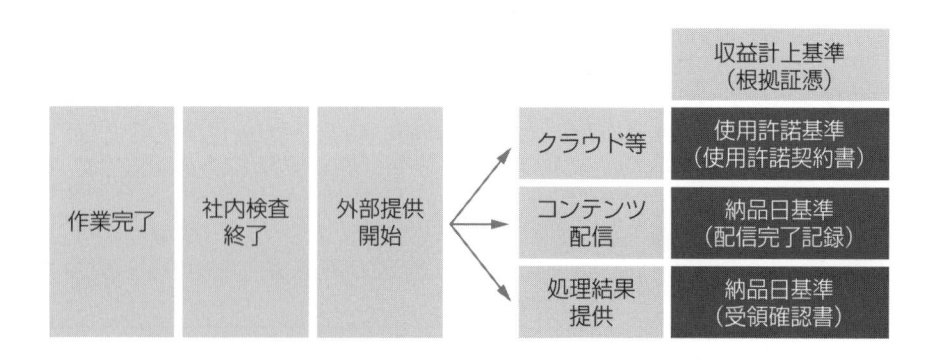

パターン	収　　益	具体例
(1) 自社利用のソフト ウェアのユーザー への機能提供	ソフトウェアの使用料	・クラウドサービス ・SaaS ・ソフトウェアリース
(2) 自社利用のソフト ウェアによるコン テンツ等の配信	コンテンツの対価	・動画配信サービス ・音楽配信サービス ・コミックス配信サービス
(3) 自社利用のソフト ウェアによる処理 結果の提供	データ処理業務の対価	・給与計算サービス ・会計業務受託サービス

❷ 収益認識パターン別のリスクとコントロール

　上記収益認識パターン別の具体的なリスク及び必要なコントロールについて整理すると以下のとおりになります。

① 自社利用のソフトウェアのユーザーへの機能提供

　自社利用のソフトウェアの機能をユーザーに提供する場合、期間にわたり一定でサービス提供が行われる場合は利用期間に応じて、また従量制の場合は利用量に応じて収益認識することになります。通常は、ユーザーとの間で個別に使用許諾契約が締結され、当該契約書上で利用期間、利用料の計算方法等が明記されることになります。同じサービス提供であっても、契約の内容によって収益計上の方法が異なる可能性があり、実態と異なる収益認識がなされるリスクが存在します。よって、収益認識の際には、当該契約に基づいて適切に計上されているかの確認が重要となります。

② 自社利用のソフトウェアによるコンテンツ等の配信

コンテンツ等の配信業務の場合、ユーザーに提供されるコンテンツ等は、無形のものであり、直接見ることができません。また、ウェブ上で行われることがほとんどであり、通常文書による契約の締結等は行われません。したがって、コンテンツ等の配信と収益認識のタイミングが一致しない、というリスクがあります。コンテンツ等の配信に係る収益を計上するに当たっては、ユーザーのコンテンツ等購入の意思の確認と、コンテンツ等が実際に配信されたかどうかの確認が重要なポイントになります。一般的には、ユーザーが申込を行うことで購入意思の確認がなされコンテンツ等をダウンロードすることをもって実際の配信(納品)が行われるため、その履歴を確認することとなると考えられます。

また、代金回収業務をキャリアや回収代行会社などに委託している場合は、通常、代金回収の報告が、ユーザーの利用月より1か月程度遅れることがあります。この場合、収益はユーザーの利用時に配信数カウンター等に基づき計上し、後日代金回収の報告書が届いた時点で、配信数・売上計上額の妥当性を確認する必要があります。

必要となる内部統制
・配信完了記録を確認する仕組みを構築する。 ・過去の配信内容、配信数等の配信記録が一覧できる仕組みを構築し、異常値の有無を確認できる仕組みを構築する。 ・配信管理システムのシステム改変、アクセスコントロールについて管理を行う。 ・代金回収を委託している場合には、代金回収報告書と自社における配信記録に基づく回収予定額との照合を管理部門にて行う。

③ 自社利用のソフトウェアによる処理結果の提供

　自社利用のソフトウェアによる処理結果の提供業務の場合、一般的には、提供されるデータの処理結果の納品をもって収益が計上されると考えられますが、納品のタイミングと収益認識のタイミングがズレてしまうリスクが存在します。

　したがって、処理結果の提供業務において、処理結果の受渡しの確認がポイントになります。また、データの処理が予定どおり行われているかどうかの進捗状況の確認も、収益の早期計上や計上漏れを防止する上で必要な統制になります。

必要となる内部統制
・データ処理結果についてユーザーの社印等の押印された受領確認書を入手する。 ・担当者は受領確認書の受領日をもって売上日報(明細)の作成を行い、上席が売上日報(明細)と受領確認書の照合を行う。 ・ソフトウェアによるデータ処理作業予定表を管理し、完了しているかのチェックを行う。

　また、財務報告に直接影響するリスクではありませんが、ビジネスリスクとしてデータ処理結果自体を誤ること、ユーザーより提供されたデータの破損や漏洩の発生があげられます。データ処理結果の妥当性の検証や、データ管理体制の整備も、ビジネスリスクの観点からは重要なポイントです。

Q 7-4 収益認識（市場販売目的のソフトウェア）の内部統制

市場販売目的のソフトウェアの収益を認識する際の内部統制について教えてください。

A ❶ 市場販売目的のソフトウェアの収益認識

一般消費者向けのパッケージソフトウェア等の市場販売目的のソフトウェアの収益を認識する場合においては、一般的にベンダー側でその仕様（スペック）が既に確定しているため、受注制作のソフトウェアより収益の認識におけるリスクはある程度低くなる場合もあります。

しかし、他のサービス（ハードウェア、保守等のメンテナンス、カスタマイズ等）とあわせて販売される、いわゆる複合取引となる場合やユーザー固有の重要なカスタマイズを行う場合等、収益認識のリスクが相当程度高くなる取引も多くあることから、十分な管理体制を整備する必要があります。例えば、複合取引の場合には、個々の要素によって収益計上タイミングが異なることから、契約書上で個々の取引内容と取引内容別の金額を明確にしておく必要があります。また、取引形態、契約形態も多種多様になることも多く、個々の取引内容・契約内容に応じた収益認識基準を検討する体制作りも必要となります。

❷ 販売取引開始時のリスクとコントロール

上記のように、市場販売目的のソフトウェアについては、取引形態、契約形態が様々であるため、取引の内容が判明し難いことに起因し、収益の認識時点や計上額が実態と異なるリスクが生じます。例えば、ライセンス販売等で返品条件が付されているような場合には、成果物を引き渡しても収益認識できないケースが出てきます。したがって、取引内容に応じた適切な契約締

結がなされるように、取引パターンごとに契約書の様式を定めておくことが重要です。特殊な取引条件等があった場合にも、営業部門のみで契約内容の判断をするのではなく、管理部門（法務・経理）を交えた検討がなされる体制作りが必要となります。

また、保守サービスやトレーニング・サービス、ライセンス販売におけるアップグレードサービスがある場合には、複合取引として収益の認識が必要になります。複合取引については、一式契約ではなく取引単位別に契約する、もしくは同一契約書内に記載する場合は取引単位別に契約書に取引内容、取引条件及び回収条件を明記することが必要となります。

以上のように、販売取引開始にあたっては取引実態に応じた契約書の作成が重要となることから、法務部門及び経理部門において十分な検討の上で取引契約を締結することが必要と考えます。

販売取引時における内部統制
・受注契約締結の際には、法務部門、経理部門において記載内容の検討を行う ・複合取引については、取引単位別に契約書上記載がなされているか経理部門においてチェックを行う ・ライセンス販売等で返品条件付の販売等、定型的でない契約内容となっていないかチェックを行う ・契約書等に取引内容、取引条件及び回収条件を明記する

❸ 収益認識時のリスクとコントロール

市場販売目的のソフトウェアの収益認識時点は、次頁の図のように成果物の提供形態により異なります。

収益の認識基準としては、次のパターンが考えられます。

● パッケージ・ソフトウェア製品は納品日を特定できるユーザーの受領書等の納品日又は出荷伝票の出荷日

● ライセンス販売においては使用許諾契約書等の使用許諾日

●代理店販売においては仕切精算書(売上計算書)上の販売日

　先述したとおり、収益の認識時点や計上額が実態と異なるリスクが生じる可能性がありますので、取引形態に応じた収益の認識を客観的に確認できる証憑をもって会計処理がなされ、経理部門においてその妥当性を検証することが必要となります。

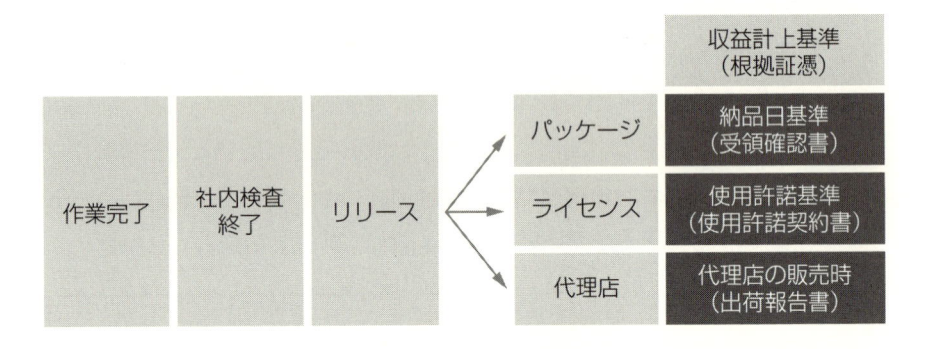

　またライセンス販売については、定価が明確に定まっている場合は特に問題にはなりませんが、取引先によりライセンス料が一律でない場合があります。このような場合には、その取引価額の合理性を検証する必要があることから、経理部門等の管理部門において、総括的な視点から個々の製品又はサービス形態ごとの取引価額、取引単価及び粗利益率等の時系列的な推移比較や計画値との比較、取引先ごとの取引価額及び取引単価の比較等の分析的手続を実施する必要があります。

収益認識時における内部統制
・販売取引における取引形態及び契約内容を十分に考慮した収益認識基準を内規等として整備・運用する。 ・収益の認識を客観的に確認できる証憑を整備・保管する(受領確認書、出荷報告書等)。 ・経理部門等の管理部門で会計処理時点における収益認識の妥当性を検証する(例えば、チェックリスト等のレビュー又は分析的手続の実施)。

Q 7-5 総額・純額処理における内部統制

売上の総額・純額処理において内部統制上留意すべき事項について教えてください。

A ① 社内ルールの策定

ソフトウェア取引において、手数料収入を得ることが目的の委託販売の代理人のように、直接取引の場合に通常負担する様々なリスク(瑕疵担保リスク、在庫リスク、信用リスク等)を負担していない場合には、収益の総額表示は適切ではありません。

「情報サービス産業における監査上の諸問題について」では、売上を総額、純額いずれで計上すべきかについて、単一の指標で判断するのではなく、以下の指標が示す事実関係と状況に基づいて、総合的に判断することを求めています(詳細は **Q 4-10** を参照)。

① 在庫リスク
② 信用リスク
③ 取引先の選択・価格設定の裁量権の所在
④ 製品やサービスの仕様決定権の所在　等

取引形態に該当する取引について、これらの指標に係る状況を判断するための社内ルールを策定することが必要となります。

❷ モニタリングと最終ユーザーの確認

なお、社内ルールが適切に運用されていることを確認するため、例えば一定の粗利率以下のプロジェクトについて、複数の指標から検討したチェックリストを用いてモニタリングする、取引の最終ユーザーを確認し、取引実態を明らかにする等の体制を構築することが望まれます。

総額・純額表示検討における内部統制

・総額・純額表示検討についての社内基準を策定し、周知徹底を行う。
・総額・純額表示の検討に当たっては、単一の指標ではなく、複数の指標（①在庫リスク、②信用リスク、③取引先の選択・価格設定の裁量権の所在、④製品やサービスの仕様決定権の所在）に基づき総合的に判断し、営業部門、管理部門を交えて検討を行う仕組みを構築する。
・一定の粗利率以下の取引等、純額表示すべき可能性のある取引を抽出し、会計処理の妥当性（総額表示又は純額表示）について管理部門において検証する仕組みを構築する。

Q 7-6 複合取引における内部統制

複合取引に関する内部統制において留意すべき事項について教えてください。

A ❶ 複合取引とは

複合取引とは、1つの契約でソフトウェアとハードウェア、トレーニングサービス、保守サービス等の異なる種類の取引を同一の契約書等で締結している取引のことをいいます。複合取引を行う場合、それぞれの製品やサービスに即した方法により、収益認識を行うことが適切といえます。 **➡ Q 4-9** 参照

以下、複合取引に関して留意すべき内部統制について、説明します。

❷ プロジェクト管理の単位

ソフトウェア制作を行う会社では、案件ごとにプロジェクト管理を行いプロジェクト別原価計算を実施し、また収益も通常はプロジェクト管理の単位で計上されることになります。このため、プロジェクトの単位をどのように設定するかについて、慎重に判断する必要があります。

例えば、常に契約の単位をプロジェクト管理の単位としている場合には留意が必要です。1つの契約にハードウェアの販売とソフトウェアの提供といった異なる種類の取引が含まれているケースを考えた場合、異なる種類の取引に係る売上と原価が、1つのプロジェクトとして集計管理されることになるため、それぞれの売上と原価の金額を個別に把握できず、会計上適切な金額とタイミングで収益認識ができないおそれがあります。

こうした状況を回避するため、一契約で1つのプロジェクトという管理方針を採用している場合には、その契約に含まれる取引態様に応じてプロ

ジェクトコードに枝番を付して、個別に売上と原価の金額を把握するとともに、取引態様ごとの管理資料により、収益認識時点が適切であるかどうか、モニタリングする体制が必要になると考えます。

③ 契約書と社内ルールの整備

次に、契約書から取引実態を適切に把握できるようにするため、あらかじめ取引実態に照らして取引の内容を契約書において明らかにしておくことが必要です。

契約書の中で、異なる取引要素別に内容、契約金額及び納期が明示されることが肝要ですが、明示されていない場合、契約上の対価を公正価値によって分解するルールを検討することが必要になるケースも考えられます。例えば、1つの契約にハードウェアの販売とソフトウェアの提供が含まれている場合において、ハードウェアは比較的、その公正価値を把握しやすいことから、ハードウェアの価額を契約金額から控除して、ハードウェアとソフトウェアの契約上の対価を分解する等のルールを整備することが考えられます。

(例)

> ハードウェア販売とソフトウェアの提供を 100 で受注したが、受託金額の内訳が明確になっていない。ハードウェアについて、社内でオーソライズされた標準価額は 40 である。この場合のソフトウェア提供に係る対価は？
>
> ⇒ 100 (受注総額) − 40 (ハードウェア公正価値) ＝ 60 (ソフトウェア対価：差引)

複合取引にかかる内部統制
・取引単位別に内容、契約金額、納期、決済条件が明示されるよう契約書の記載様式を事前に整備する。特殊なケースについては、法務、管理部門との協議を行う仕組みを構築する。 ・複合取引における付随取引の重要性の判断基準の明確化を図る。 ・対価を取引要素別に分解する必要がある場合には、事前にその方法等について内規等の整備・運用を行う。 ・対価を分解する場合、その金額の合理性を検証する体制の整備を行う。

分割検収による収益計上を行う際、内部統制上留意すべき事項について教えてください。

❶ 分割検収ルールの明確化

分割検収とは、受注制作のソフトウェアにおいて、一連の制作工程を設計段階、制作段階等の作業フェーズに分割して、フェーズごとに検収を行うことをいいます。

分割検収により売上を計上するためには、分割検収の単位ごとに①一定の機能を有する成果物の提供の完了及び②反対給付としての対価の成立、という2つの要件を充足する必要があります。

したがって、まずユーザーとの間で事前に成果物に関して合意をするため、契約書を作成する必要があります。契約書に明記する事項には、分割検収の対象となる成果物や金額、検収日、入金条件等があげられます。

また分割検収を定めた契約締結に係る決済方法や売上計上のために必要となる要件を記載した社内ルールを策定し、これを周知徹底しておくことが求められます。

❷ 売上金額と原価金額の把握

分割検収により売上計上をする際には、対応する売上と原価の金額を適切に集計することが要求されます。したがって、例えばプロジェクトコードを検収単位ごとに発番するなど、分割検収対象の成果物に係る売上と原価の金額を、検収単位ごとに把握できる仕組みが必要となります。

❸ 契約変更

　一括検収である契約を、分割検収へ変更するケースがあります。この場合、売上の早期計上を企図して変更する可能性があることから、変更された契約に、成果物や金額、検収日、入金条件等が明記されているか、成果物の提供の完了が確認できるか、分割検収への変更が合理的な理由に基づくものか、検収と入金のサイクルに問題はないか、既に発生しているコストを合理的に按分できるか、などの観点から、当該契約変更の妥当性と分割検収による売上計上について、慎重な検討が求められます。

分割検収による収益計上における内部統制
・契約書において各検収単位が、一定の機能を有する成果物となっており、その対価について明確となっている。また後フェーズの契約が解除されても、前フェーズの契約に係る入金がなされる等、決済条件が合理的であることを管理部門で確認する仕組みとなっている。 ・各検収単位で売上及び原価集計が可能となるようなプロジェクトコードの発番管理・原価管理体制が構築されている。 ・契約締結後に分割検収へ変更される場合、それが合理的理由に基づく変更か、成果物の提供完了が確認できるか、検収と入金に問題ないか、既に発生しているコストを合理的に按分できるか等、総合的に検討し確認する仕組みが整備されている。

3 債権管理に関する内部統制

Q 7-8　債権管理に関する内部統制

　受注制作のソフトウェア特有の債権管理に関する内部統制上の留意点を教えてください。

❶ 受注制作のソフトウェアに係る収益・債権の計上

1 完成基準の場合

　受注制作のソフトウェアについて完成基準を適用した場合には、ユーザーの検収が完了した段階で、会計上、収益と債権が計上されます。通常はこのタイミングでユーザーへの請求手続が行われるため、ユーザーにおいても当該債務を認識しているケースが多いと考えられます。

2 進行基準の場合

　一方、進行基準を適用した場合、作業の進捗度に応じて収益と債権が計上されますが、ユーザーへの請求手続は発生しません。そのため進行基準を適用した場合には、計上されている債権金額は通常ユーザーが認識している債務額とは一致しないことになります。

　このように、完成基準に基づき計上された収益・債権と、進行基準に基づき計上された収益・債権については、ユーザーの認識の有無について相違があるため、勘定科目や補助科目を別にすることにより、区分して管理するこ

とが望まれます。

完成基準に基づく債権	進行基準に基づく債権	
請求済未入金債権	請求済未入金債権	ユーザーは債務認識できない
	未請求未入金債権 （進捗度に基づく計上債権 －請求済未入金債権）	

〈受注制作ソフトウェアに係る収益・債権の計上〉（　）内：補助科目

【完成基準】

ベンダー		ユーザー	会計
完成	（納品）→	検収	収益・債権の計上

（仕訳例）
（借方）売掛金（完成基準）　　（貸方）売上高（完成基準）

【進行基準】

ベンダー		会計
期末時点での進捗度による 収益・債権の算定	→	収益・債権の計上

（仕訳例）
（借方）売掛金（進行基準）　　（貸方）売上高（進行基準）

❷ 受注制作のソフトウェアに係る債権の管理方法

　受注制作のソフトウェアに係る債権の管理方法として、完成基準による債権と進行基準による債権を区分して、請求済債権と進行基準による未請求の債権とを区別して把握するために、それぞれ次々頁のような表により管理する方法が考えられます。

　期中においては、請求日（もしくは入金予定日）を経過した債権について、通

常ユーザーに督促を行いますが、この場合には完成基準及び進行基準とも、請求済未入金債権の金額に対して行うこととなります。

　また、期末においては、債権の会計残高の妥当性を確認するために、ユーザーに残高確認を行うことがあります。完成基準を適用しているプロジェクトについては、債権残高の金額によることとなりますが、進行基準を適用しているプロジェクトについては、未請求部分についてはユーザーの認識がないため、債権残高の金額での残高確認手続はとることができません。そこで、債権の残高確認の代替とまではいえませんが、金額が多額な場合や回収等にリスクがあるような場合には、進行基準による収益・債権を算定する基礎となった契約金額について、ユーザーの確認を得ることが望まれます。

関連規定　工事契約会計基準 17、59

進行基準売掛金残高一覧表　×月度

プロジェクト_No	案件名	得意先	受注金額	既売上計上額	見積総原価	予定粗利	既発生原価	進捗度	A 請求済売掛金	B 既入金額	C 請求済未入金額	D 未請求売掛金	C+D 進行基準売掛金	E 前受金
21010228	×××	×××	25,000	15,000	20,000	20%	12,000	60%	8,000	6,000	2,000	7,000	9,000	0
計														

完成基準売掛金残高一覧表　×月度

プロジェクト_No	案件名	得意先	受注金額	既売上計上額	見積総原価	予定粗利	既発生原価	A 請求済売掛金	B 既入金額	A−B 当月末売掛金	C 前受金
210011228	×××	×××	18,000	18,000	12,000	33%	12,500	18,000	6,000	12,000	0
計											

4 原価計算に関する内部統制

Q 7-9 自社利用ソフトウェアの原価計算

自社利用のソフトウェアの原価計算に関して、必要な内部統制について教えてください。

自社利用のソフトウェアの原価計算に関するリスク及び必要な内部統制は、基本的には受注制作のソフトウェアや市場販売目的のソフトウェアの原価計算に関するリスク及び必要な内部統制と同じものといえます。

ただし、自社利用のソフトウェアの原価計算に関しては、受注制作のソフトウェアや市場販売目的のソフトウェアの原価計算と比較して、特に以下のような点に関して注意が必要です。

① 収益獲得又は費用削減の確実性の確認
② プロジェクトコードの整備と運用
③ 社内における報告書等の整備

❶ 収益獲得又は費用削減の確実性の確認

自社利用のソフトウェアに関しては、将来の収益獲得又は費用削減が確実なもののみが資産計上されることとなります。受注制作のソフトウェアや市場販売目的のソフトウェアは、基本的には収益獲得を前提として制作されるため、研究開発費となる部分を除けば基本的にはこの判断は不要と考えられ

ます。これに対し、自社利用のソフトウェアに関しては、収益獲得又は費用削減が確実であるかについては、個別に判断した上で制作費を集計し、会計処理を行う必要があります。

収益獲得又は費用削減の確実性に係る判断が漏れることのないよう、社内ルールとしての内規を整備することが必要です。

❷ プロジェクトコードの整備と運用

自社利用のソフトウェアを自社制作する場合、特に自社利用のソフトウェアのみを制作する担当者を置くことのほうがまれであり、他の受注制作のソフトウェアや市場販売目的のソフトウェアの制作と同じ担当者が、同時に自社利用のソフトウェアの制作も実施することが多いと考えられます。このような場合、ユーザーとのやり取りや損益の集計などもないため、プロジェクトとしての管理がどうしても不明確になりがちな傾向があります。そこで自社利用のソフトウェアの制作費を適切に集計するためには、自社利用のソフトウェアの制作に関してもプロジェクトコードを発番し、プロジェクト台帳などで明確に管理することが重要です。この管理を適切に行うためには、まずプロジェクトコードの発番ルールを明確にした上で、承認を受けた上で登録する体制とすることが望まれます。また、管理責任が不明確にならないようプロジェクトマネージャーを明確に定めて予算を設定し、稼働時間の登録に関しては、少なくともプロジェクトマネージャーの承認があるもののみとすることが望まれます。

また、自社利用のソフトウェアを自社制作する場合、ユーザー向けソフトウェアへの作業を優先することから期間が長期にわたることや、プロジェクト自体の中断、もしくは中止することもないこととはいえません。このように長期間滞留している案件については、決算期ごとに収益獲得又は費用削減効果を再検討し、効果が失われたと判断される場合には、集計されている制作費を損失処理する必要があります。また、制作が中止される案件について

も、同様に集計されている制作費を損失処理する必要があります。このため、受注制作のソフトウェアの場合と同様に、実行予算を作成して進捗や原価総額を管理するとともに、予算と制作実績を比較していくことが必要です。

❸ 社内における報告書等の整備

　受注制作のソフトウェア等に関しては、引渡し時にユーザーに対して作業完了報告を行うとともに、検収書等を入手することが通常です。これに対し、自社利用のソフトウェア、特に社内利用のソフトウェアで内部管理用ソフトウェアの場合、ユーザーとのやり取りが発生しないことから、作業完了報告が不明確になっていることが少なくありません。この場合、資産計上の時期、範囲が不明確になり、制作費に関してソフトウェアとして計上すべきか否かの判断やその金額について確認できないことになります。内部利用のソフトウェアであっても、作業完了報告書等の証憑を整備し、それに基づいて会計処理を行うことが必要です。

原価計算上必要となる内部統制
・プロジェクトコードの登録に関しては、事前に承認が必要となっている。 ・稼働時間については、プロジェクトマネージャーにより承認がなされたもののみが反映される。 ・プロジェクトごとに予算と実績の分析を行う等の予算管理制度が運用されている。 ・作業完了報告書、社内稟議書等に基づき、資産計上の要否、資産計上の時期、範囲等の検討を行う。 ・決算時において、長期滞留しているプロジェクトの棚卸を行う。

原価計算における
内部統制の評価範囲

　内部統制の評価に関する基準によれば、原価計算プロセスについては、期末仕掛品の評価に必要な範囲を評価対象とすることとしており、全工程にわたる評価を実施する必要はありません。

　しかし、プロジェクト別原価計算において、工数の登録やプロジェクト間接費の配賦計算に関するプロセスは、仕掛品の評価に影響を与えることになります。また、原価計算をシステムで自動化している場合も多いと考えられます。したがって会社の実態に応じて、システムによる自動統制も含めて、プロセスの評価範囲を慎重に検討する必要があります。

Q 7-10 プロジェクトコードの発番に係る内部統制（受注制作のソフトウェア）

プロジェクトコードを発番する上での内部統制上の留意事項を教えてください。

ソフトウェア制作にかかる原価計算は、プロジェクト別原価計算によることが多く、その場合の業務フローは一般的に以下のようになります。

　以下のフローからもわかるようで、プロジェクト別原価計算においては、発生原価はプロジェクトコード単位で集計・管理されますので、その発番の時期及び発番体系は非常に重要となります。

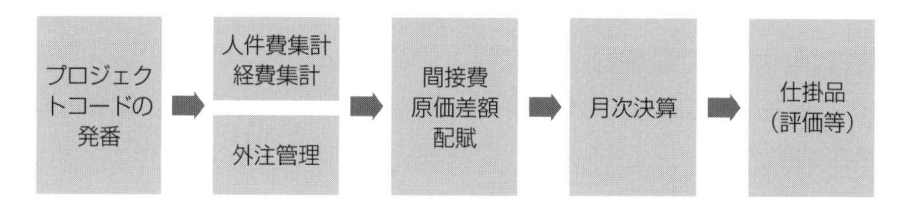

　また、プロジェクト別原価計算は、受注制作目的、市場販売目的、自社利用のすべてのソフトウェア制作上必要となりますが、ここでは受注制作のソフトウェアを前提としています。

　プロジェクトコードを発番する上で留意する事項として、以下のような項目があげられます。

---

① プロジェクトコードの発番は、実質的な受注時点もしくは制作開始時に適時に行うこと

② プロジェクトコードの発番時に必要な情報を登録すること

③ プロジェクトコードの発番権限を明確にすること

---

❶ プロジェクトコードの発番は、実質的な受注時点 もしくは制作開始時に適時に行うこと

受注制作のソフトウェアにおいては、プロジェクトごとに原価を適切に集計するために、実質的な受注時点、制作作業の開始時点においてプロジェクトコードを発番する必要がありますが、具体的なプロジェクトコードの発番時点と発番要件については、ルール化しておくことが重要になります。なぜなら、プロジェクトコードの発番を認めることは、当該プロジェクトコードについてコストの発生(制作の開始)を認めることでもあるためです。

プロジェクトコードの発番時点(＝制作の開始時点)としては、内示書の入手時点や、正式な契約の締結時点などが考えられますが、それぞれの時点において発番する際の留意点は、以下のとおりです。

1 契約意思の口頭確認

ユーザーへの契約意思の確認が口頭のみの場合においては、契約書等の客観的な証憑がなく、正式契約に至らずに制作費を回収できないリスクが高いことになります。

したがって、このようなリスクを受け入れるかどうかの判断が求められるため、ユーザーの契約意思を議事録等に文書化した上で、通常のプロジェクトコード発番の承認よりも上位の上長による承認を必要とすることが考えられます。

2 契約意思を示す内示書の入手時点

ユーザーの契約意思が仮発注書や内示書などの書面により確認できる場合は、1 の口頭確認の段階で制作を開始するケースほどのリスクはないものの、それでも正式契約に至らずに制作費を回収できないリスクは残っています。

したがって、このようなリスクを受け入れるかどうかの判断が求められるため、ユーザーの購買部長などの一定の管理権限者による仮発注書等を入手

した上で、通常のプロジェクトコード発番の承認よりも上位の上長による承認を必要とすることが考えられます。

③ 正式な契約締結時点

正式な契約が締結された場合においては、①②で記載したような正式契約に至らないリスクはありませんが、プロジェクトの難易度や規模、ユーザーの体制などによっては、契約を締結しても制作を遂行できないリスクはあります。

したがって、一定のリスクが高いプロジェクトについては、リスクを受け入れるかどうかの判断が求められるため、プロジェクトの内容を明らかにした上で、通常のプロジェクトコード発番の承認よりも上位の上長による承認を必要とすることが考えられます。

なお、①口頭あるいは②内示書等の仮発注段階でプロジェクトコードを発番した場合には、③正式な契約締結時のプロジェクトコードとは区分し、それぞれの状況に応じた会計処理ができるようにしておくことも必要です。

例えば、①口頭確認によりプロジェクトコードを発番した場合においては、コストの集計は行うものの仕掛品計上を行わない、②内示書等の仮発注段階でプロジェクトコードを発番した場合には、いったん仕掛品計上はするものの、一定期間経過後も契約締結が行なわれない場合には仕掛品の費用化を検討するなど、社内でルールを決定し、プロジェクトコード発番後から継続的に契約締結の状況を確認し、適切な会計処理を行うことが必要になります。

❷ プロジェクトコードの発番時に 必要な情報を登録すること

❶で記載したとおり、①口頭あるいは②内示書等の仮発注段階と、③正式な契約締結時において、それぞれの状況に応じた会計処理ができるよう

にしておくため、プロジェクトコードに契約状況の情報を登録しておくことが必要です。

　また、プロジェクトコード発番時に盛り込む必要のあるその他の情報としては、制作目的、会計期間、契約単位、収益の認識単位、契約種別、制作部門や開示セグメント情報などが考えられます。これにより、プロジェクトの管理が容易になります。

❸ プロジェクトコードの発番権限を明確にすること

　営業担当者や制作担当者が自由にプロジェクトコードを発番できる状況にある場合には、以下のような不正リスクが発生します。

① 受注活動費用を完成基準適用のプロジェクトコードに集計し、費用を繰り延べる

② 架空のプロジェクトコードを発番することで、他のプロジェクトの制作費を付け替えて、赤字プロジェクトを隠蔽する

　このような不正を防止する観点から、プロジェクトコードの発番は、営業担当者や制作担当者とは独立した担当者によって、受注承認を確認してから行なう体制が望まれます。

人件費を集計する上での内部統制上の留意事項を教えてください。

❶ 稼働時間の集計

　ソフトウェアの制作費のほとんどは人件費であり、プロジェクトごとに適切な損益計算を行うためには、人件費を正しくプロジェクト別原価計算に反映することが重要となります。つまり、制作担当者の稼働時間を、実際に作業したプロジェクトごとに正しく賦課していくことが重要となります。

　具体的には、各制作担当者がプロジェクト別に稼動時間を入力し、プロジェクトマネージャー等プロジェクト全体を把握している者が入力内容を承認する方法が一般的と考えます。

❷ 稼働時間の登録の精度を高める方法

　プロジェクトごとの稼働時間の登録の精度を高めるためには、例えば次のような事項に留意が必要と考えます。

　なお、ここでは、会社が稼働時間登録システムを導入していることを前提としています。

- ・稼働時間登録に関する基本ルールを作成し、誠実性や倫理観の観点から自覚を促す。
- ・稼働時間を正確に集計することの重要性について、制作担当者及びプロジェクトマネージャーの意識を高める。
- ・休暇等も含め勤務時間全体を登録し、勤怠管理システムと一体とした時間管理を行う。
- ・半月もしくは週で締め切るなどして、まとめて登録できないようにする。

- 勤務時間との整合性をチェックする。もしくは、参考値としてパソコン起動時間などを画面に表示する。
- 残業時間の承認は、所属長では対応するプロジェクトまでの把握が困難であるため、プロジェクトマネージャーが承認を行う。
- プロジェクトマネージャーはプロジェクトごとに予定稼働時間との比較を行う。
- 不適切な稼働時間の登録は、適時にプロジェクトマネージャーが制作担当者にフィードバックを行う。
- 期限内の登録ができない場合や、事後的に大幅な修正登録を行う場合などは、ペナルティを課す。
- プロジェクトマネージャーが、担当するプロジェクト損益を良くするために、部門間接プロジェクトなどに制作担当者の稼働時間を登録するように促す場合も考えられるため、所属長などがプロジェクト別の稼働時間をモニターし、一定の牽制を加えたり、又は部門間接コードに集計された稼働時間の内容を定期的に調査する。

　なお、制作担当者がユーザー先に常駐しているなどの理由で、稼働時間登録システムで登録ができない場合には、以下のような点に留意が必要です。

- モバイル端末などを利用して、社外からの稼働時間の登録が可能なシステムを構築する。
- 制作担当者が所定の用紙にプロジェクトごとの稼働時間を記録し、稼働時間登録システム代理入力を依頼する。この場合、代理入力担当者は、プロジェクト損益に関係がない者が望ましい。

❸ 不適切な工数振替の防止

　ソフトウェア制作においては、原価のうち人件費の比重が高いことから、プロジェクトごとに原価(工数)を集計する必要があります。したがって、利益操作等を企図した不適切な工数振替を防止する仕組みが求められます。

　不適切な工数振替を防止するためには、以下の事項に留意することが考えられます。

不適切な工数振替を防止するための内部統制
・稼働時間の登録は、制作者本人しか行なえない仕組みとし、プロジェクトマネージャー等による登録はできない仕組みとする。 ・稼働時間の登録先のプロジェクトを変更する必要がある場合は、制作者本人が行なうことを原則とし、変更履歴がシステム上確認できる仕組みとする。 ・プロジェクト別に予定工数と実際工数との差異については、月次で差異分析を行う仕組みがあり、分析結果について上長の承認を受ける仕組みとする。 ・終了したプロジェクトには、稼働時間の登録ができないように、システム上ロックをかける。登録可能なプロジェクトは、定期的に棚卸しをする仕組みとする。 ・人事評価を、過度にプロジェクト損益のみで行わない仕組みとする。

Q 7-12 外注に関する内部統制

ソフトウェア制作を外注する場合に、必要な内部統制について教えてください。

ソフトウェア業は、建設業と同じく多段階請負構造となっており、制作内容の一部を外部へ委託するケースも多く、上位ベンダーになるほど、自社の人件費よりも制作作業を外部委託することによる外注費の比率が高まる傾向にあります。成果物が無形であり、個々の発注により内容も様々であるため、外部に制作の一部を発注した場合には、外注業者との間で作業の内容、成果物の検収方法等を明確にしておく必要があります。発注から検収までの手続きについて、内部統制上重要なポイントについては以下のとおりです。

❶ 発注時

外注先への発注時のリスクを防止するための内部統制としては、以下のようなものがあげられます。

1 新規取引先の事前登録制度の整備

発注を行う前に、発注する相手先を承認のうえ登録し、登録した相手先のみに発注する仕組みとする必要があります。ソフトウェア関連の外注業者は多種多様あり、その与信状況、開発能力等も様々です。そのため、安定的な外注管理を行う上では、継続的に信頼できる外注先に業務を依頼することが必要となります。仮に新規の外注先に依頼する場合でも、その与信状況、開発能力等については十分検討を行い、取引先として問題ない点について事前承認・登録を行った上で発注を行う仕組みを構築することが必要です。そうすることにより、外注先との制作上のトラブル、倒産等のリスクを軽減でき

るものと考えます。

② 発注に関する事前承認制度

　予算承認や稟議制度により、事前の承認がなければ発注ができない仕組みとする必要があります。不適切な内容の発注により、求められた機能を備えたソフトウェアが完成しないおそれや、制作担当者と外注先の関係によっては不正が生じるおそれもあるためです。このため、発注時には制作担当者以外の第三者が内容や金額を確認し、上長の承認を得た上で、制作部門、営業部門とは別の購買部門等から発注を行う仕組みとすることが重要です。

③ 契約書の定型化・事前入手

　外注先と契約を締結する目的は、ソフトウェア制作に係る作業内容と責任を明確にすることにより、ユーザーの要求に対応した成果物を完成させるとともに、損害賠償義務などの外注先との責任関係を明確にすることにあります。そのため原則として外注先と正式に契約締結した上で、外注先への作業依頼をすることが必要です。

　特にユーザーとの正式な契約締結前に制作作業を始めた場合、作業範囲が十分に確定していないため外注先との契約内容の確定も困難となります。そのようなリスクを回避するためには、ユーザーと正式契約を締結し作業範囲が確定するまでは、制作作業は社内で行い、外注先へは発注しないこと等が考えられます。

　また、できる限り定型化した標準フォーマットでの契約書や注文書を作成することが望まれます。定型化した契約書等により契約締結することで、リスクの高い条件での発注が行われることを防止し、特殊な条件の会計処理の誤りも防止されます。支払条件まで含めて契約書を定型化しておくことは、制作担当者による不正の防止にも役立ちます。

4 事前のプロジェクト振り当て

　プロジェクトごとに適切な損益計算を行うためには、実際に外注先が作業したプロジェクトごとに外注費を正しく賦課することが必要です。

　外注先への発注が、確定した単一のプロジェクトであれば、外注先からの請求時に外注費を該当プロジェクトごとに賦課すれば足ります。この場合は、外注先との作業管理単位と、プロジェクト単位が整合しているため、特段の問題がありません。

　しかし現実には、ユーザーとの契約締結前に作業を開始することもあるため、外注先へ発注した後にプロジェクトの単位が確定する場合もあります(ケース1)。また外注先に対し、同一期間に複数のプロジェクトに係る作業を発注する場合もあります(ケース2)。

▶ケース1の場合…外注先への発注後にプロジェクト単位が確定する場合

　ユーザーとの正式契約後に、外注先に発注していた作業内容が、複数のプロジェクトに分割された場合、外注先での作業の対価を、合理的な基準で対象プロジェクトごとに按分する必要があります。この場合、プロジェクトマネージャーが恣意的なプロジェクトに按分することで、プロジェクト損益を操作することが可能となってしまいます。

　そのため、成果物の内容やプロジェクトの単位が変更される都度、外注先と改めて契約を変更するか、プロジェクトごとの見積書を入手するなどして、各々の対価を事前に明確にすることが考えられます。

▶ケース2の場合…外注先に対し、同一期間に複数のプロジェクトを発注している場合

　外注先がプロジェクトごとに原価を集計し、プロジェクトごとに請求額を提示することができるように、作業内容をプロジェクトごとに区分して発注することが望まれます。

　仮に外注先へプロジェクトごとの作業内容を明確にして発注しないと、外注先からの成果物の対価を、合理的な基準で対象プロジェクトごとに按分する必要があります。この場合には恣意的な按分計算がなされないよう、プロ

ジェクトに直接関与しない第三者が査閲する仕組みが必要と考えます。

以上の点を整理すると以下のとおりです。

発注時における内部統制
・新規の取引先については、事前に与信状況、開発能力等を調査し、問題ない場合に承認を受ける仕組みが整備されている。 ・承認を受けた外注先については、登録を行い、継続的にその与信状況等を把握する仕組みが整備されている。 ・発注時には、制作担当者の上長が内容・金額を確認した上で、制作部門、営業部門とは別の購買部門等から発注がなされる仕組みが整備されている。 ・発注書の記載内容について、プロジェクト別に金額、作業内容が明確に区分されているかを確認する仕組みが整備されている。 ・発注パターンに応じて、必要事項が網羅された契約書を整備しておく。 ・外注先との契約は原則として作業実施前に締結する仕組みとなっており、先行作業がある場合には申請書(理由書)等の提出が必要としている。

❷ 検収

次に、発注後、検収から資産計上までの業務においてのリスクを防止する内部統制としては、以下のようなものがあげられます。

1 発注案件(残高)管理

まず、案件別の発注残高の管理が必要です。管理部門は、発注残高一覧表等を作成し、外注先に発注した案件別に検収予定日を把握しておくことが必要です。検収予定日を過ぎても検収されていない案件については、適時に状況を制作部門に確認する仕組みが必要です。

そうすることで、検収が完了しているにも関わらず、原価計上(あるいは資産上)がなされないというリスクを回避できます。また、検収の有無を適時に把握することは、案件の進捗管理を行う上でも重要な手続きであるとともに、通常外注先への支払いは、成果物の検収をもってなされることが多いため、資金管理上も有用となります。

2 検収書・作業完了報告書等の発行・保管体制整備

　次に、外注先の成果物の検収が完了したら速やかに、検収書や作業完了報告書等を発行する体制を整えるとともに、控えを保管し、当該証憑の発行の事実に基づいて会計処理を行う仕組みを構築することが必要です。検収書や作業完了報告書等を適時に発行することで、成果物を検収したにも関わらず原価計上(あるいは資産計上)がなされないというリスクが防止できます。

　また、検収時に研究開発費として処理すべき内容を資産計上してしまうようなリスクも考えられます。これに関しては、1 に記載のとおり、発注時における内部統制において社内稟議等で内容を事前に検討するとともに、社内稟議を確認の上、会計処理を行う体制を整備することで未然に防ぐことが可能と考えます。

　以上の点を整理すると以下のようになります。

検収時の内部統制
・管理部門は発注残高一覧表に基づき、検収予定日を過ぎても未検収のものがないかを確認し、あれば制作部門に確認を行う。 ・検収書・作業完了報告書を適時に発行し、管理部門は関連帳票(発注時の稟議等を含む)と内容を確認した上で、会計処理を行う。

COLUMN

委託業務に係る
内部統制の評価

　給与計算システムや決済システムなど、ユーザーに対し ASP によりサービスを提供する場合があります。当該受託業務が、ユーザーの事業上重要な場合、ユーザーが J-SOX の評価対象とする内部統制に含まれる可能性があります。その場合、ユーザーは、委託業務に係る内部統制として、当該業務に係るベンダー側の内部統制の有効性を検討する必要があり、ベンダーがユーザーから、内部統制の評価結果を記載した報告書等の提示を求められる可能性もあります。

　したがって、このようなサービスの提供の契約時には、ユーザーの内部統制の評価範囲に含まれる可能性に留意し、評価に耐えうる内部統制を事前に構築することの検討が必要となります。

制作工数管理システム

　適正なプロジェクト原価計算を行うためには、実際の制作工数を各プロジェクトに漏れなく紐付ける必要があります。

　そのためには、勤怠管理システムに制作工数管理の機能を付与し、出社から退社までの勤務時間中に行った制作工数を各プロジェクトに紐づける方法が有効です。勤怠と制作工数を一元管理できるシステムを導入することにより、日々の勤怠情報の登録に合わせてタイムリーに制作工数をプロジェクトに登録できるため、各プロジェクトのコスト管理の精度を上げることができます。

　勤怠管理の目的は、出退勤や労働時間、残業などの状況を把握して管理することにあり、制作工数管理の目的は、各プロジェクトの制作工数を確認し、プロジェクトの進捗状況を把握することにあるため、管理者がそれぞれ異なるのが通常です。したがって、適正なプロジェクト原価計算を行うためには、双方の管理者が適切に運用状況のモニタリングを行うことが必要です。

　なお、勤怠管理システムと制作工数管理システムが連動していない場合は、両者が一致しているかどうかを検討する必要があります。

　また、自社の規模や組織構成に応じて、一元管理システムに以下のような機能を加えることも必要になります。

機　能	目　的
データ登録者の制限	代理登録の抑制等
データ登録期間の制限	タイムリーな登録の促進等
データの変更期間の制限	過去データの改ざん抑止等
変更履歴の記録	データ改ざん、プロジェクト間のデータの付替え等の抑制等
予定工数の登録及び実際工数との比較	タイムリーな予算実績比較等
モバイル端末からの登録	タイムリーな登録の促進、代理登録の抑制等

5 仕掛品評価に関する内部統制

Q 7-13 仕掛品の検証

仕掛品の残高(評価を含む)を検証する際の、内部統制上の留意事項を教えてください。

❶ 仕掛品残高一覧表の作成

仕掛品の残高及び評価の検証に当たっては、検証誤りのないように、プロジェクトコードの発番リストをもとに仕掛品残高一覧表を作成する等により、対象プロジェクトを網羅的に把握することが必要です。

❷ 正式契約が締結されていないプロジェクトの確認

制作作業は、正式契約締結前に始まる場合もあり、内示書の入手をもってプロジェクトコードを発番し仕掛品を計上するといった社内ルールを運用しているケースもあると思われます。しかし、制作作業の開始後に契約締結に至らず、結果として作業に係る工数等が回収されないケースもあります。

そこで、一部又は全部のコストが回収できない可能性がある仕掛品に対しては、所定のルールを設け決算の段階で評価することが考えられます。

❸ 異常プロジェクトの洗出し

　仕掛品は将来の売上高と対応するため、制作費が漏れなく集計され、制作原価が正しく算定されている必要があります。また、赤字プロジェクトになることが見込まれる場合は、受注損失引当金の計上の検討が必要となります。

　仕掛品の残高が会計上問題となる場合には、例えば納期が遅れており、赤字プロジェクトになっているケースや、長期にわたり、滞留しているケースなどが挙げられます。したがって、以下の点に留意し、異常プロジェクトを洗い出し、プロジェクトの最新の状況を把握するとともに、引当金の設定などの会計的な手当ての検討をする必要があります。

仕掛品の残高検証に関する留意点
・実行予算と比較して、赤字見込プロジェクトを把握し、評価の妥当性を検討する。 ・作業や納期の遅延、作業が中断しているプロジェクトを把握し、評価の妥当性を検討する。 ・大幅に作業が進捗しているプロジェクトを把握し、不適切な工数振替が行われていないか確認する。 ・仕掛品のマイナス残高の有無を検討し、処理誤りや不適切な工数振替が行われていないか確認する。 ・プロジェクト直接費が著しく少ないプロジェクトを把握し、不適切な工数振替が行われていないか確認する。 ・プロジェクト間接費が著しく少ないプロジェクトを把握し、間接費配賦が妥当であるか確認する。

6 個別論点に関する内部統制

Q 7-14 研究開発費に関する内部統制

研究開発費の会計処理において必要となる内部統制について教えてください。

① 研究開発の開始から終了時点の判定基準

市場販売目的のソフトウェアの場合、制作費のうち研究開発に該当する部分は研究開発費として処理することになります。そのため、研究開発費に該当するか否かを判断するに当たっては、恣意性を排除するための規程又はマニュアル等の内規を整備し、会社としての判断基準を明確にする必要があります。

また、研究開発の開始時点及び終了時点の判断についても、例えば開始時点を開発申請承認時、終了時点を開発完了承認時とする等、社内において制定した内規等に基づき、恣意性を排除し、客観的な判断を行うための体制を整備する必要があります。特に研究開発の終了時点では、①販売意思の明確化、②最初に製品化された製品マスターの完成という2つの要件を満たす必要があるので、その判断の根拠となる証憑類(例えば、販売計画書、製品カタログ、品質テスト結果報告書、開発完了報告書等)を整備しておく必要があります。

❷ 社内承認体制

　研究開発の開始及び終了の決定は、研究開発に係る支出の会計処理に影響を及ぼすことから、その決定につき社内の適切な承認が必要となります。社内の承認体制として、研究開発活動を行う制作部門及び管理部門等複数の部門から構成される会議体による承認及びモニタリングがなされることが望まれます。なお、会社の規模が小さく、制作部門から独立した会議体を設けることが困難である場合には、稟議決裁制度等によることになると考えます。ただし、その場合は承認者の独立性とスキルには留意する必要があります。

　このようなモニタリング又は承認は、企画・設計段階、制作段階、製品化段階の各段階において実施し、制作開始の決定、製品マスターの完成による研究開発の終了の判断、製品性の検討、販売計画及び販売開始の承認等が適時に行われる必要があります。また、会議体によるモニタリング及び承認の結果は、議事録等により文書化しておく必要があります。

❸ 会計処理の妥当性検証

　市場販売目的のソフトウェアの制作費の会計処理においては、上記のような社内承認制度において作成される議事録又は稟議書等により研究開発の開始及び終了時点をもって研究開発費の認識が行われ、当該認識時点までに発生したプロジェクト別の制作費の集計結果により研究開発費の測定がなされることになります。したがって、管理部門では上記の関連証憑を検証し、研究開発費の認識及び測定の適切性を検討した上で、研究開発費の費用計上がなされる必要があります（研究開発費の会計処理については➡ Q 1-2 参照、市場販売目的のソフトウェアの会計処理については Q 3-2 参照）。

　なお、プロジェクト別の制作費の集計にあたっては、プロジェクトコードの発番時に研究開発用のプロジェクトと研究開発終了後の無形固定資産計上のためのプロジェクトを個別に付与するとともに、プロジェクトコードで受

注制作等の他のプロジェクトと明確に区別して認識ができるようにしておくことが考えられます。したがって、プロジェクトコードの発番についても事前に内規等で明確にしておく必要があると考えます。➡ **Q 7-10** 参照

研究開発費に関する内部統制
・研究開発に該当する制作費及び研究開発の開始から終了時点の判断のための規程又はマニュアル等の内規を整備・運用する。 ・制作部門及び管理部門等複数の部門から構成される会議体又は稟議決裁制度による承認及びモニタリングを行う。 ・経理部門等の管理部門により社内における研究開発の開始及び終了時点の認識並びに制作費の集計結果の適切性を検討する。 ・プロジェクトコードの発番に係る内規を整備・運用する。

Q 7-15 市場販売目的のソフトウェアの減価償却費計上における内部統制

市場販売目的のソフトウェアの減価償却費計上において必要な内部統制について教えてください。

A ① 減価償却計算

市場販売目的のソフトウェアの減価償却費は、一般的には、見込販売数量（収益）に基づく減価償却額と残存有効期間（原則として3年以内）に基づく均等配分額とを比較し、いずれか大きい額を計上することになります（市場販売目的のソフトウェアの減価償却の計算方法については Q 3-18 〜20 参照）。したがって、償却期間の長期化による減価償却費の繰り延べのリスクについては、上記のとおり毎期の減価償却費の下限を設定することにより一定の制限がなされているものの、適切な減価償却計算のためには、以下の点に留意して内部統制を構築し運用していくことが必要となります。

1 見込販売数量（収益）の合理性

将来の見込販売数量（収益）の見積りによっては、恣意的な償却計算が行われるリスクがあるため、恣意性を排除した客観的な見積りを行う必要があります。➡ Q 3-16 参照

具体的には、社内で適切に承認された予算に基づいて算出するとともに、タイムリーに販売実績との比較を行い、必要に応じて修正することが求められます。

また、「ソフトウェア実務指針」では「販売期間の経過に伴い著しく販売価格が下落する性格を有するソフトウェアについては、見込販売収益に基づく償却方法を採用することが合理的である」とされています。したがって、償却対象のソフトウェアの性質を十分に検討したうえで、見込販売数量に基づ

く償却方法と見込販売収益に基づく償却方法のどちらが適切なのか判断する必要があります。**→ Q 3-15** 参照

② 販売可能期間(残存有効期間)の合理性

　販売可能期間に基づく均等配分額を算定する上でも、販売可能期間の見積りに当たっては恣意性が介入しないよう留意する必要があります。そのため、「ソフトウェア実務指針」では、販売可能期間を原則として3年以内とすることとし、仮に3年超の販売可能期間を採用する場合には、合理的な根拠に基づくことを要求しています。

　内部統制上は、販売開始時点の販売可能期間及びその後の見直しに当たっては、製品別の取引形態や契約内容を十分に考慮し、適切な承認手続を行う必要があります。特に、販売有効期間を3年超とする場合には、3年超と判断した根拠資料が適切に文書化されており、適切な承認がなされている必要があります。

③ 減価償却開始日の適切性

　減価償却開始のタイミングとしては、販売開始日が一般的と考えられますが、その他取引実態に応じて、販売意思決定日、製品マスターの完成日等を減価償却開始日とする場合も考えられます。

　したがって、場合分けを行った上で、それぞれのケースで採用すべき減価償却の開始日を内規等で明確にしておく必要があります。また、非定型的な場合については、実態を慎重に検討し判定するとともに、社内の適切な承認を得ることが求められます。

❷ 決算時における検討事項

　管理部門においては、決算・財務報告プロセスにおける決算業務として、以下の点について検討がなされることになります。

① 見込販売数量(収益)に基づく減価償却額と残存有効期間(原則として3年以内)に基づく均等配分額との比較検討
② 見込販売数量(収益)の変更の有無についての確認
③ 期末時点の未償却残高が翌期以降の見込販売収益の額を超過していないことの検討
④ 減価償却開始日の検討

　その際、上記 ❶ の 1 及び 2 での管理部門による検討も含め、その合理性に何らかの疑義が認められる場合には、必要に応じて各営業部門へのヒアリング等を実施して合理性を再検証することが必要となります。

市場販売目的のソフトウェアの減価償却計算に係る内部統制
・販売開始前において、合理性のある見込販売数量(収益)及び残存有効期間の見積りができる体制を構築する。 ・見込販売数量(収益)及び残存有効期間の合理性の判断根拠を文書化する(特に残存有効期間を3年超とする場合に留意)。 ・減価償却開始日の判断基準を内規等で明確にする。 ・販売開始後においては、正確な販売実績の把握と適時な見込販売数量(収益)の見直しがなされる体制を構築する(予算等との整合性に留意)。 ・期末時点の未償却残高が翌期以降の見込販売収益の額を超過しているか否かについて検討がなされている。 ・社内における承認制度及び営業部門から管理部門への適時な報告体制を構築する。

Q 7-16　自社利用のソフトウェアの期末の処理

　期末の決算業務を行うにあたり、自社利用のソフトウェアに関して必要な内部統制について教えてください。

　自社利用のソフトウェアの期末における決算処理で、検討が必要なポイントは以下のとおりです。
　①　減価償却計算は適切か
　②　除却すべき資産はないか
　③　減損の兆候は生じていないか

❶ 減価償却計算の適切性

1 減価償却計算の正確性

　減価償却計算は、固定資産システム等による自動計算が一般的と考えられます。減価償却計算が正しく行われていることを確かめるには以下のような手続がポイントになります。
　①　減価償却計算の条件が適切に登録されていることを確認する

　計算条件が適切に登録されていることを確認します。なお、前回の決算と同一の条件で登録されている場合であっても、償却方法の変更等が生じていることも考えられますので、変更が無いことを決算時に確認する手続をチェックリスト形式などで確認することが望ましいといえます。
　②　減価償却計算の結果が妥当であることを確認する

　システムによる減価償却の計算結果について、前期との比較や予算との比較を実施し、異常な金額になっていないことを確認します。

2 見込耐用年数の見直し

　自社利用のソフトウェアの見込耐用年数については、毎期見直しが求めら

れています。見込耐用年数が変更されるような状況にないかどうか確かめる必要があります。

　見込耐用年数を変更すべき具体的な例としては、サービス提供に使用するソフトウェアにおいてサービス提供契約が変更されていたりする場合や、ソフトウェアに重要なバージョンアップが見込まれている場合、システムの入れ替えが予定されているような場合などが考えられます。これらをチェックする方法として、稟議書においてこのような事項が報告されていないかを確認することなどが考えられます。

❷ 除却すべき資産のチェック

　使用する見込みのないソフトウェアなどについては、経済価値が失われていますので、除却処理を行う必要があります。内部統制としては、使用見込みがない状況となった場合には、その旨及び除却の申請を適時に行い、速やかに会計処理がなされるような体制を整備することが必要です。

　ただし、ソフトウェアに関しては、現物が目で確認できないため、除却漏れが生じやすいので、特に確認手続に注意が必要です。このため、除却が発生する都度の報告に加えて、期末において主要なソフトウェアについて、使用停止しているソフトウェアの有無について調査を実施し、使用していないソフトウェアがないかどうかを確認することが望まれます。使用していないソフトウェアについては、今後の使用見込みを確認の上、見込みがない部分については除却処理を行うこととなります。

　なお、使用状況の調査には時間を要することも考えられますので、決算時を待たずに、定期的に棚卸しを実施しておくことも望まれます。

❸ 減損の検討

　自社利用のソフトウェアについても、減損会計の対象になります。

➡ **Q 5-14** 参照。したがって、決算手続の際に実施される減損検討において、有形固定資産のみならず、ソフトウェアも検討の対象に含める必要があります。なお、❶② 見込耐用年数の見直しや、❷ の使用状況の確認は、減損の兆候となる事象の有無を把握することにもつながりますので、決算時にはこれらの手続と併せて行うことが効率的な手続となります。

自社利用のソフトウェアの期末処理に係る内部統制
決算時に管理部門が、以下の事項についてチェックリスト等を用いて検討・確認する体制が構築されている。 　①　減価償却計算条件の変更の有無、計算結果の妥当性の確認 　②　ソフトウェアの利用可能期間の変更の有無 　③　除却が必要なソフトウェアの有無 　④　減損処理が必要なソフトウェアの有無

7 進行基準適用に関する内部統制

Q 7-17 契約結合・分割に関する留意点

「工事契約会計基準」7 に記載のある、契約書上の取引を結合・分割する場合の留意点を教えてください。

A ❶ 工事契約の認識単位

「工事契約会計基準」では、工事契約の認識単位について、「当事者間で合意された実質的な取引の単位に基づく」と定められており、「工事契約に関する契約書は当事者間で合意された実質的な取引の単位で作成されることが一般的である」として、基本的には契約書を認識の単位と想定しているものと考えられます。ただし、1つひとつの契約が一定の機能を有する成果物の提供になっていない場合など、契約書が当事者間で合意された実質的な取引の単位を適切に反映していない場合には、これを反映するように複数の契約書上の取引を結合・分割して工事契約の認識単位とする必要があるとされています。

❷ 実質的な取引の単位

契約を結合・分割する際に問題となるのは、「実質的な取引の単位」の判定になりますが、実務上は、取引フェーズと契約単位がイコールであるケースが多く、成果物がフェーズ単位で独立しており、支払いもそのフェーズごと

に完結している場合には、契約書単位を実質的な取引単位として取り扱うことになるものと考えられます。

　ただし、契約は分割されていても、契約が成果物に対応していないケースや、後フェーズの契約が解除された場合に前フェーズの契約や支払いに影響が生じるケース、支払いがプロジェクト全体の完成後に一括でなされるようなケースなどにおいては、個々の契約が独立していないと判断される場合が多いことから、実質的な取引の単位をプロジェクト全体とし、契約を結合して進行基準を適用することが適切であると考えられます。

　また、1つの契約書の中に複数の取引フェーズが含まれており、それぞれに検収時期と決済条件が定められているようなケースでは、分割検収における収益認識の要件を満たしている限り、契約を分割して進行基準を適用することが適切であると考えます(分割検収における収益認識の要件については **Q 4-4** 参照)。

❸ 認識単位の判定における留意点

　進行基準の適用単位を恣意的に選択できないよう、実質的な取引単位の判定を行うための会社のルールを明確にしておくことが必要です。

契約の認識単位に係る内部統制
実質的な取引単位の判定を行うに際しては、契約書に基づき、管理部門が以下の事項について十分検討を行い、プロジェクトコードの発番を行うとともに、成果の確実性等を踏まえ、進行基準を採用すべきか完成基準によるべきかの検討を行う体制が構築されている。 　①　単一の契約書上で複数の取引単位の設定がなされていないか 　②　単一の契約書では実質的な取引単位とならず、複数の契約書を結合させて取引単位を認識する必要がないか

関連規定　工事契約会計基準7

Q 7-18 進行基準適用に関して留意すべき統制環境

進行基準の適用に関して留意すべき統制環境とは、具体的にはどのようなものでしょうか。

「工事進行基準等の適用に関する監査上の取扱い」では、「工事進行基準に関する会計処理は会計上の見積りの不確実性の要素を含んでおり、経営者や役職者等の誠実性や倫理観、特に財務報告に対する考え方に大きく影響を受ける。」と記載されています。こうした特性を踏まえ、進行基準適用による重要な虚偽表示を発見、防止するために留意すべき統制環境として、次の項目を挙げています。

---

① 工事契約の実行予算の策定管理及び見積担当部署に関する経営組織
② 工事契約の実行予算の策定管理及び損益管理に関する規程類の整備状況
③ 人事ローテーション

これを受注制作のソフトウェアに当てはめて考えると、以下の要件が必要になるものと考えます。

受注制作のソフトウェア業において
進行基準を採用する上で必要となる統制環境

・収益総額、原価総額、決算日における進捗度の3点につき信頼性をもって見積ることができる体制が整備・運用されているかという観点から
　① プロジェクト管理のための専門組織（PMO：プロジェクトマネジメントオフィス）や会議体が存在しているかどうか
　② 専門知識を備えた適切な人材（プロジェクトマネージャー）が配置されているか
　③ 取締役会等においてプロジェクトに係る実行予算または修正予算が適時承認されているか
　④ 過去の見積収益総額（見積原価総額）と実際収益総額（実際原価総額）との乖離の状況の把握分析ができているか

・進行基準の適用範囲が網羅的であり、かつ恣意性が排除されているかという観点から
  ① 適用範囲を明確にするための取引の類型化は適切になされているか
  ② 適用範囲決定に関する社内ルールや業務手続等が適切に整備・運用されているか

・特定の外注業者と継続的に発注を行った結果、なれ合いや癒着等が生じ、資産の横領や財務諸表に重要な虚偽表示が行われる可能性を防止するという観点から
  ① 定期的な人事ローテーションは行われているか
    外注業者の選定ルールや定期的な外注業者たな卸のルールはあるか

 関連規定　工事進行基準等の適用に関する監査上の取扱い　Ⅱ．3

Q 7-19　収益総額の見積りに関する留意点

収益総額の見積りに関して内部統制上留意すべき点について教えてください。

A　❶ 契約締結前の制作作業の開始

「工事契約会計基準」では、「信頼性をもって工事収益総額を見積るためには工事の完成見込みが確実であり、当事者間で実質的に合意された対価の額、対価の決済条件および決済方法に関する定めがあることが必要である」と定められています。

受注制作のソフトウェアにおける上記必要条件を阻害する要因として、契約締結前の制作作業の開始という取引慣行があげられます。契約が締結されない場合には仕様が未確定であると考えられ、成果物又は制作作業の完成見込みは不確実な状況にあるといえます。またユーザーと対価を合意したことを客観的に証明できる契約書、ないし契約書と同等のものがない場合には、信頼性をもった収益総額の見積りとはいえないものと考えられます。

❷ 内示書入手における留意事項

実務的には、契約書の代わりにユーザーから内示書を入手するケースが多く見受けられますが、信頼性のある収益総額の見積りを担保するためには、「対価の額」、「対価の決済条件」及び「決済方法の定め」が内示書に記載されていることの他、仕様や成果物の内容についても明記されている必要があります。また、当該内示書が適切な発注権限者によって発行されていることも求められると考えます。

❸ 分割契約と複合取引

　受注制作のソフトウェアの特徴として、分割契約や複合取引があります。1つのプロジェクトが複数契約に分かれている場合(分割契約)や、1つの契約にハードウェアとソフトウェアの両方を含んでいるような場合(複合取引)は、契約単位と実質的な取引単位が異なるケースがあることから、認識の単位や適用対象の決定について慎重な取り扱いが求められます。

　例えば分割契約について、その契約ごとに検収時期と決済条件が定められているような場合においては、分割検収における収益認識の要件を満たしている限り(Q 4-4 参照)、分割された契約単位で進行基準を適用することが適切であると考えられます。また複合取引について、例えばハードウェアとソフトウェアが有機的一体として機能していると判断される場合には、契約全体を進行基準の適用単位として考えることが適当です。

　したがって内部統制上は、取引認識の単位や適用対象決定に関する業務手続を整備することが必要になります。

　以上の点を踏まえた、収益総額の見積りに関する内部統制上の留意事項は以下のとおりです。

収益総額の見積りに関する内部統制
・収益総額の見積りに際しては、契約書の有無、契約書の内容を検討し、必要な記載事項がもれなく記載されているかを確認する。 ・内示書等によっている場合には、営業部門より独立した管理部門等により①対価の額、②対価の決済条件、③決済方法の定めの記載が網羅されていること、及び発注権限者が発行した内示書であることを審査した後に作業に着手するという社内体制を整備する。 ・進行基準の認識単位については、営業部門及び管理部門も交えた会議体等により、「契約単位」と「成果物単位」の点から慎重に判定を行う。

原価総額の見積りに関して、内部統制上留意すべき点について教えてください。

❶ 成果物の確定

受注制作のソフトウェアにおいて、信頼性をもって原価総額を見積もるためには、仕様が確定し作業内容が明確にされていることが必要です。

受注制作のソフトウェアについては、仕様確定が困難なケースもありますが、そのような場合でも、要件定義、制作、運用テスト等、一連のシステム制作工程をフェーズごとに区切って細分化することによって、仕様確定を比較的容易にすることができる場合もあります。そのようなフェーズごとに区切った単位で契約書を締結し、個々の見積単位を小さくすることは見積精度の向上に有効な方法と考えます。一方、同一の契約について、フェーズ単位で成果物を分ける場合には、個々の成果物の内容、対価、納期、検収方法、支払い方法等について明記させておく必要があります。

したがって、例えば実務上見受けられる「システム一式」等の一括契約では、仕様が確定しているとはいえないものと考えます。

❷ より高度な管理

「工事契約会計基準」では、「ソフトウェアの開発途上において信頼性をもって工事原価総額を見積もるためには、原価の発生やその見積りに対するより高度な管理が必要」とされています。これは成果物であるソフトウェアが無形であり、その原価管理を客観的に行うことが一般に困難であることから、特に信頼性のある見積原価総額の把握について注意を喚起しているもの

と考えます。

　この点を踏まえ、原価総額見積りに関する内部統制上留意すべき事項を考えた場合、以下の事項があげられます。
　(1)　予算を作成し実績と対比するための運用マニュアルや体制の整備・運用状況
　(2)　総原価見積りに関する評価体制と承認ルール
　(3)　見積原価と実際原価との差異分析の実施状況

① 予算を作成し実績と対比するための運用マニュアルや体制の整備・運用状況

　予定工数の積算、作業フェーズの細分化、実行予算の策定、作業進捗の管理、予算と実績との対比、原因分析等一連の業務について、適切に実施できる体制づくりが必要です。また、見積精度を高めるためには、WBS (ワーク・ブレイクダウン・ストラクチャー：作業分解図) 等を用いて、作業の細分化・標準化を行い、標準工数の設定を行うことも1つの方策として考えられます。

② 総原価見積りに関する評価体制と承認ルール

　原価の詳細な積上げにより作成された原価総額の見積りについてもプロジェクト担当者以外の上級管理者、あるいは他部門が承認・モニタリングする流れを業務プロセスの中に組み込むことも必要と考えます。そうすることにより、第三者に対する説明可能な客観性も備わるものと考えます。

③ 見積原価と実際原価との差異分析の実施状況

　見積原価と実際原価が乖離した状態のままであるということは、見積原価の信頼性が損なわれていることになります。よって、見積原価と実際原価の差異分析は、適時適切に行われる必要があります。またその差異分析の結果については、適時に見積原価に反映されていく必要があります。

信頼性をもって原価総額を見積るためには…

「システム一式」の一括契約は仕様が確定しているとはいえない

要件定義、制作、運用テストなど、システムを段階ごとに区切って細分化しているような場合は、仕様が確定していることの心証を補強

仕様の確定、作業内容の明確化が必要

ソフトウェア制作においては、原価の発生やその見積りに対するより高度な管理が必要

リスク評価のポイント

（1）予算を作成し実績と対比するための運用マニュアルや体制の整備・運用状況
（2）総原価見積りに関する評価体制と承認ルール
（3）過去の見積原価と実際原価との差異分析の実施状況

Q 7-21 決算日における進捗度の見積りに関する留意点

決算日における進捗度の見積りに関して、内部統制上留意すべき点について教えてください。

A

❶ 原価比例法の場合

「工事契約会計基準」では、進捗度の見積りに関して、原価比例法が採用されている場合は、収益総額と原価総額の見積りが信頼性をもって適切になされていれば、通常、決算日における進捗度も信頼性をもって見積ることができる、とされています（収益総額と原価総額の見積りにおける内部統制上の留意点については、**Q 7-19**、**Q 7-20** 参照）。

このほか、決算日における原価総額把握の方法と、それに関わる業務手続の評価を行う必要があります。例えば以下の点に留意することとなります。

● プロジェクトマネージャー等による進捗報告の実施が適時に行われる体制となっているか。

● プロジェクト担当者以外の第三者機関等による進捗度の評価体制が構築されているか。

● プロジェクト工程表における進捗度と比較して大きな乖離がないかどうか、管理部門等で検証する仕組みがあるか。

● どの時点で外注費を原価に取り込むかについて、一定の社内ルールを策定しているか（外注費計上時期を恣意的に定めることにより、進捗度を過大に見積っていないか）。

❷ 原価比例法以外の方法で進捗度を算定している場合

「工事契約会計基準」では、原価比例法以外にも、より合理的に進捗度を把握することが可能な見積り方法がある場合には、当該見積方法を用いることができる、とされており、WBS（ワーク・ブレイクダウン・ストラクチャー）のようにプロジェクトの作業内容を細分化し、その細分化された作業単位で進捗度を算定する方法などが考えられます。

原価比例法以外の方法で進捗度を算定している場合には、算定方法及びそれに関わる業務手続について、例えば以下の点に留意して評価する必要があります。

- 採用した算定方法を継続して、適用しているか。
- 合理的な進捗度を把握しているか。

〈留意点〉

①原価比例法の場合

原価総額の把握の方法と、業務手続の評価

例えば
・プロジェクトマネージャー等による進捗報告の実施
・プロジェクト担当者以外の第三者機関による進捗度の評価体制
・工程表の進捗度との比較
・外注費取り込みのルール確定

②原価比例法以外の方法で進捗度を算定している場合

算定方法と業務手続の評価

例えば、
・継続して適用しているか
・原価比例法より合理的に進捗度を把握できるか

進行基準における内部統制の評価範囲

進行基準が適用される業務プロセスにおいては、収益総額、原価総額、進捗度など見積要素に関する内部統制が、業務プロセスの評価範囲として認識されることが想定されます。

また、原価比例法を採用する場合は、原価計算の結果が進捗度に反映され、収益が計上されることになり、原価計算システムと連動して、収益が自動計算によって計上される場合も想定されます。この場合は、収益計上に関するシステム統制を、J−SOX の評価範囲に入れることも検討する必要があります。

8 引当金に関する内部統制

Q 7-22 瑕疵担保引当金に関する内部統制

瑕疵担保引当金を計上するにあたり、内部統制上どのような点に留意すべきでしょうか。

❶ 瑕疵担保実績額の把握と制作原価との峻別

企業会計上、アフターコスト（＝瑕疵担保に係る費用）の発生の可能性が高く、その金額を過去の実績等に従って合理的に見積ることができる場合には、瑕疵担保引当金を計上することになります。

瑕疵担保引当金を計上する場合、その設定要件に照らすと、まず過去のアフターコストの実績を適切に把握し、その発生可能性について判断することが必要となります。アフターコストの実績を適切に把握するためには、通常の売上に係る制作原価とアフターコストとの峻別が求められます。そのためにはプロジェクトコードを発番する際、アフターコストであることがわかるプロジェクトコードを付す（瑕疵担保工番を付す）等、アフターコストの実績額を把握できる仕組みを構築することが必要となります。

また把握されたアフターコストが適切かどうかを検証するため、アフターコストの中に制作に関する追加原価が混入していないか等をモニタリングすることも有用と考えます。

❷ 売上計上と瑕疵担保との関係

　成果物の納入後、多額のアフターコストが発生している場合には、その成果物の提供完了について何らかの問題が生じており、実質的にはユーザーからの検収を得るに至っていない可能性が高いことから、売上計上処理は認められない場合も考えられます。また、成果物を納入したものの、そもそもユーザーの要求水準を満たしていないような場合には、納入後発生する費用はアフターコストではなく、追加原価とみなされることも考えられます。

　したがって成果物納入後、多額のアフターコストが発生している場合には、売上計上の可否について慎重に検討する必要があります。

瑕疵担保引当金計上に係る内部統制
・過年度におけるアフターコストの発生状況について、管理部門等で把握管理されている。 ・原価管理上、通常の制作原価とアフターコストが明確に区分がなされる仕組みが構築されている（プロジェクトコード発番の際に明確に区分される等）。 ・集計されているアフターコストについて、制作に係る追加原価が含まれていないかについてモニタリングがなされている。 ・管理部門において、アフターコストの発生状況を把握し、関連する売上高の計上の妥当性について検討する体制が構築されている。 ・管理部門において、瑕疵担保引当金の計算結果と計上根拠資料が整備されている。

Q 7-23　受注損失引当金に関する内部統制

受注損失引当金計上に関する内部統制上の留意事項を教えてください。

A

❶ 検討対象プロジェクトの把握

受注制作のソフトウェアに関して、受注額を超えて制作費が発生し赤字が見込まれる場合は、将来の赤字見込み額を見積り、受注損失引当金を計上することになります。受注損失引当金は、プロジェクトごとに見積り計上するため、対象となるプロジェクトを網羅的に把握することが重要になります。

網羅的に赤字プロジェクトを把握するための内部統制
・制作部門から管理部門に対し、赤字見込みプロジェクトを報告する体制を整備する。 ・プロジェクト管理部門が、一定のモニター基準（一定金額以上のプロジェクト・予算超過プロジェクト・進捗遅延プロジェクト・粗利率が低いプロジェクト・受注額超過プロジェクトなど）に該当するプロジェクトを継続的にモニタリングする。また、制作部門はプロジェクト管理部門に対し状況説明を行う。

❷ 見積方法・引当額算定資料の整備

受注損失引当金は、一定のルールに基づき継続的に算定を行うとともに、その過程を文書化することが必要です。そのためには、以下のような対応が考えられます。

見積方法・引当額算定資料の整備に係る内部統制
・事前に見積り算定フォームを作成し、集計項目や記載項目の漏れがないようにする。

- 職階ごとの標準的な単価やプロジェクト間接費の標準的な配賦額など、計算の過程をあらかじめ決めておく。
- 最終的な引当額の算定根拠資料については、管理部門において整備保存する。

❸ 見積り精度

　損失の実際発生額と引当額との差異(見積り差異)が多額に発生すると期間損益を歪めてしまうため、精度の高い見積りを実施する必要があります。そのためには、以下のような対応が考えられます。

見積り精度向上のための内部統制
・引当金の再見積り時に当初の見積りとの差異が発生した場合、また取り崩し時に損失の実際発生額との差異が発生した場合には、制作部門又は管理部門はその原因分析を行い、次の見積り時に反映させる

❹ 査閲・承認手続

　査閲・承認手続としては以下のような対応が考えられます。

承認・査閲手続
・制作部門の上長は、個々のプロジェクトの引当額の見積りの合理性、正確性を査閲し承認する。 ・制作部門及びプロジェクト管理部門は、引当を計上するプロジェクトが網羅的に抽出されていることを確認・承認する。 ・プロジェクト管理部門のモニタリング対象プロジェクトが引当金の計上対象となっている場合には、プロジェクト管理部門が引当額の見積りの合理性、正確性を検証し、承認する。 ・管理部門においては、制作部門が一定のルールに従い見積りを行い、その過程を文書化していることを確認し、承認をする。

第  章

ソフトウェア業の開示

1 貸借対照表

Q 8-1　貸借対照表における開示

　貸借対照表において、ソフトウェアに関連して開示される項目はどのようなものがありますか。

【貸借対照表上の主要な開示】

　ソフトウェアが貸借対照表に計上される場合として主なものは、以下のように整理できます。

種　　別	項　　目	内　　容	勘定科目
市場販売目的の ソフトウェア	完成した製品マ スター	完成し、販売可能となっ た製品マスターの制作費 （著しい改良及び機能維 持のための費用を除く）	ソフトウェア
	制作中の製品マ スター	最初に製品化された製品 マスターの完成後の費用 （著しい改良及び機能維 持のための費用を除く）	ソフトウェア （ソフトウェ ア仮勘定）
	ソフトウェアの 複写等の費用	ソフトウェアを CD- ROM に複写するための 費用、説明書等の制作費	製品 仕掛品

受注制作のソフトウェア	進行基準が適用される制作中のソフトウェア	原価比例法を適用する場合には仕掛品残高は残らない。 原価比例法以外の方法を適用する場合には、仕掛品が計上される場合がある。	（仕掛品）
	完成基準が適用される制作中のソフトウェア	完成基準の場合、完成引渡前の制作費は、仕掛品として計上される。	仕掛品
	完成引渡後	進行基準・完成基準とも完成引渡後には、残高は残らない。	―
自社利用のソフトウェア	制作中の自社利用のソフトウェア	将来の収益獲得又は費用削減が確実であると見込まれるものは、サービス提供目的、社内利用目的いずれであっても、ソフトウェアで計上する。	ソフトウェア（ソフトウェア仮勘定）
	完成した自社利用のソフトウェア		ソフトウェア

　これらのうち、ソフトウェアに関しては、原則として市場販売、自社利用目的とも区別なく無形固定資産の区分のソフトウェアとして計上します。なお、制作中のソフトウェアに重要性がある場合には、ソフトウェア仮勘定で計上します。

〈貸借対照表の開示例〉

● A 社

貸借対照表

（単位：百万円）

	前事業年度 ×1年3月31日	当事業年度 ×2年3月31日
資産の部		
流動資産		
現金及び預金	10,000	9,200
売掛金	14,500	15,300
商品及び製品	3,000	3,500
仕掛品	1,800	2,900
：		
貸倒引当金	△ 140	△ 150
流動資産合計	30,500	31,200
固定資産		
：		
無形固定資産		
ソフトウェア	18,200	17,500
ソフトウェア仮勘定	980	720
リース資産	150	240
その他（純額）	200	230
無形固定資産合計	19,530	18,690
投資その他の資産		
：		
投資その他の資産合計	13,600	13,800
固定資産合計	52,500	50,750
資産合計	83,000	81,950

関連規定
研究開発費等会計基準四 1、2、3、4
ソフトウェア実務指針 10、35
ソフトウェア実務指針 Q&A Q24

2 損益計算書

Q 8-2 損益計算書における開示

損益計算書において、ソフトウェアに関連して開示される項目はどのようなものがありますか。

【損益計算書上の主要な開示】

ソフトウェアに関連する売上高及び売上原価について、個別財務諸表上は、他の売上と一括して記載するか、事業の種類ごとに記載することになります。市場販売目的、受注制作などのソフトウェアの目的ごとに区分した記載は求められていません。一方、連結財務諸表上は、売上高一本で開示されることになります。

〈損益計算書の開示例①〉

損益計算書		
		(単位：百万円)
	前事業年度 (自 ×1年4月1日 至 ×2年3月31日)	当事業年度 (自 ×2年4月1日 至 ×3年3月31日)
売上高		
ネットワークサービス売上高	420,000	450,000
システムインテグレーション売上高	350,000	385,000
機器売上高	2,300	1,800
売上高合計	772,300	836,800
売上原価		
ネットワークサービス売上原価	305,000	343,800

	297,500	312,700
システムインテグレーション売上原価	297,500	312,700
機器売上原価	2,150	1,600
売上原価合計	604,650	658,100
売上総利益	167,650	178,700

〈損益計算書の開示例②〉

損益計算書

(単位：百万円)

	前事業年度 (自 ×1年4月1日) (至 ×2年3月31日)	当事業年度 (自 ×2年4月1日) (至 ×3年3月31日)
売上高		
情報処理サービス売上高	85,300	86,700
システム開発サービス売上高	35,000	29,800
売上高合計	120,300	116,500
売上原価		
情報処理サービス売上原価	72,500	74,000
システム開発サービス売上原価	28,500	25,800
売上原価合計	101,000	99,800
売上総利益	19,300	16,700

 関連規定 財務諸表等規則第71条

Q 8-3 減価償却費の計上区分と開示

ソフトウェアの減価償却費の計上区分と開示方法について教えてください。

減価償却費の計上区分は、その目的に応じて判断されることになります。

ソフトウェアの減価償却費が計上されるのは、市場販売目的のソフトウェアと自社利用のソフトウェアの2種類です。通常の減価償却費に関する計上区分は、以下のとおりとなります。

❶ 市場販売目的のソフトウェア

市場販売目的のソフトウェアの減価償却費は、収益に直接的に対応する費用として売上原価に計上されます。

❷ 自社利用のソフトウェア

自社利用のソフトウェアのうち、ASPサービスに係るソフトウェア等のサービス提供目的の減価償却費は、市場販売目的のソフトウェアの減価償却費と同様、収益に直接的に対応する費用と考えられますので、売上原価に計上されます。また、自社利用のソフトウェアのうち社内利用のソフトウェアの減価償却費は、ソフトウェアの使用目的に応じて、製造原価、売上原価、販売費及び一般管理費のいずれかに計上されることになります。なお、研究開発目的に用いられた社内利用ソフトウェアの減価償却費は、研究開発費として通常は販売費及び一般管理費に計上されます。

以上を整理すると、以下の表のとおりになります。

〈減価償却費の計上区分〉

区　　　分	内　　　容	計上区分	減価償却方法
市場販売目的のソフトウェア		売上原価	販売見込数量又は収益による減価償却費（ただし、毎期の償却は残存有効期間に基づく均等配分額を下回ってはならない。また、利用可能期間は3年以内）
自社利用のソフトウェア	サービス提供目的のソフトウェア	売上原価	見込販売数量又は収益による減価償却費（市場販売目的のソフトウェアに準じる）
	社内利用のソフトウェア	製造原価一般管理費研究開発費（一般管理費）	5年以内の定額法による償却なお、研究開発専用ソフトウェアは資産計上せずに一括費用処理

　なお、ソフトウェアの減価償却費については、通常、有形固定資産の減価償却費と区別せず、両者ともに減価償却費として開示されます。

 関連規定
研究開発費等会計基準四 5
ソフトウェア実務指針 35
ソフトウェア実務指針 Q&A Q21、Q23

3 製造原価明細書・売上原価明細書

Q 8-4 製造原価明細書、売上原価明細書における開示

ソフトウェアの売上原価項目は、財務諸表上どのように開示されますか。

A ソフトウェアの売上原価は、連結財務諸表上セグメント情報を注記している場合を除き、個別財務諸表の売上原価明細書又は製造原価明細書で開示されます。

　財務諸表等規則及び同ガイドラインでは、売上原価についてはその内訳項目を損益計算書または明細書で開示し、製品の製造を行っている場合には製造原価の明細書を開示することと定められています。

　ソフトウェアの制作を行っている場合にも、製造原価明細書を開示する必要があり、また損益計算書において売上原価を区分していない場合には、売上原価明細書を損益計算書に添付する必要があります。また、経費等及び他勘定振替高のうち主なものについては、区分掲記するか、注記により開示することが求められています。なお、一部の条件を満たす企業においては、製造原価明細書及び売上原価明細書の作成が不要となっています（p437 コラム：個別財務諸表の簡素化参照）。

　製造原価明細書及び売上原価明細書の例は、以下のとおりです。

〈製造原価明細書の開示例〉

●E社
製造原価明細書
【情報処理サービス売上原価（製造原価）明細書】

区分	注記番号	前事業年度 (自 ×1年4月1日) (至 ×2年3月31日)		当事業年度 (自 ×2年4月1日) (至 ×3年3月31日)	
		金額 (百万円)	構成比 (%)	金額 (百万円)	構成比 (%)
Ⅰ 材料費		5,200	12.6	4,250	9.6
Ⅱ 労務費		23,700	57.4	25,200	57.0
Ⅲ 経費	※1	12,400	30.0	14,800	33.4
当期総製造費用		41,300	100.0	44,250	100.0
他勘定振替高	※2	280		370	
情報処理サービス売上原価		41,020		43,880	

原価計算の方法
原価計算の方法は、個別原価計算によっております。

（脚注）

前事業年度 (自 ×1年4月1日) (至 ×2年3月31日)	当事業年度 (自 ×2年4月1日) (至 ×3年3月31日)
原価計算の方法は、個別原価計算によっております。	原価計算の方法は、個別原価計算によっております。
※1. 経費の主な内訳は、次の通りであります。 業務委託費　　　　　230百万円 減価償却費　　　　　320百万円 賃借料　　　　　　　150百万円	※1. 経費の主な内訳は、次の通りであります。 業務委託費　　　　　280百万円 減価償却費　　　　　365百万円 賃借料　　　　　　　195百万円
※2. 他勘定振替高の主な内訳は、次のとおりであります。 無形固定資産へ振替　　　　150百万円 販売費及び一般管理費へ振替　65百万円	※2. 他勘定振替高の主な内訳は、次のとおりであります。 無形固定資産へ振替　　　　240百万円 販売費及び一般管理費へ振替　70百万円

〈売上原価明細書の開示例〉

● F 社

【システムインテグレーション売上原価明細書】

区分	注記番号	前事業年度 (自 ×1年4月1日) (至 ×2年3月31日) 金額 (百万円)	構成比 (%)	当事業年度 (自 ×2年4月1日) (至 ×3年3月31日) 金額 (百万円)	構成比 (%)
Ⅰ 材料機器原価					
(1)期首材料機器たな卸高		100		80	
(2)当期材料機器仕入高		4,000		4,400	
合計		4,100		4,480	
(3)期末材料機器たな卸高		80		120	
(4)他勘定振替	※1	250　3,770	33.9	320　4,040	33.3
Ⅱ 労務費	※2	5,300	47.7	5,750	47.4
Ⅲ 外注費		750	6.7	840	6.9
Ⅳ 経費	※3	1,300	11.7	1,500	12.4
当期総製造費用		11,120	100.0	12,130	100.0
期首仕掛品たな卸高		550		450	
合計		11,670		12,580	
期末仕掛品たな卸高		450		630	
当期システムインテグレーション売上原価		11,220		11,950	

原価計算の方法
当社の原価計算の方法は、プロジェクト別の個別原価計算であります。

（脚注）

前事業年度 (自 ×1年4月1日) (至 ×2年3月31日)		当事業年度 (自 ×2年4月1日) (至 ×3年3月31日)	
※1．他勘定振替高の内訳は、次の通りであります。		※1．他勘定振替高の内訳は、次の通りであります。	
工具、器具及び備品への振替	175 百万円	工具、器具及び備品への振替	210 百万円
消耗品への振替	65 百万円	消耗品への振替	95 百万円
その他	10 百万円	その他	15 百万円
計	250 百万円	計	320 百万円
※2．労務費の主な内訳は、次の通りであります。		※2．労務費の主な内訳は、次の通りであります。	
給料及び手当	3,800 百万円	給料及び手当	4,120 百万円
法定福利費	570 百万円	法定福利費	620 百万円

賞与引当金繰入額　　　　　450 百万円	賞与引当金繰入額　　　　　490 百万円
退職給付費用　　　　　　　230 百万円	退職給付費用　　　　　　　280 百万円
※3. 経費の主な内訳は、次の通りであります。	※3. 経費の主な内訳は、次の通りであります。
減価償却費　　　　　　　　370 百万円	減価償却費　　　　　　　　350 百万円
賃借料　　　　　　　　　　265 百万円	賃借料　　　　　　　　　　250 百万円

 関連規定　財務諸表等規則第 75 条〜第 77 条、同ガイドライン 75-2、76

Q 8-5 他勘定振替高

ソフトウェア業を行っている会社において、製造原価明細書に「他勘定振替高」が計上されていますが、これはどのような理由によるものなのでしょうか。

　ソフトウェアの制作を行っている会社において、製造原価明細書に他勘定振替高が計上されるのは一般的です。これは、市場販売目的のソフトウェアについて、製品マスターの制作原価をソフトウェア勘定(無形固定資産)に計上したことが主な原因と考えられます。

製品マスターの制作原価及び完成後の製品マスターの償却費についての製造原価の計算における取扱いに関しては、以下の3つの方法が考えられます。

	取扱い方法	メリット／デメリット	判定
第1法	製品マスターの制作原価を製造原価に含めず、直接、無形固定資産として計上し、製品マスターの償却費を製造原価の経費として計上する。	製品マスターの制作そのものに係るコストが当期製造費用に含まれないため、当期のソフトウェア制作活動が製造原価の計算に反映されない。	×
第2法	製品マスターの制作費を製造原価に計上し、製品マスターの制作仕掛品及び完成品を無形固定資産へ振り替え、製造原価から控除する。製品マスターの償却費は製造原価の経費として計上する。	製品マスターの制作原価と完成品としての製品マスターの償却費がともに製造原価の当期製造費用に含まれ、同一の製品マスターに係る制作費が二重に計上されてしまう。	×
第3法	製品マスターの制作費を製造原価に含め、製品マスターの制作仕掛品及び完成品を無形固定資産に振り替え、製造原価から控除する。製品マスターの償却費は売上原価に直接算入する。	ソフトウェアの制作活動が製造原価の計算に適切に反映される。 同一の製品マスターに係る制作費が二重に計上されることはない。	○

これらの方法のうち、第1法は、製品マスターの制作そのものに係るコストが当期製造費用に含まれず、当期のソフトウェア制作活動が製造原価の計算に反映されないため、制作活動の内容を表す点で問題があるとされています。第2法は、製品マスターの制作原価が当期製造費用に計上されたあとで、さらに同じ製品マスターの完成品としての償却費が再度製造原価の当期製造費用に計上されることとなるため、同一の製品マスターに係る制作原価が二重に計上される点において不適切と考えられています。

　以上から、第3法による処理が望ましいとされており、これにより、製品マスターに関する制作原価は、製造原価明細書に計上された後、他勘定振替高として無形固定資産に振替えられることになります(製品マスターの制作費については Q3-6 参照)。

　また、市場販売目的のソフトウェア制作費のうち、研究開発費に該当するものについて、他勘定振替により販売費及び一般管理費に振り替える処理を行っていることも他勘定振替高が計上される要因の1つです。

〈他勘定振替高の開示例〉

●V社

【製造原価明細書】

区分	注記番号	前事業年度 (自 ×1年4月1日 至 ×2年3月31日) 金額 (百万円)	構成比 (%)	当事業年度 (自 ×2年4月1日 至 ×3年3月31日) 金額 (百万円)	構成比 (%)
Ⅰ　材料費		250	4.0	380	5.5
Ⅱ　労務費		5,600	89.5	6,130	88.3
Ⅲ　経費	※1	410	6.5	430	6.2
当期総製造費用		6,260	100.0	6,940	100.0
期首仕掛品たな卸高		130		220	
合計		6,390		7,160	
他勘定振替高	※2	280		370	
期末仕掛品たな卸高		220		190	
当期製品製造原価		5,890		6,600	

（脚注）

前事業年度 (自 ×1年4月1日 至 ×2年3月31日)	当事業年度 (自 ×2年4月1日 至 ×3年3月31日)
⋮	⋮
※2．他勘定振替高の主な内訳は、次のとおりであります。	※2．他勘定振替高の主な内訳は、次のとおりであります。
ソフトウェア　　　　230 百万円 研究開発費　　　　　45 百万円 その他　　　　　　　 5 百万円 計　　　　　　　　 280 百万円	無形固定資産へ振替　 280 百万円 研究開発費　　　　　70 百万円 その他　　　　　　　20 百万円 計　　　　　　　　 370 百万円

 関連規定　ソフトウェア実務指針 35

個別財務諸表の簡素化

連結財務諸表作成会社のうち会計監査人設置会社（別記事業を営む株式会社又は指定法人を除く）は、「特例財務諸表提出会社」とされ、会社法の要求水準に合わせた新たな個別財務諸表の様式によることや、一定の注記については会社計算規則の規定をもって注記できることとされています。

また、財務諸表提出会社が連結財務諸表を作成している場合には、リース取引に関する注記や一株当たり情報など、個別財務諸表における注記が免除されています。

さらに、個別財務諸表における、貸借対照表並びに販売費及び一般管理費等の区分掲記に係る重要性基準を連結財務諸表と同様にするなど、単体開示の簡素化が図られています。

加えて連結財務諸表においてセグメント情報を注記している会社は、製造原価明細書の開示を免除されており、従来、ソフトウェア業の企業が開示していた製造原価明細書の作成も不要となっています。

4 注記情報

Q 8-6 注記による開示

ソフトウェアに関する財務諸表の注記事項としては、どのような内容が開示されますか。

 ソフトウェアに関して財務諸表上注記される事項は、主に、会計方針に関する注記、貸借対照表及び損益計算書に関する注記、その他追加情報等に関する注記に整理できます。

❶ 会計方針に関する注記

会計方針に関する注記としては、以下のようなものがあります。

1 減価償却の方法

ソフトウェアの減価償却の方法に関し、重要な会計方針として開示すべき項目としては、以下の項目があげられています。

① 市場販売目的のソフトウェアの減価償却方法に関する開示

　ア．市場販売目的のソフトウェアに関して採用した減価償却の方法

　イ．見込有効期間(年数)

② 自社利用のソフトウェアの減価償却方法に関する開示

　ア．自社利用のソフトウェアに関して採用した減価償却の方法

イ．見込利用可能期間(年数)

〈減価償却の方法の会計方針の開示例〉

（重要な会計方針）
　　　　　:
4　固定資産の減価償却の方法

　　有形固定資産
　　　営業用コンピュータ(賃貸およびアウトソーシング用コンピュータ)
　　　　営業利用目的使用期間に基づく定額法で残存価額が零となる方法によっ
　　　　ております。
　　　　なお、主な耐用年数は5年です。
　　　その他の有形固定資産(リース資産を除く)
　　　　定額法によっております。
　　　　なお、主な耐用年数は次のとおりです。
　　　　建物および構築物　　　　6～50年
　　　　工具、器具及び備品　　　2～20年

　　無形固定資産
　　　ソフトウェア
　　　市場販売目的のソフトウェア
　　　　　見込販売収益に基づく償却額と見込販売可能期間に基づく均等配分額
　　　　とを比較し、いずれか大きい額を計上する方法によっております。
　　　　なお、見込販売可能期間は原則として3年と見積っております。
　　　自社利用のソフトウェア(リース資産を除く)
　　　　見込利用可能期間に基づく定額法によっております。
　　　　なお、見込利用可能期間は原則として5年と見積っております。

②　減価償却の方法を変更した場合

　ソフトウェアの償却方法は、会計方針に該当しますが、その変更については、
「会計上の変更及び誤謬の訂正に関する会計基準」に従って、会計上の見積り
の変更と区別することが困難な状況として取り扱われることとなります。そ
のため、変更の内容及び当該変更が与える影響額を記載する必要があります。

③　見込有効期間及び見込利用可能期間を変更した場合

　見込有効期間及び見込利用可能期間の変更を行った場合には、「会計上の

変更及び誤謬の訂正に関する会計基準」に従って、会計上の見積りの変更としての記載が求められます。その影響が重要である場合には、会計上の見積りの変更の内容、会計上の見積りの変更が、当期に影響を及ぼす場合は当期への影響額の注記が必要となります。

> （会計上の見積りの変更）
>   当社が保有する開発用基幹システム（自社利用ソフトウェア）は、従来、耐用年数を5年として減価償却を行ってきましたが、当事業年度において、当社を取り巻く環境の変化に伴い、使用実態の調査及びシステム投資計画に基づき検討した結果、耐用年数を10年に見直し、将来にわたり変更しております。
>   これにより、従来の方法に比べて、当事業年度の営業利益は×百万円増加し、経常損失及び税引前当期純損失はそれぞれ×百万円減少しております。

4 収益及び費用の認識基準

収益及び費用の認識基準について、業界特有の収益及び費用の計上基準等、財務諸表について適正な判断を行うために必要があると認められる事項を記載することが求められています。ソフトウェアに関しても、特に記載すべき事項があれば記載します。なお、工事契約に関しては、収益の認識基準及び進行基準を適用している場合は、当事業年度の末日における工事進捗度を見積るために用いた方法を記載することが求められています。

〈収益の認識基準の開示例　工事契約に関する記載の例〉
●J社

> 5　収益及び費用の計上基準
>   請負契約によるシステム開発に係る収益及び費用の計上基準
>   当事業年度末までの進捗部分について成果の確実性が認められるプロジェクト
>   工事進行基準（工事の進捗率の見積りは原価比例法）
>   その他のプロジェクト
>   工事完成基準（検収基準）

5 引当金の計上基準

引当金の計上基準についての記載が求められており、ソフトウェアに関す

る引当金の計上基準についての記載が必要となります。ソフトウェア業に直接関連する引当金として、主なものとしては返品調整引当金、受注損失引当金、製品保証(瑕疵担保)引当金等があります。

詳細については **Q8-9** を参照ください。

② 貸借対照表の注記

赤字が見込まれる受注制作のソフトウェアに関して「工事契約会計基準」の適用により受注損失引当金を計上し、仕掛品と受注損失引当金が両建表示されている場合には、①その旨、②当該仕掛品の額のうち受注損失引当金に対応する額についての注記が必要になります。詳細については **Q8-7**、**Q8-9** を参照ください。

③ 損益計算書の注記

損益計算書の注記として、研究開発費の総額の注記が求められています。ソフトウェアに係る研究開発費についても、研究開発費の総額に含めて注記することとされています。

 関連規定
財務諸表等規則第 8 条の 2、第 8 条の 3 の 2、第 8 条の 3 の 5、第 8 条の 3 の 6、第 54 条の 4、第 86 条
研究開発費等会計基準五
研究開発費等会計基準(注)(注 6)
ソフトウェア実務指針 22
会計上の変更及び誤謬の訂正に関する会計基準第 18 項、19 項、20 項

受注制作のソフトウェアに関する注記
（工事契約に関する注記）

　受注制作のソフトウェアに関して「工事契約に関する会計基準」が適用されますが、「工事契約に関する会計基準」では様々な注記が求められているようです。どのような注記事項の開示が必要ですか。

　　　　「工事契約会計基準」及び「工事契約会計基準適用指針」は、受注制作のソフトウェアについても適用されます。「工事契約会計基準」では、以下の事項の注記が求められています。

(1)　工事契約に係る収益認識基準

(2)　決算日における工事進捗度を見積るために用いた方法

(3)　当期の工事損失引当金繰入額

(4)　同一の工事契約に関する棚卸資産と工事損失引当金がともに計上されることとなる場合には、次の①又は②のいずれかの額（該当する工事契約が複数存在する場合にはその合計額）

　　①　棚卸資産と工事損失引当金を相殺せずに両建てで表示した場合
　　　　その旨及び当該棚卸資産の額のうち工事損失引当金に対応する額

　　②　棚卸資産と工事損失引当金を相殺して表示した場合
　　　　その旨及び相殺表示した棚卸資産の額

　これら規定を受注制作のソフトウェア業にあてはめると、以下のような内容の注記が必要となります。

(1)　受注制作ソフトウェアの契約に係る収益の認識基準

(2)　決算日における進捗度を見積るために用いた方法

(3)　当期の受注損失引当金繰入額

(4)　同一の契約に関する仕掛品と受注損失引当金がともに計上されること

となる場合には、次の①又は②のいずれかの額(該当する契約が複数存在する場合にはその合計額)

① 仕掛品と受注損失引当金を相殺せずに両建てで表示した場合

その旨及び当該仕掛品の額のうち受注損失引当金に対応する額

② 仕掛品と受注損失引当金を相殺して表示した場合

その旨及び相殺表示した仕掛品の額

❶ 受注制作ソフトウェアの契約に係る収益認識基準及び決算日における進捗度を見積るために用いた方法

収益認識基準として、進行基準、完成基準のうちのいずれかの方法、および進行基準を適用している場合、進捗度の見積り方法として、原価比例法等の方法について記載します。

詳細については **Q8-6** 収益及び費用の認識基準を参照ください。

❷ 当期の受注損失引当金繰入額

損失が見込まれるプロジェクトについては、受注損失引当金の計上が必要です。計上した受注損失引当金に関しては、繰入額を損益計算書の注記として開示する必要があります。

(損益計算書関係　売上原価の注記)

※4　売上原価に含まれている受注損失引当金繰入額	
前事業年度 (自 ×1年4月1日) (至 ×2年3月31日)	当事業年度 (自 ×2年4月1日) (至 ×3年3月31日)
19,034 千円	39,826 千円

❸ 受注損失引当金に対応する仕掛品の金額

　受注損失引当金の計上にあたっては、貸借対照表上、受注損失引当金と仕掛品の両方を計上する方法と、受注損失引当金と仕掛品を相殺して表示する方法のいずれもが認められています。いずれの方法をとった場合でも、同等の情報が得られるよう、採用した方法については、貸借対照表の注記として記載することが求められています。

1 受注損失引当金が計上されている契約について、仕掛品と受注損失引当金を相殺せず、両建てで表示した場合

※2　損失の発生が見込まれる受注制作プロジェクトに係る仕掛品と受注損失引当金は、相殺せずに両建てで表示しております。損失の発生が見込まれる受注制作プロジェクトに係る仕掛品のうち、受注損失引当金に対応する額は次のとおりであります。		
	前連結会計年度 （×1年3月31日）	当連結会計年度 （×2年3月31日）
仕掛品	3,271 千円	一 千円

2 受注損失引当金が計上されている契約について、仕掛品と受注損失引当金を相殺して純額で表示した場合

※8　損失が見込まれる請負契約に係る仕掛品は、これに対応する受注損失引当金と相殺表示しております。 相殺表示した仕掛品に対応する受注損失引当金の額は次のとおりであります。		
	前連結会計年度 （×1年3月31日）	当連結会計年度 （×2年3月31日）
仕掛品	8,860 千円	6,957 千円

 関連規定　工事契約会計基準 22、67、68、70
工事契約会計基準適用指針注記例

予定原価を使用した原価計算

ソフトウェアに関して、予定原価を用いて原価計算を行っている場合、あるいは標準原価計算を行っている場合はどのように開示されますか。

ソフトウェアに関して、予定原価を用いた原価計算や、標準原価計算を行っている場合は、特に個別に開示が求められている事項はありませんが、原価差額の処理方法について記載している会社も見受けられます。

記載事例は以下のとおりです。

〈原価差額の処理を記載している注記例〉

●M社
売上原価明細書の注記

前事業年度	当事業年度
原価計算の方法 　加工費について予定配賦率を適用した個別原価計算を行っています。なお、製造原価差額は、期末に調整計算を行っています。	原価計算の方法 　　　　　同左

Q 8-9　引当金の注記

　ソフトウェアに関して、各種の引当金が計上されることがありますが、その開示はどのようになりますか。

　ソフトウェア業に直接関連する引当金として、主なものとしては返品調整引当金、受注損失引当金、製品保証（瑕疵担保）引当金があります。それぞれの概要及び会計処理については、以下のとおりです。

❶ 返品調整引当金

　一般消費者向けの市場販売目的のソフトウェアについては、エンドユーザーに直接販売するケースの他、小売店に対して販売するケースも多くみられ、小売店との間で返品に関する取り決めが交わされているケースもあります。そのような場合、将来に見込まれる返品に伴う損失は、当期において製品を販売したことにより発生するものであるため、当期において返品調整引当金を計上して手当てしておく必要があります。

　一般的には、個別の製品又はカテゴリーごとに、一定期間の売上高に対する返品実績率を計算し、返品による売上総利益の減少額を計上する方法で引当金が計上されています。この場合、損益計算書では、売上総利益の調整として計上されます。

〈返品調整引当金繰入額の開示例〉

●N 社

損益計算書

(単位：百万円)

	前事業年度 (自 ×1年4月1日 至 ×2年3月31日)	当事業年度 (自 ×2年4月1日 至 ×3年3月31日)
売上高	12,900	11,680
売上原価	12,200	11,230
売上総利益	700	450
返品調整引当金戻入額	350	540
返品調整引当金繰入額	540	720
差引売上総利益	510	270

〈会計方針の開示例〉

●O 社　重要な会計方針　引当金の計上基準

3. 引当金の計上基準
　(3)返品調整引当金
　　売上返品による損失に備えるため、過去の返品率の実績に基づき返品調整引当金を計上しております。

❷ 受注損失引当金

　受注制作のソフトウェアの制作過程において赤字が見込まれる場合には、赤字見込額について受注損失引当金を計上する必要があり、仕掛品と受注損失引当金を両建計上する方法と、仕掛品と受注損失引当金を相殺する方法が認められています。いずれの方法で表示しているか、及び受注損失引当金に対応する(受注損失引当金と相殺した)仕掛品の金額は、貸借対照表の注記として記載することが必要となります。受注損失引当金の繰入額は、損益計算書では売上原価に含め、受注損失引当金の残高は、貸借対照表に流動負債として計上します。また、受注損失引当金繰入額については、損益計算書の注記として記載することが求められています。詳細については **Q 8-7 受注制作の**

ソフトウェアに関する注記を参照ください。

③ 製品保証(瑕疵担保)引当金

　ソフトウェアを検収・引渡ししたのち、予期せぬ不具合が生ずることは珍しくありません。そのため、受注制作のソフトウェア等については、検収後一定の期間までは無償で補修作業を行うことが一般に行われています。このような補修作業に関しては、費用の発生の可能性が高く、かつ、その金額を過去の実績等によって合理的に見積ることができる場合には、引当計上を行い、適切に費用計上する必要があります。

　アフターコスト(瑕疵担保費用)の引当方法としては、①一定期間の売上高又は売上原価に対するアフターコストの実績率から、当期に負担すべき費用を見積もって計上する方法(実績率法)と②瑕疵補修が見込まれる特定のプロジェクトについて、補修作業に要する費用を見積もって計上する方法(個別法)の2つの方法を併用して計上することになります。このような補修作業もソフトウェアの制作に直接必要とされる費用の一部と考えられますので、通常、売上原価として計上されます。ただし、補修作業が販売後のメンテナンスやアフターサービスの範囲内と考えられる場合には、販売費及び一般管理費に計上される実務もみられます。

　なお、ソフトウェアに重要な不具合があり、実質的に検収したと考えられないような場合には、アフターコストの引当以前に、売上の計上自体が認められない可能性がありますので、留意が必要です。

　アフターコストに係る引当金を計上する科目としては、製品保証引当金、瑕疵担保引当金、プログラム補修引当金などの科目がみられます。

〈製品保証引当金の会計方針の開示例〉

● R 社

---

(4)製品保証引当金
　　製品のアフターサービスに対する費用支出に備えるため、保証期間内のサービ
　ス費用見積額に基づき計上しております。

〈プログラム補修引当金の会計方針の開示例〉

● S 社

---

(4)プログラム補修引当金
　　プログラムの無償補修費用の支出に備えるため、過去の実績率により将来発生
　見込額を計上しております

〈品質保証引当金繰入額を売上原価として計上している事例〉

● T 社

売上原価明細書

区分	注記番号	前事業年度 （自 ×1年4月1日 至 ×2年3月31日） 金額 （千円）		構成比 （%）	当事業年度 （自 ×2年4月1日 至 ×3年3月31日） 金額 （千円）		構成比 （%）
（製造原価明細）							
Ⅰ　労務費							
1. 給与及び賞与		123,000			175,000		
2. 福利厚生費		68,000	191,000	66.9	72,090	247,090	72.2
Ⅱ　外注費							
1. 外注費		35,000	35,000	12.3	42,000	42,000	12.3
Ⅲ　経費							
1. 旅費交通費		4,500			4,250		
2. 減価償却費		24,000			31,000		
3. 賃借料		5,100			4,950		
4. 品質保証引当金繰入 　　額（△は戻入額）		△3,200			5,600		

〈プログラム補修引当金を販売費及び一般管理費として計上している事例〉

●U社

損益計算書の注記関連規定

前事業年度 （自 ×1年4月1日 至 ×2年3月31日）	当事業年度 （自 ×2年4月1日 至 ×3年3月31日）
⋮	⋮
※2　販売費及び一般管理費のうち販売費の割合は概ね30％であります。	※2　販売費及び一般管理費のうち、販売費の割合は概ね25％であります。
給与諸手当等　　　　　　230百万円 退職給付費用　　　　　　 35 減価償却費　　　　　　　 60 研究開発費　　　　　　　120 プログラム補修引当金繰入額　 15	給与諸手当等　　　　　　188百万円 退職給付費用　　　　　　 33 減価償却費　　　　　　　 55 研究開発費　　　　　　　100 プログラム補修引当金繰入額　 23

　工事契約会計基準 19、21、60〜68、74
ソフトウェア収益実務対応報告 2 (1)

5 セグメント情報

Q 8-10 セグメント情報に関する会計基準

ソフトウェア業における、セグメント情報は、どのように開示されるのでしょうか。

現行のセグメント会計基準においては、事業セグメントの識別方法としてマネジメント・アプローチが採用されていることから、各社多様なセグメント方法が見受けられます。

❶ 会計基準の概要

セグメント情報の開示に関しては、「セグメント情報等の開示に関する会計基準(企業会計基準第 17 号)」及び「セグメント情報等の開示に関する会計基準の適用指針(企業会計基準適用指針第 20 号)」が公表されており、当該会計基準及び適用指針に従って、以下のセグメント情報を開示する必要があります。

【セグメント会計基準の開示項目】

(1)セグメント情報
　①報告セグメントの概要
　　・事業セグメントの決定方法
　　・各セグメントに属する製品・サービスの種類

②報告セグメントに関する利益(損失)、資産、負債等の額、測定方法
③各開示項目の合計額とこれに対応する財務諸表計上額との差異調整

(2)関連情報
①製品及びサービスに関する情報
外部顧客への売上高
②地域に関する情報
地域別売上高、有形固定資産の額
③主要な顧客に関する情報
当該顧客の名称、売上高、主要セグメントの名称

(3)減損損失
損益計算書の「減損損失」の額のセグメント別内訳

(4)のれん
損益計算書の「のれん償却額」、「負ののれん償却額」のセグメント別の償却額、未償却額

② 報告セグメントの決定

　報告セグメント決定の手続として、企業は事業セグメントを識別し、識別した事業セグメントを集約基準に基づいて集約し、集約された事業セグメントを量的基準に従って重要性のあるセグメントに絞り込むことにより開示すべき報告セグメントを決定することになります。

　事業セグメントの識別に際して、セグメント会計基準において、マネジメント・アプローチが採用されております。「マネジメント・アプローチ」とは、経営者が企業を事業の構成単位に分別した方法を事業セグメント識別の基礎とする考え方であり、経営者が事業の区分として把握しているものをベースに考えることになります。

　具体的な、報告セグメントの決定手順は以下のとおりです。

【報告セグメントの決定手続】

基本となる考え方（基本原則）
財務諸表利用者が、企業の過去の業績を理解し、将来のキャッシュ・フローの予測を適切に評価できるように、企業が行う様々な事業活動の内容及びこれを行う経営環境に関して適切な情報を提供するものでなければならない。

> 1. 事業セグメントの識別
> （企業の構成単位で以下の要件のすべてに該当するもの）
> (1)収益を獲得し、費用が発生する事業活動に関わるもの（同一企業内の他の構成単位との取引に関連する収益及び費用を含む）
> (2)企業の最高経営意思決定機関が、当該構成単位に配分すべき資源に関する意思決定を行い、また、その業績を評価するために、その経営成績を定期的に検討するもの
> (3)分離された財務情報を入手できるもの

> 2. 事業セグメントの集約
> （以下の要件を満たす場合、集約が可能）
> (1)基本原則と整合していること
> (2)経済的特徴が概ね類似していること
> (3)次のすべての要素が概ね類似していること
>   ①製品及びサービスの内容
>   ②製品の製造方法又は製造過程、サービスの提供方法
>   ③製品及びサービスを販売する市場又は顧客の種類
>   ④製品及びサービスの販売方法
>   ⑤銀行、保険、公益事業等のような業種に特有の規制環境

> 3. 量的基準の検討
> （以下の量的基準のいずれかを満たす事業セグメントを報告セグメントとして開示）
> (1)事業セグメント間の内部売上高又は振替高を含む売上高がすべての事業セグメントの売上高の合計額の 10 ％以上
> (2)利益又は損失の絶対値が、①利益の生じているすべての事業セグメントの利益の合計額、又は②損失の生じているすべての事業セグメントの損失の合計額の絶対値のいずれか大きい額の 10 ％以上
> (3)資産がすべての事業セグメントの資産の合計額の 10 ％以上

> 4. 報告セグメントの決定

❸ 会計基準の適用の留意点

会計基準の適用に当たり、留意すべき点としては、以下のような点があります。

① 重要性の判断

売上高、利益、資産が全体の 10 ％を超えるセグメントを開示する必要があるほか、開示対象となるセグメントが損益計算書の売上高の 75 ％に達しない場合には、75 ％以上となるまで事業セグメントを追加して開示すべきこととされています。なお、10 ％を超えないセグメントについても開示することは、特に問題ありません。

② 財務諸表との差異調整に関する事項の開示

マネジメント・アプローチをとっているため、開示すべき売上高や利益等が財務諸表の売上高や利益等と一致することは求められておりません。ただし、財務諸表の売上高や利益等と一致しない場合には、その差異調整に関する事項の開示が求められています。

〈セグメント情報の開示例〉

●S社
【セグメント情報】

1　報告セグメントの概要

当社の報告セグメントは、当社の構成単位のうち分離された財務情報が入手可能であり、取締役会が、経営資源の配分の決定および業績を評価するために、定期的に検討を行う対象となっているものです。

当社は、グループの総合力を最大限に活かし、顧客企業の経営課題の認識から解決に至るまでの一貫した IT ソリューションサービスを提供しており、IT ソリューションサービスを構成する製品・サービスについて包括的な戦略を立案し、事業活動を展開しております。

したがって、当社は IT ソリューションサービスを構成する製品・サービス別のセグメントから構成されており、「システムサービス」、「サポートサービス」、「アウトソーシング」、「ソフトウェア」および「ハードウェア」の 5 つを報告セグメントとしております。

　各報告セグメントの内容は、以下のとおりです。

・「システムサービス」　ソフトウェアの請負開発業務、SE サービス、コンサルティング
・「サポートサービス」　ソフトウェア・ハードウェアの保守サービス、導入支援等
・「アウトソーシング」　情報システムの運用受託等
・「ソフトウェア」　ソフトウェアの使用許諾契約によるソフトウェアの提供
・「ハードウェア」　機器の売買契約、賃貸借契約によるハードウェアの提供

2. 報告セグメントごとの売上高、利益又は損失、資産、負債その他の項目の金額の算定方法

　報告されている事業セグメントの会計処理の方法は、「連結財務諸表作成のための基本となる重要な事項」における記載と同一です。

3. 報告セグメントごとの売上高、利益又は損失、資産、負債その他の項目の金額に関する情報

当連結会計年度　（自　×1 年 4 月 1 日　至　×2 年 3 月 31 日）

（単位：百万円）

| | 報告セグメント | | | | | | その他（注）1 | 合計 | 調整額（注）2 | 連結財務諸表計上額（注）3 |
	システムサービス	サポートサービス	アウトソーシング	ソフトウェア	ハードウェア	計				
売上高	85,000	55,000	32,000	30,000	62,000	264,000	9,200	537,200	—	537,200
セグメント利益	15,000	17,500	6,200	8,500	9,600	56,800	2,400	116,000	△53,000	63,000
セグメント資産	2,300	2,800	13,200	4,900	7,700	30,900	400	62,200	153,000	215,200
その他の項目 減価償却費	200	620	3,400	1,750	770	6,740	120	13,600	1,850	15,450
有形固定資産及び無形固定資産の増加額	170	330	3,250	1,800	340	5,890	80	11,860	1,250	13,110

（注）　1. 「その他」の区分は、報告セグメントに含まれない事業セグメントであり、設備工事等を含んでおります。
　　　　2. 調整額の内容は以下のとおりです。
　　　　　(1)セグメント利益の調整額△53,000 百万円は、開発費△4,500 百万円、報告セグメントに配賦していない販売費及び一般管理費△48,500 百万円です。
　　　　　(2)セグメント資産の調整額 153,000 百万円は、各報告セグメントに配賦していない全社資産です。
　　　　　(3)減価償却費の調整額 1,850 百万円は、各報告セグメントに配賦していない全社資産の減価償却費です。
　　　　　(4)有形固定資産及び無形固定資産の増加額の調整額 1,250 百万円は、各報告セグメントに配賦していない全社資産の増加額です。
　　　　3. セグメント利益は、連結財務諸表の営業利益と調整を行っております。

●T社

1. 報告セグメントの概要

当社の報告セグメントは、当社の構成単位のうち分離された財務情報が入手可能であり、取締役会が経営資源の配分の決定及び業績を評価するために、定期的に検討を行う対象となっているものであります。

当社の事業は主にコンピュータのシステムインテグレーション事業、システムサポート事業、オフィスオートメーション事業及び業務用パッケージソフト事業のいわゆる「コンピュータ関連事業」を行っております。

また、報告セグメントの主要品目は以下の表のとおりです。

報告セグメント	主要品目
システムインテグレーション	顧客に対する総合情報システム
システムサポート	ハードウェア保守　システム運用サポート
オフィスオートメーション	OA機器一般及びコンピュータサプライ用品

2. 報告セグメントごとの売上高、利益又は損失、資産、負債その他の項目の金額の算定方法

報告されている事業セグメントの会計処理の方法は、「連結財務諸表作成のための基本となる重要な事項」における記載と概ね同一であります。

報告セグメントの利益は、営業利益ベースの数値であります。

セグメント間の内部収益及び振替高は市場実勢価額に基づいております。

3. 報告セグメントごとの売上高、利益又は損失、資産、負債その他の項目の金額に関する情報

当連結会計年度　(自　×1年4月1日　至　×2年3月31日)

(単位：百万円)

	システムインテグレーション	システムサポート	オフィスオートメーション	計	調整額(注)1	連結財務諸表計上額(注)2
売上高						
外部顧客への売上高	32,000	13,000	6,500	51,500	—	51,500
セグメント間の内部売上高又は振替高	30	—	420	450	△450	—
計	32,030	13,000	6,920	51,950	△450	51,500
セグメント利益	12,500	7,350	880	20,730	—	20,730
セグメント資産	19,750	6,300	5,800	31,850	12,000	43,850
その他の項目						
減価償却費	200	90	20	310	—	310
有形固定資産及び無形固定資産の増加額	150	100	30	280	—	280

(注)　1. 調整額は以下のとおりであります。

(1)売上高の△490 百万円は、セグメント間取引の消去の額であります。
(2)セグメント資産の 119,632 百万円は全社資産であり、その内容は当社での余資運用資金（現金・預金及び有価証券）及び長期投資資金（投資有価証券、会員権及び長期預託金）であります。
2. セグメント利益は連結損益計算書の営業利益と一致しております。また、セグメント資産は連結貸借対照表の総資産額と一致しております。

 関連規定

セグメント情報等の開示に関する会計基準
セグメント情報等の開示に関する会計基準の適用指針

第 9 章

IFRS

1 ユーザーの会計処理（自社利用ソフトウェア）

Q 9-1 自社利用ソフトウェアの定義

日本基準とIFRSで自社利用ソフトウェアとしての資産の定義に差異はありますか。

A 日本基準では、無形資産に関する包括的な認識要件の規定はありませんが、ソフトウェア個別の会計基準等が存在します（研究開発費等会計基準、ソフトウェア実務指針）。

これに対して、IFRSでは、無形資産の包括的な認識要件が定義されており、ソフトウェアについても、要件に従って資産計上が求められます（IAS 38）。当該基準では、無形資産は、物理的実体のない識別可能な非貨幣性資産と定義され（IAS 38.8）、以下の認識要件を満たした場合にのみ資産計上されることとなります（IAS 38.21）。

認識要件
① 資産に起因する、期待される将来の経済的便益が流入する可能性が高い
② 当該資産の取得原価が信頼性をもって測定できる

また、上記の認識要件を満たした無形資産は、取得原価で当初測定しなければならないとされています（IAS 38.24）。

関連条文 IAS38号 第3項、第21項、第24項

Q 9-2 ソフトウェアの取得時の会計処理

ソフトウェアの取得時の会計処理について日本基準と IFRS に差異はありますか。

日本基準では、ソフトウェアは種類別に分類して取得時の会計処理が定められています。

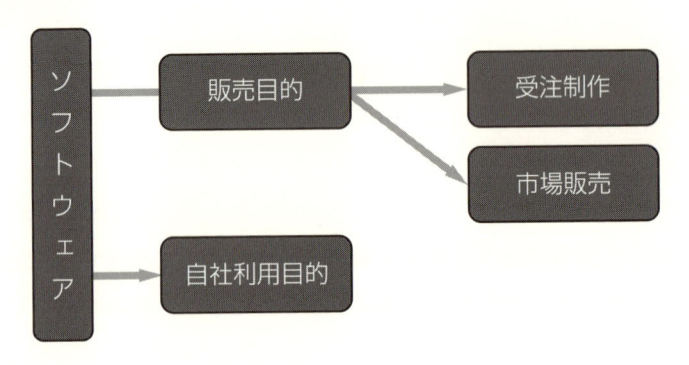

これに対して、IFRS では以下のように取得形態別に会計処理が規定されています。

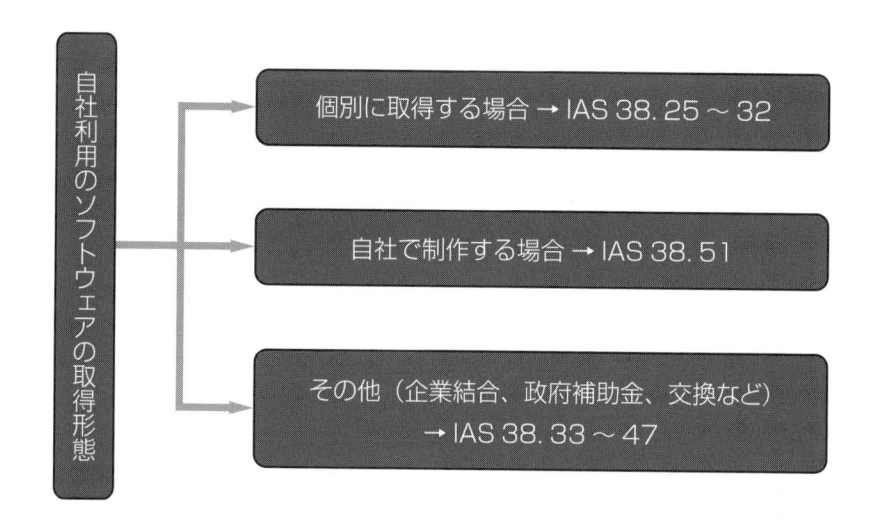

　上記のように、IFRSでは、取得形態によって会計処理が異なってきます。個別に取得する場合、一般的には、将来の経済的便益の発生可能性が高く、個別に取得した無形資産の原価は通常、信頼性をもって測定できると考えられるため、ソフトウェアとして資産計上が可能であり、取得原価をもって資産計上されることとなります。これに対して、自社で制作する場合については、内部創設無形資産に該当し、より慎重な判断が求められています。自社制作の場合、「開発活動」と見做され、一定の要件を満たした場合にのみ資産計上する必要があります。

関連条文　IAS38号　第25項〜第47項、第51項

Q 9-3 研究活動と開発活動の違い

IFRSにおいて、研究活動と開発活動で会計処理が異なるということですが、それぞれどのような活動でしょうか。

IFRSでは、研究活動と開発活動について以下のように定められています(IAS 38.8、56、59)。

研究活動	開発活動
研究とは、新規の科学的又は技術的な知識及び理解を得る目的で実施される基礎的及び計画的調査をいう。	開発とは、商業生産又は使用の開始前における、新規の又は大幅に改良された材料、装置、製品、工程、システム又はサービスによる生産のための計画又は設計に対する、研究経過又は他の知識の応用をいう。
(例) (a) 新知識の入手を目的とする活動 (b) 研究成果又は他の知識の応用の調査、評価及び最終的選択 (c) 材料、装置、製品、工程、システムまたはサービスに関する代替的手法の調査 (d) 新規の又は改良された材料、装置、製品、工程、システムまたはサービスに関する有望な代替手法等についての定式化、設計、評価及び最終的選択	(例) (a) 生産又は使用する以前の、試作品及び模型に関する設計、建設及びテスト (b) 新規の技術を含む、工具、器具、鋳型及び金型の設計 (c) 事業上生産を行うには十分な採算性のない規模での、実験工場の設計、建設及び創業 (d) 新規の又は改良された材料、装置、製品、工程、システムまたはサービスに関して選択した、代替的手法等についての設計、建設及びテスト

IFRSでは、研究活動に該当する支出は費用処理されます。一方、開発活動に該当する支出のうち、一定の要件を満たしたものは、内部創設無形資産

として資産計上されます。したがって、開発活動を満たす自社制作ソフトウェアについては資産計上を検討し、それ以外は費用処理されます。

　なお、研究と開発が必ずしも明確に区分できない場合は、プロジェクトの支出の全てを研究において発生したものと考え、費用処理することとなります。

**関連
条文**　IAS38号　第8項、第59項

 **Q** **9-4** **開発費の資産化要件**

IFRS では開発費について、資産計上される場合があるとのことですが、どのような場合でしょうか。

IFRS では、開発費を資産計上するには、以下の6要件をすべて満たす必要があります(IAS 38.57)。

---

① **技術上の実行可能性**
　使用又は売却できるように無形資産を完成させることの技術上の実行可能性
② **企業の意図**
　無形資産を完成させ、さらにそれを使用又は売却するという企業の意図
③ **使用・売却能力**
　無形資産を使用又は売却できる能力
④ **将来の蓋然性の高い経済的便益の創出方法**
　無形資産が蓋然性の高い将来の経済的便益を創出する方法。とりわけ、企業は、無形資産による産出物又は無形資産それ自体の市場の存在、あるいは、無形資産を内部で使用する予定である場合には、無形資産が企業の事業に役立つことを立証しなければなりません。
⑤ **技術上、財務上及びその他の資源の利用可能性**
　無形資産の開発を完成させ、さらにそれを使用又は売却するために必要となる、適切な技術上、財務上及びその他の資源の利用可能性
⑥ **支出の測定能力**
　開発期間中の無形資産に起因する支出を、信頼性をもって測定できる能力。プロジェクトの開発局面は研究局面より進展しているため、資産が将来の経済的便益を創出する可能性があることが立証可能になっていることも考えられます。

資産計上の要件を検討する際、実務上のポイントとしては例えば以下を考慮することが考えられます。

①については、ソフトウェアが意図した目的を達成できるかどうか判断す

るために、社内における品質テストの合格時点を検討する。

　②～⑤については、経営会議等の社内の公式な意思決定機関における資料の中で説明する。特に④については、制作期間や制作に関する費用、完成後に削減が見込まれるコスト又は獲得できる収益との比較等を検討した結果、ソフトウェア導入に伴い削減できる費用又は獲得できる収益がその制作費を明確に上回ることを立証する必要があると考えます。

　⑥については、適切な原価計算制度を構築し、当該ソフトウェア制作費を適切に集計できることを立証する。

　これらは、資産計上の要件の1つの説明要素に過ぎませんが、いずれの場合においても、企業は、要件を達成するための証拠を適切に作成・保管することが必要です。

　上記のように6要件が求められることから、企業が行っている社内の研究開発プロジェクトの実情に照らし、どのように内部的な承認手続及びその証跡等をもってそれぞれの要件に関する証拠とするのかをあらかじめ検討しておく必要があると考えられます。

関連条文　IAS38号　第57項

Q 9-5　資産計上すべき発生原価の範囲

自社制作ソフトウェアの開発活動のうち6要件を満たしたプロジェクトについて、どこまでの発生原価を集計し、資産計上する必要がありますか。

　IFRSでは、自社制作ソフトウェアについて、開発活動において6要件を満たした場合には、資産計上する必要があります。該当するプロジェクトについて、資産化に含められる費用は、操業可能となるまでの準備に必要となる直接起因する原価のみが資産化される原価と考えられます(IAS 38.66)。これは、例えば、直接作業を行った人員の人件費、材料費等が考えられます。すなわち、単に合理的に配分できるという理由だけで間接費及び一般管理費を資産の取得原価に含めることはできません。基準上では、以下の項目については、資産計上の集計範囲に含まれないとされています(IAS 38.67)。

- ●販売、管理及びその他の一般の間接的支出
- ●非能率ロス
- ●資産が計画した稼働に至るまでに発生した当初の操業損失
- ●資産の操業に必要な職員の訓練コスト

この結果、直接起因するコストや非能率ロスの集計範囲について、社内規程(ルール)の整備が必要になる可能性があります。

　IAS38号　第66項、第67項

Q 9-6　償却方法

ソフトウェアの償却方法について、IFRS と日本基準とでどのような差異がありますか。

ソフトウェアの償却方法については、IFRS 及び日本基準では以下のように定められています。

日本基準 （研究開発費等会計基準 5）	IFRS (IAS 38.97)
ソフトウェアの性格に応じて、見込販売数量に基づく償却方法その他合理的な方法（定額法等）により償却	当該無形資産の経済的便益の消費パターンを反映した償却方法 なお、消費パターンを信頼性をもって決定できない場合には、定額法を採用する

　上記の結果、以下の場合が考えられます。

①経済的便益の消費パターンに信頼性がある場合

　IFRS では、経済的便益の消費パターンによる償却方法を採用する必要があるため、日本基準で定額法による償却方法を採用している場合、差異が生じることになります。

　また、販売収益・数量に基づく償却方法を採用している場合においても、経済的便益の消費パターンに差がある場合には、日本基準との差異が生じる可能性があります。

②経済的便益の消費パターンに信頼性がない場合

　経済的便益の消費パターンに信頼性がない場合には、日本基準においては、通常定額法による償却方法を採用していると考えられます。IFRS においても、定額法による償却方法を用いることになることから、IFRS と日本基準とで

差異は生じないものと考えられます。

 IAS38号　第97項

Q 9-7　償却期間

ソフトウェアの償却期間について、IFRS と日本基準とで取扱いに差異はありますか。

ソフトウェアの償却期間については、日本基準と IFRS では以下のように定められています。

日本基準	IFRS (IAS 38.90)
・市場販売目的のソフトウェア　販売可能期間（原則として 3 年以内） ・自社利用ソフトウェア　原則として 5 年以内の年数	経済的便益が及ぶ期間 なお、年数の言及なし

上記記載のように、原則的な償却期間については、実質的な差異はないと考えられます。また、自社利用ソフトウェアについて、日本基準では、5 年以内の年数との定めがあるのに対して、IFRS では年数について特段の言及はありません。しかしながら、IAS 38.92 にて、技術の急速な変化の歴史を考えると、コンピュータのソフトウェアやその他多くの無形資産は、技術革新による陳腐化の危険が高いため、それらの資産の耐用年数は短期間となることが多いと考えられるとされています。その結果、ソフトウェアの償却期間が長期にわたることを立証するには、相当の理由が必要であると考えられます。

関連
条文　IAS38 号　第 90 項

Q 9-8 　残存価額

ソフトウェアの残存価額について、IFRS の考え方はどのようになっていますか。

　　日本基準では、残存価額について言及はありません。これに対して、IFRS では以下の場合を除き、残存価額はゼロと推定するとされています(IFRS 38.100)。

- 耐用年数が終了する時点において、当該資産を第三者が購入する約定がある場合又は資産に活発な市場が存在し、かつその市場を参照することにより残存価額が決定可能である場合
- 耐用年数が終了する時点においてもそのような市場が存在する可能性が高い場合

関連条文　IAS38 号　第 100 項

Q 9-9 バージョンアップ費用の会計処理

既存のソフトウェアのバージョンアップ費用についての IFRS 上での取り扱いはどのようになっていますか

日本基準では、バージョンアップ費用について以下のような定めがあります。

- ・製品マスターの著しい改良に要した費用……研究開発費
- ・製品マスターの機能の改良及び強化に要した費用……無形固定資産
- ・ソフトウェアの保守・機能維持に要した費用……発生時の費用処理

これに対して、IFRS では、事後的なバージョンアップ費用について特別な規定はありません。そのため、バージョンアップ費用のような事後的な支出について、無形資産の認識基準にしたがって、資産の認識要件を満たすかどうか、下記について検討が必要となります。

- ●機能追加、改良を行うことにより、新たに経済的便益を生むことが明確に判断可能である
- ●そのコストも特定の無形資産として把握可能である

また、自社開発の場合には、更に開発費を資産計上するための 6 要件を満たす必要がある点に留意が必要です。

この点、日本基準で定められている著しい改良について、「機能の改良・強化を行うために主要なプログラムの過半部分を再制作する場合」という基準が IFRS にはないので、差異になる可能性があります。また、IAS 38.20において、無形資産の性質は多くの場合には、資産への追加や一部の取り換えがないものであるという推定が働くといった記載がされていることから、

事後的な支出を無形資産として認識する際のハードルが高くなっている点に
留意が必要です。

| 関連条文 | IAS38号　第20項
ソフトウェア実務指針33 |

Q 9-10 償却方法、償却年数及び残存価額の見直し

期末において、償却方法の変更、償却年数及び残存価額の見直しが発生した場合の取り扱いについて、日本基準と IFRS とに差異はありますか。

 償却方法の変更、償却年数及び残存価額の見直しについて、日本基準と IFRS では以下のように定められています。

項　目	日本基準	IFRS (IAS 38.104)
償却方法の変更	「会計方針の変更」であるが、「会計上の見積りの変更」に準ずる取扱いがなされ、遡及適用は行わない	「会計上の見積りの変更」として、遡及適用は行わない
償却年数の変更	「会計上の見積りの変更」として、遡及適用は行わない	
残存価額の変更	「会計上の見積りの変更」として、遡及適用は行わない	

どちらの基準も遡及処理は行わず、将来に向かって償却方法、償却年数及び残存簿価を変更し、会計処理を行うため、日本基準と IFRS では、同様の処理が行われます。

関連条文 IAS38 号　第 104 項

Q 9-11　減損の会計処理

ソフトウェアの減損処理について検討しています。日本基準とIFRSでの差異はありますか。また、減損処理後の戻入の処理について教えてください。

ソフトウェアを含む固定資産の減損検討にあたり、以下の項目で日本基準とIFRSでの差異があると言われています。

項　目	日本基準の処理	IFRSの処理
減損の兆候の検討	具体的な数値基準が存在する(例：市場価格が帳簿価額より50％以上下落、減損会計適用指針11〜17)。	より広い意味合いを有する状況証拠であり、感応度が高いため、より早期に減損の兆候が把握される傾向にある。 ・特に純資産の帳簿価額が、その企業の株式時価総額を超過している場合にも、減損の兆候と認められることに留意(IAS36.12)。
減損判定プロセス	・2段階アプローチ：減損の兆候がある場合には、最初に減損の認識の判定(資産の帳簿価額を、それから得られると予想される割引前将来キャッシュ・フローの額と比較する)を行う。比較の結果、資産の帳簿価額が回収不能と判断された場合には、回収不能価額を算定し、減損損失を認識・測定する(減損会計基準二2、3)。	・1段階アプローチ：減損の兆候が存在する場合には、回収可能価額を算定し、資産の帳簿価額がその回収可能価額を上回る場合に、差額を減損損失として認識・測定する(IAS36.6、59)。

| 減損損失の戻入 | 減損損失の戻入は禁止されている(減損会計基準三2)。 | のれんについては禁止されるが、他の長期性資産については、毎年、戻入れの兆候について検討しなければならない。戻入が必要な場合には、償却分を調整した当初の帳簿価額を超えないことを条件に、新たに見積った回収可能価額を上限として、損失を戻し入れる(IAS36.110、114、117,124)。 |

　上記の結果、日本基準よりも IFRS の方が、減損損失の認識時期が早まる可能性が考えられるので、ご留意ください。

減損の戻入

　IFRS では、過去の期間にのれん以外の資産について認識した減損損失が発生している場合、減損損失が存在しないか又は減損損失が減少している可能性を示す兆候があるかを検討する必要があると定められています (IAS 36.110)。これは、過去に減損処理を実施した固定資産について、減損の戻入の兆候の有無を検討する必要があることを意味しています。減損の戻入の兆候がある場合には、減損の戻入の認識判定を行うこととなり、具体的には、減損前帳簿価額までの回収可能額の回復の有無を判定する必要があります。その結果、回収可能額が減損前帳簿価額を超過する状況にあれば、減損の戻入処理を行うこととなります。

　そのため、ソフトウェアについても過去に減損処理を実施していれば、減損の戻入の必要性を検討する必要があるため、業務プロセスの整備及び運用が必要になると考えられます。

　また、減損の戻入の兆候を検討するにあたり、IFRS では最低限、以下の兆候を考慮する必要があるとしています(IAS 36.111)。

【外部の情報源】

- ●当期中に、資産の価値が著しく増加しているという観察可能な兆候がある。
- ●企業にとって有利な影響のある著しい変化が、企業が営業している技術的、市場的、経済的若しくは法的環境、又は資産が利用されている市場において、当期中に発生したか又は近い将来において発生すると予想される。
- ●市場金利又は他の市場投資収益率が当期中に下落し、当該下落が、資産の使用価値の計算に用いられる割引率に影響して、資産の回収可能価額を著しく増加させる見込みがある。

【内部の情報源】

- ●企業にとって有利な影響のある著しい変化が、当該資産が使用されているか又は使用されると見込まれる程度又は方法に関して、当期中に発生したか又は近い将来において発生すると予想される。こうした変化には、当期中に、当該資産の性能の改善若しくは拡張、又は当該資産が属する事業のリストラクチャリングのために発生したコストが含まれる。
- ●当該資産の経済的成果が予想よりも良好であるか又は良好となるであろうことを示す証拠が内部報告から入手できる。

 関連 条文

IAS36号　第12項、第59項、第110項、第111項、第114項、第117項、第124項
固定資産の減損に係る会計基準三2、3
固定資産の減損に係る会計基準適用指針　第11項〜第17項

Q 9-12　自社制作ウェブサイトの会計処理

　自社でウェブサイトを作成していますが、IFRS 上、どのように取り扱われるのでしょうか。資産計上が認められるケースがあるとのことですが、留意事項はありますか。

　IFRS では、IAS 第 38 号「無形資産」以外に、SIC 第 32 号「無形資産−ウェブサイトのコスト」の規定があります。当該基準の適用対象としては、企業自身のウェブサイトで開発によって生じ、社内又は社外のアクセスのためのものが資産計上の要否を検討する対象となります (SIC 32.6)。ウェブサイト開発で発生した開発費用やデザイン費用などの特定の費用について、無形資産を認識する必要がある場合があります (SIC32.8)。具体的には、各段階の内容又は各々の活動の性質について評価し、適切に会計処理を行う必要がありますが、例えば下記の通りです。

(1)　企画段階

　当該段階は、その性質上、研究調査段階 (IAS 38.56 → Q 9-3 参照) と類似しているため、当該段階で発生する支出は、発生した時点で費用として認識する必要があります。

(2)　アプリケーション及びインフラストレクチャーの開発段階、グラフィック・デザイン段階及びコンテンツ開発段階

　コンテンツが企業の自己の製品とサービスの広告宣伝及び販売促進以外の目的で開発される範囲については、その性質上、開発段階 (IAS 38.59 → Q 9-3 参照) に類似しているといえます。そのため、当該段階で発生する支出は、当該支出が経営者の意図した方法でウェブサイトが運用されるようにウェブサイトを制作及び準備するためのもので、そのために必要となる支出である場合には、SIC 32.8 に従って無形資産を認識する必要があります。

⑶　コンテンツ開発段階

　当該段階で発生する支出については、コンテンツが企業自身の製品やサービスの広告宣伝や販売促進のために開発される場合は、発生時に費用として認識する必要があります (IAS 38.69(c))。その他の支出は、上記 (2) の無形資産としての認識要件を満たす場合を除いて、費用として認識しなければなりません。

⑷　運用段階

　ウェブサイトの開発が完了した時点から始まる段階であり、この段階で発生する支出は、無形資産の認識要件を満たす場合を除き、発生した時点で費用として認識することになります。

Q 9-13 資産計上要件に関する開示のルール

無形資産(ソフトウェア)の資産計上要件に関する開示ルール及び開示事例について教えて下さい。

無形資産(ソフトウェア)の資産計上要件は、IAS 1 号の会計方針に関する規定に従い一定の開示が求められます。

> 企業は重要な会計方針の要約において、次の事項を開示しなければならない。
> ① 財務諸表を作成する際に使用した測定基礎
> ② 財務諸表の理解に関連性のある使用したその他の会計方針
>
> (IASl.117)

開示されている主な事例は以下になります。なお、該当箇所を抜粋して記載しています。

【A 社】

開発活動による支出について、信頼性をもって測定可能であり、開発の結果により将来経済的便益を得られる可能性が高く、かつ当社グループが当該開発を完了させ、成果物を使用又は販売する意図及び十分な資源を有している場合においては、当該開発活動による支出を無形資産として認識しております。

【B 社】

新規の科学的又は技術的な知識及び理解を得る目的で実施される研究活動に関する支出は、発生時に費用として認識しております。

開発活動に関する支出は、信頼性をもって測定可能であり、製品又は工程

が技術的及び商業的に実現可能であり、将来経済的便益を得られる可能性が高く、当社グループが開発を完成させ、当該資産を使用又は販売する意図及びそのための十分な資源を有している場合にのみ無形資産として計上しております。その他の支出は、発生時に費用として認識しております。

【C社】

当社グループは、主として内部利用目的のソフトウェアを購入または開発するための特定のコストを支出しております。

新しい科学的または技術的知識の獲得のために行われる研究活動に対する支出は、発生時に費用計上しております。開発活動による支出については、信頼性をもって測定可能であり、技術的に実現可能であり、将来の経済的便益を得られる可能性が高く、当社グループが開発を完成させ、当該資産を使用または販売する意図及びそのための十分な資源を有している場合にのみ、ソフトウェアとして資産計上しております。

ソフトウェアの償却計算に関する開示ルール及び開示事例について教えて下さい。

　無形資産(ソフトウェア)の償却計算に関する開示のルールには以下のような項目があります(IAS38.118)。
・耐用年数が確定できないか又は確定できるか。確定できる場合には採用している耐用年数又は償却率
・耐用年数が確定できる無形資産について採用する償却方法

　日本基準では、減価償却の方法と償却年数もしくは見込利用可能期間の開示が求められていますので、開示項目に大きな違いはありません。

　なお、開示されている事例としては、以下のようなものがあります(該当箇所抜粋)。

【　A社　】

　取得したソフトウェアのライセンスは、該当ソフトウェアの取得に要した原価に基づき資産として計上されます。償却費は、見積耐用年数(5年〜10年)にわたり定額法で算定しております。

　ソフトウェアのプログラムを開発もしくは維持するための支出は、発生時に費用として認識されます。当社グループにより支配される識別可能で固有なソフトウェアに直接関連する原価は、当該原価を上回る経済的便益の獲得能力が1年を超えて見込まれる場合には、無形資産として認識されます。直接的に発生した原価には、ソフトウェアの開発に要した労務費並びに開発に直接的に帰属する間接費の金額が含まれます。

　無形資産として認識されたソフトウェアの開発費の償却費は、見積耐用年数(10年以内)にわたり定額法で算定しております。

【 B社 】

　無形資産は、耐用年数が確定できないものを除き、該当資産が使用可能な状態となったときから、主として見積耐用年数（ソフトウェアは 3 年〜5 年）に基づく定額法により、償却を行っております。各会計期間に配分された償却費は、純損益で認識しております。

【 C社 】

（ⅰ）自社利用ソフトウェア

　当社グループは、自社利用ソフトウェアの取得及び開発に際し発生した内部及び外部向けの一定の原価を資産計上しております。これはアプリケーション開発段階及びソフトウェアのアップグレードや機能性を付加する増強の際に発生するもので、概ね 2 年から 10 年にわたり定額法で償却しております。

2 ベンダーの会計処理（収益認識）

Q 9-15 収益認識(IFRS) 15 号の概要

新しい収益認識の基準である IFRS 15 号の概要について教えてください。

 現行の IFRS における収益認識に関する基準には、物品の販売や役務提供等から生じる収益の会計処理を定める IAS 18 号と請負建設工事契約等の工事契約に関する会計処理を定める IAS 11 号という 2 つの基準が存在します。

新しい収益認識の基準である IFRS 15 号は、現行 IFRS 及び USGAAP における収益認識に関する課題を解決するための基準として、策定されました。

① 現行 IFRS の課題
- 概念フレームワークにおける収益の定義(資産・負債アプローチ)と、損益計算書に主眼を置いた IAS 18 号及び IAS 11 号のアプローチとの不整合が生じていた。
- 複数要素契約など、複雑な取引の会計処理に関する明確なガイダンスが欠如していた。このため、収益認識実務にばらつきが生じていた。
- ディスクロージャーが十分ではない。

② USGAAP の課題

- 業種又は取引ごとに多数の収益認識に係るガイダンスが存在し、それらのガイダンス間に不整合が生じていた。
- ディスクロージャーが十分ではない。

上記課題を受け、収益認識に関する論点を取り扱うための包括的かつ堅牢なフレームワークを提供するため、IFRS 15 号が策定されました。

| 2008 年 12 月 ディスカッション・ペーパー | 2010 年 6 月 公開草案 | 2011 年 11 月 再公開草案 | 2014 年 5 月 最終基準 | 2014 年 7 月 適用を 1 年延期 |

時　期	内　容
2002 年 9 月	IASB と FASB は共同で収益認識プロジェクトに着手することに合意
2008 年 12 月	ディスカッション・ペーパー「顧客との契約における収益認識についての予備的見解」を公表
2010 年 6 月	公開草案「顧客との契約から生じる収益」を公表
2011 年 11 月	公開草案を再公表
2014 年 5 月	IFRS 15 号「顧客との契約から生じる収益」を公表 → 2017 年 1 月 1 日以降開示事業年度から適用
2015 年 7 月	IFRS 15 号の適用を 1 年延期 → 2018 年 1 月 1 日以降開始事業年度から適用

　IFRS 15 号の基本原則は、収益を、財又はサービスの顧客への移転を表すように、また当該財又はサービスと交換に企業が権利を得ると見込む対価を反映した金額で認識する、というものです。IFRS 15 号は、資本市場や業種に関わらず、経済的実質が類似する販売取引に対し共通して適用できる単一の収益認識モデルとして、収益認識の時期と金額に関する原則を確立し、複数要素契約の会計処理など、より詳細なガイダンスを提供する基準であると

いえます。

　また IFRS15 号には、収益の性質、金額、時期及び不確実性を理解するために必要な、より幅広い情報開示も織り込まれています。

　この IFRS 15 号は、2018 年 1 月 1 日以降開始事業年度から適用されます。

　本書では、IFRS 15 号について取り扱います。

Q 9-16 ソフトウェア取引に及ぼす影響と課題

IFRS 15号が、ソフトウェア取引に及ぼしうる影響と課題を教えてください。

IFRS 15号では、収益認識に至るまでのステップを以下の5つに区分しています。

〈IFRS15号−5つのステップから構成される収益認識モデル〉

ステップ1	顧客との契約を特定する （IFRS 15号の適用対象となる契約か否かを判断）
ステップ2	契約における履行義務を識別する （契約に複数の財又はサービスが含まれる場合、個別に会計処理すべきものを決定）
ステップ3	取引価格を決定する （財又はサービスと交換に受け取る権利を得る契約対価合計を算定）
ステップ4	取引価格を履行義務に配分する （契約対価合計を個別に会計処理すべき財又はサービスに配分）
ステップ5	収益は各履行義務が充足された時点で、又は充足されるに従い認識する （財又はサービスに対する支配を顧客に移転したときに収益を認識）

　ステップ1では、収益認識の対象となる契約を識別します。契約の範囲や価格が変更された場合の契約の変更や、別々の契約を一つの契約として会計処理の対象とする契約の結合は、このステップ1において、検討を行います。

　ステップ2では、収益認識の単位としての履行義務を識別します。区別できる財又はサービスを提供するか、契約において財又はサービスを区別できるか、という観点で履行義務の識別がなされます。

ステップ3では、収益認識の金額を決定します。

　ステップ4は、複数の履行義務がある場合に、ステップ3で定めた取引価格を各履行義務に配分するステップです。

　そして、財又はサービスを顧客に移転することにより履行義務が充足された時点で収益を認識するのが、ステップ5になります。

　この5つのステップをソフトウェア取引に照らしてみると、及ぼしうる影響と課題は、次のとおりまとめることができます。

〈ソフトウェア業界に及ぼしうる影響および課題〉

ステップ	影　響	課　題
ステップ1 契約の識別	仕様変更・契約金額の変更	仕様の変更、契約金額の変更をどのように会計処理すべきか
	追加契約のケース	
	複数工程の取扱い（契約の結合）	システム開発における複数工程をどのように会計処理するか
ステップ2 履行義務の識別	複合取引の取扱い	取引・価格をどう按分するか
ステップ3 取引価格の算定	従量制のクラウド（変動対価）	契約額が変動する場合、売上額に見積りの要素が加わる
ステップ4 取引価格の履行義務への配分	複合取引における金額の決定（ステップ2に付随する論点）	取引・価格をどう按分するか
ステップ5 履行義務の充足	システム開発における進行基準	日本基準との違いの有無
個別論点	ライセンス販売	一括売上計上 or 期間按分？
	契約コスト（クラウド初期コスト）	一括費用処理 or 資産計上？

ソフトウェア開発における仕様の変更があった場合の、IFRS 15 号での取り扱いを教えてください。

ソフトウェア開発では、開発当初に仕様の詳細まで詰められない場合や、想定外の事象が発生する等により、当初の仕様内容から変更されることがあります。

こうした仕様変更に伴い、受注金額の増額ないしは別途の追加契約が行われた場合には、IFRS 15 号に従い、仕様変更が契約の変更に該当するかどうかを検討することになります。

契約の変更とは、契約当事者が承認した契約の範囲又は価格の変更のことをいいます。IFRS15 号では、①契約範囲が区別できる財又はサービスの追加により変更され、かつ、②契約価格が追加された財又はサービスの独立販売価格だけ増加する場合には、別個の契約として処理することが求められます。

〈契約の変更の考え方〉

別個の契約として処理	当初契約の一部として処理
① 契約範囲が区別できる財又はサービスの追加により変更される かつ ② 契約価格が追加された財又はサービスの独立販売価格だけ増加する	左記以外の全ての変更

したがって、仕様変更が上記①及び②に照らし、別個の契約として処理すべきか、あるいは当初契約の一部として処理すべきかどうかを検討することが必要となります。

なお、実務的に仕様変更があった場合、別途で契約することもあると考えられますが、日本基準では別契約した仕様変更部分について、本体の開発と

は区分して検収書を入手し売上計上する場合が一般的ではないかと思われます。したがって、IFRS において当初契約の一部として処理する必要がある場合には、日本基準と異なる会計処理が求められる可能性があるため、留意が必要です。

関連規定 IFRS 15号　第18項、第20項

Q 9-18　複合取引の取扱い

IFRS 15 号において、ソフトウェア取引の複合取引の取扱いを教えてください。

複合取引は一つの契約の中にシステム開発と運用委託、またはハードウェアとソフトウェアの販売等、複数の取引が含まれていますので、IFRS では契約に含まれる財又はサービスについて、まず履行義務を識別することが求められます。

そこで別個の履行義務が識別された場合には、次に独立販売価格に基づいて、取引価格を各履行義務に配分することが求められます。

以下に、複合取引における取引価格の配分に関する計算例を紹介します。

設例

・システム会社は、顧客からシステムの開発とその後の 1 年間の運用委託に関して、320 百万円で受注した。
・システム開発に係る工数見積りに基づく見積価格は、300 百万円である(当該価格は、システム開発の独立販売価格でもある)。
・運用委託の独立販売価格は、1 年間 50 百万円である。
・当該契約には、2 つの履行義務(システム開発と運用委託)があると判断する。

取引価格の配分

320 百万円の販売価格を、システム開発と運用委託という各履行義務の独立販売価格に基づいて、配分します。その結果は次の表のとおりです。

	独立販売価格	構成比率	独立販売価格の比率による取引価格の配分額
システム開発	300	85.7 %	274
運用委託	50	14.3 %	46
合計	350	100.0 %	320

　なお、日本の実務においても、複合取引については契約上の対価を合理的に分解して売上計上を行います。したがって、IFRS 15 号の取扱いと日本基準とでは、実質的には大きな差異はないものと考えられます(Q 4-9 参照)。

 IFRS 15 号　第 76 項

Ⓠ 9-19 従量制のクラウド利用料の会計処理

変動性のある従量制のクラウド利用料の会計処理を教えてください。

 IFRS 15 号では、契約において約定された対価が変動性のある金額を含んでいる場合には、企業は、約定した財又はサービスの顧客への移転と交換に権利を得ることとなる対価の金額を見積らなければならない、とされています。

従量制のクラウドサービス利用料を徴収するサービスにおいて、年間の利用量が一定範囲を超過したら追加支払いが生じるような契約を締結しているケースでは、契約における対価に変動性のある金額を含んでいる、と判断されます。

この場合、取引価格を算定するために契約開始時点で変動対価を見積もる必要があります。当該見積りは、期待値又は最頻値(最も発生の可能性が高い金額)のうち、より適切に予測できる方法にて算定することになります。

また、各報告期間の末日時点で、報告期間末現在で存在している状況及び報告期間中の状況の変化を正確に反映するために、変動対価の見積りの見直しが求められます。

なお、対価が確定した際に、見積りで計上した収益の重大な戻し入れが発生しないよう、「発生する可能性の非常に高い(highly probable)」対価のみを含める必要がある点を、留意しなければなりません。

〈変動価格の見積り方法〉

変動価格は、企業が権利を得ることになる金額をより正確に予測する以下のいずれかの方法を用いて見積もる

期待値	最頻値
● 一連の起こりうる結果の確率加重平均金額 ● 類似する特徴を有する契約が数多くある場合に適切な見積もり方法	● 一連の起こりうる結果の中で、最も発生する可能性が高い金額 ● 起こり得る結果が限定的な場合に適切な見積もり方法

　日本基準では、変動対価について、IFRS 15号のように見積りで売上を計上することは、ほとんどありません。通常は対価が確定した時点で売上計上を行いますので、IFRS 15号における取扱いとは異なるといえます。

　では以下に、変動対価に関する計算例を紹介します。

〈変動対価計算例〉

取引例

・システム会社であるA社は、顧客であるB社に対して、クラウドサービスを提供している。

・クラウドサービスの対価は、1か月あたり10,000千円である。

・B社が年間1,000TB以上の転送量を利用した場合、B社は、追加で1年あたり12,000千円を支払うという特約が存在する。

・したがって、この契約における対価には変動性が存在する

〈ケース①〉

（設問）

　X1年第1四半期(6月末)の売上はいくらか？

（前提条件）

・X1 年 4 月 1 日に、A 社は、B 社と契約を行った。

・A 社は、これまでの経験から、B 社の 1 年あたりの転送量が 1,000 TB 以上となるか否かの確率は下記の通りであると判断した。

B 社の転送量(年)	使用料(月)	発生確率
1,000 TB 以上/年	11,000 千円/月※	95 %
1,000 TB 未満/年	10,000 千円/月	5 %

※ 10,000 千円＋1,000 千円（1,000 TB 以上の転送量となった場合の追加支払い額 12,000 千円÷12 か月）＝11,000 千円

取引価格の算定

・期待値法の場合

　1 か月の売上：(11,000 千円×95 %)＋(10,000 千円×5 %)＝10,950 千円

　→第 1 四半期の売上：10,950 千円×3 か月＝32,850 千円

・最頻値法の場合

　1 か月の売上：11,000 千円

　→第 1 四半期の売上：11,000 千円×3 カ月＝33,000 千円

　本問のケースでは、起こり得る結果が、B 社の転送量が 1,000 TB を超えるか否か（その結果、毎月の使用料が 11,000 千円となるか、10,000 千円となるか）の 2 つのケースしか存在しないことから、起こり得る結果が限定的な場合といえ、最頻値法による見積もりが適切と判断される。

　A 社は、B 社の年間の転送量が 1,000 TB を超えず、したがって、1 か月あたり 11,000 千円の対価が 10,000 千円に減額される可能性は、非常に低いと判断する。

　不確実性が解消される際（すなわち、A 社の年間転送量が確定した際）に、重大な収益の戻入れ（追加の 12,000 千円が支払われず、1 か月あたりの対価が 10,000 千円になること）が生じない可能性は 95 %であるため、「非常に高い」といえると判

断する。

　したがって、A 社は第 1 四半期において、33,000 千円の売上を認識することとなる。

〈ケース②〉

(設問)

　X1 年第 2 四半期(9 月末)の売上はいくらか？

(前提条件)

・X1 年 6 月末までの状況は、ケース①と同一である。

・X1 年 9 月末に終了する第 2 四半期までに、B 社の転送量は 150 TB であった。

・この転送量が予想より少なくなった原因は、B 社のビジネス計画の遅れによるものである。今後 1 年間少ない転送量が継続すると、A 社は判断し、B 社の 1 年間の転送量を下記の通り見積もった。

B 社の転送量(年)	使用料(月)	発生確率
1,000 TB 以上/年	11,000 千円/月	10 %
1,000 TB 未満/年	10,000 千円/月	90 %

　ケース①と同様に、起こりうる結果が、B 社の転送量が 1,000 TB を超えるか否か(その結果、1 か月あたりの対価が 11,000 千円となるか、10,000 千円となるか)の 2 つのケースしか存在しないことから、最頻値法による見積もりが適切と判断される。なお各報告期間末において、企業は、見積もった取引価格を見直す必要があることから、以下の計算を行う。

・**最頻値法による取引価格の算定**

　第 1 四半期：10,000 千円×3 か月＝30,000 千円

　第 2 四半期：10,000 千円×3 か月＝30,000 千円

　計 60,000 千円

A 社は、B 社の最終的な転送量は 1,000 TB を超えず、したがって、1 か月あたりの対価が 10,000 千円に減額される可能性は高いと判断する。

　ケース①で A 社は 33,000 千円の売上を計上していることから、第 2 四半期会計期間において、27,000 千円の売上を計上する。

（算定式）
第 2 四半期累計期間の売上 60,000 千円−第 1 四半期の売上 33,000 千円＝27,000 千円

 IFRS 15 号　第 47 項、第 48 項、第 50 項、第 53 項、第 54 項

Q 9-20 クラウドサービス（初期設定費用）の取扱い

IFRS 15 号において、クラウドサービスを提供するための初期設定費用の取扱いを教えてください。

A クラウドサービスを行うにあたり、顧客専用のサーバー、インフラ機器等の設置やセットアップ等、初期設定作業を伴うケースがあります。

初期設定作業は、クラウドサービスを提供するための活動ですが、初期設定作業そのものが顧客へのサービス移転を生じさせるものではないと判断される場合には、契約履行コストに該当するかどうかを検討することになります。

例えば初期設定作業のために発生した支出が、①設計サービス、②ハードウェア、③ソフトウェア、④クラウドサービス利用のためのテスト費用の4種類あるとします。

顧客はクラウドサービスの利用料として毎月固定額を支払いますが、当該利用料で、初期設定作業のためのコストは全額回収できる見込みであると仮定します。

ここで契約履行コストは、他の IFRS の適用範囲に含まれる場合は他の IFRS 基準に従うとされていますので、ハードウェアは IAS 16 号（有形固定資産）に、ソフトウェアは IAS 38 号（無形資産）に従って会計処理されます。

一方、設計サービスとテスト費用は、他の IFRS の適用範囲に含まれない場合であっても、以下3つの要件を満たすと判断された場合には、資産計上されることになります。

① 契約に直接関連している

② 当該コストが、将来において履行義務の充足（又は継続的な充足）に使用される企業の資源を創出するか又は増価する

③ 当該コストの回収が見込まれる

設計サービスとテスト費用は、契約に直接関連しており①を満たします。また、クラウドサービスを顧客に提供するためには、当該プラットフォームを使用しなければ履行義務が果たせないため、②を満たしています。また初期設定作業のためのコストは、全額回収できる見込みであるため、③の要件を満たします。

　したがって、設計サービスとテスト費用は、契約履行コストに該当し、上記3要件をいずれも満たすことから、前払費用として計上し、クラウドサービス提供期間にわたって償却していくことになると考えられます。

　なお日本基準においては、クラウドサービスを提供するための初期設定費用の取り扱いは、特に明確には規定されていません。実務においては、初期設定費用がクラウドサービスとして提供される役務と有機的一体として機能していると判断し、自社資産として固定資産計上するケースや、初期設定作業がクラウドサービスとして提供される役務とは別個のサービスであると捉え、一括費用処理しているケースなどが見受けられます。

関連規定　IFRS 15号　第95項、第96項、第99項

Q 9-21　ソフトウェア制作における進行基準の取扱い

IFRS 15号において、顧客仕様のソフトウェア制作における進行基準の取り扱いを教えてください。

　顧客仕様のソフトウェア制作は、要件定義、外部設計、内部設計、結合テスト等複数の工程に基づき行われますが、これらの複数の工程が IFRS 15号に当てはめて一つの履行義務と判断される場合、当該履行義務が一定期間にわたり充足される履行義務に該当すれば、進捗に応じた収益認識(進行基準での売上計上)を行うこととなります。

IFRS 15号では、次のいずれかの要件を満たした場合、一定期間にわたり充足される履行義務に該当し進行基準が適用されることになります。

① 顧客が、企業の履行によって提供される便益を、企業が履行するにつれて同時に受け取って消費する。

② 企業の履行が、資産(例えば、仕掛品)を創出するか又は増価させ、顧客が当該資産の創出又は増価につれてそれを支配する。

③ 企業の履行が、企業が他に転用できる資産を創出せず、かつ、企業が現在までに完了した履行に対する支払を受ける強制可能な権利を有している

ご質問のケースは、顧客仕様のソフトウェア制作であることから、他に転用できる資産は創出されていないと考えられます。したがって、これまでに完了した開発作業に対して支払いを受ける権利がある場合には、上記要件の③を充足しますので、一定期間にわたり充足される履行義務に該当し進行基準が適用されます。

ただし制作における進捗度が、信頼性ある情報が不足している等の理由で合理的に測定できない場合には、進行基準の適用はできません。この場合、履行義務の充足において発生するコストの回収が見込まれるのであれば、発

生したコストの範囲でのみ収益を認識（原価回収基準での売上計上）することになります。

　一方、日本基準では、進捗度を含む成果の確実性が合理的に測定できない場合は完成基準を適用しますので、IFRS における原価回収基準による売上計上は、日本基準では認められないこととなります。

〈進行基準計算例〉

---

1. 進行基準を適用できるケース
　⑴　前提条件
　　・収益総額 100、×1 年度に発生した原価 40、×1 年度における進捗度 50％とする
　⑵　×1 年度における仕訳
　　①売上の計上
　　　（借方）　売掛金　50　　　（貸方）　売上　　50（進捗に応じて計上）
　　②原価の計上
　　　（借方）　原価　　40　　　（貸方）　買掛金　40
2. 進行基準を適用できないケース
　⑴　前提条件
　　・収益総額 100、×1 年度に発生した原価 40、但し×1 年度における進捗度は合理的に測定できないとする
　　・なお×1 年度で発生しているコスト 40 の回収は見込まれる
　⑵　×1 年度における仕訳
　　①売上の計上
　　　（借方）　売掛金　40　　　（貸方）　売上　　40（発生した原価分の売上を計上）
　　②原価の計上
　　　（借方）　原価　　40　　　（貸方）　買掛金　40

 関連規定　IFRS 15 号　第 35 項、第 44 項

Q 9-22 ライセンス販売の会計処理

IFRS 15 号における、ライセンス販売の会計処理を教えてください。

IFRS におけるライセンス販売の会計処理に当たっては、下記に掲げた項目の検討が必要となります。

① ライセンス契約の中にあるライセンス以外の財又はサービスを識別する

② 当該財又はサービスとライセンスがそれぞれ別個の履行義務か否かを判断する

③ 上記①及び②で判断した履行義務の充足時点が一時点か一定期間かを判断する

ソフトウェアのライセンス付与を含む契約において、ライセンス部分が別個の履行義務と判断される場合、当該ライセンスが知的財産にアクセスする権利か〈ケース 1〉、または、知的財産を使用する権利か〈ケース 2〉について検討を行います(図表を参照)。

〈ケース 1〉

ライセンス期間にわたり存在する企業の知的財産へのアクセスを提供する約定に該当すれば、一定期間にわたり収益認識を行う。

〈ケース 2〉

ライセンスが付与された一時点で存在する企業の知的財産を使用する権利を与える約定に該当すれば、一時点で収益認識を行う。

ソフトウェアに関するライセンス販売は、ソフトウェアをインストールし、これを使用できる権利を販売することを意味しますが、ソフトウェアのライセンスは、単独で重要な機能を有することが多いと考えられます。仮に

重要な単独の機能性を有すると判断され、かつ企業の活動が当該機能性を変化させない場合は、上記〈ケース2〉に該当すると考えられることから、ソフトウェアを使用できる状態になった時点で収益を計上する方法になります。

　なおソフトウェアのライセンス期間がソフトウェアを直ちに使用できるコードが提供される前に開始されている場合は、ソフトウェアを使用できる状態になったとは言えないことから、コードが提供される前に収益を認識することはできない点に留意が必要です。

区別できるライセンスは以下のいずれかを表す	
〈ケース1〉知的財産へのアクセス	〈ケース2〉知的財産の使用権
▶ 企業はライセンス付与された知的財産に重要な影響を与える活動を実施することを（契約により）要求されている又は（顧客により）合理的に期待されている ▶ ライセンスにより、企業がそれらの活動を実施した時に生じる知的財産への影響に、顧客は直接さらされている ▶ 当該活動は顧客に財又はサービスを移転するものではない	▶ 左記の3つの要件すべてを満たさない場合、約束の性質は、知的財産の使用権の供与である ▶ すなわち、実質的に、ライセンス付与時点で、顧客がライセンスされた知的財産の使用を指図し、当該知的財産からの残りの便益のほとんどすべてを獲得することができることを意味する（すなわち、当該知的財産は付与後変化しない）

※現在、ライセンスの性質の検討に関する規定の明確化に向けて、IFRS15号の限定的な改訂が提案されている。そのため、基準の改定動向にも留意が必要。

　なお日本基準では、**Q4-6 ❸ ライセンス契約による販売**に記載したとおり、収益を期間按分して計上するケースと一括計上するケースと2つのパターンがあります。そのため、IFRS15号に従ってライセンスの性質を検討した結果、収益の認識時期に差異が生じる可能性があります。

関連 規定	IFRS 15号　適用指針　B52項～B62項

付録

財務報告に係る内部統制
チェックリスト

◆財務報告に係る内部統制チェックリスト(サンプル)

注)当該チェックリストの記載の内容はすべて例示であり、ソフトウェア業における財務報告に係る内部統制の整備・運用の際の参考として作成したものです。

したがって、各企業における実態を十分に考慮して、リスクの認識及びコントロールの整備・運用を行う必要がある点にご留意ください。

1．メガプロセス：販売

(1) サブプロセス：受注

① リスクの例示

- 得意先マスター登録・変更を誤る
- 架空の得意先マスターが設定される
- 取引契約内容が不明確な受注がなされる
- 取引契約形態の認識を誤る
- 受注データ(受注日・受注内容・受注金額等)の登録を誤る／漏らす
- 架空または二重の受注データの登録がなされる

② コントロールの例示

コントロールの例示	チェック
受注処理手続(与信限度額の設定含む)の規程等による明確化	☐
得意先マスターの登録・変更の場合の「登録・変更申請書」(連番管理)等による申請及び承認	☐
得意先マスターの登録・変更申請者とマスター登録者の職務分離及び得意先マスターへのアクセス制限	☐
長期間取引のない得意先等の得意先マスターの定期的な点検	☐
契約書の標準化	☐
契約書において取引内容、納期、販売条件、決済条件、決済方法等を明示	☐
一式契約を原則禁止とし、例外的に契約する場合は、その合理性につき、より厳格な社内承認制度を構築	☐
契約書はドラフトではなく、当事者双方の署名・押印のある正本を入手し保管	☐
受注登録に必要なドキュメント(見積書・契約書(注文書または内示書)・作業開始確認書等)の整備	☐

コントロールの例示	チェック
受注登録前の実行予算、取引契約内容等の上長承認	☐
分割契約、複合取引、ユーザーになり得ない受注先（例えば、ユーザーが明確になっていない同業他社）からの受注案件等の非定型的契約や異常な契約について、その妥当性につき重点的なレビューを実施	☐
受注入力者による原始証憑との照合（セルフチェック）と受注入力者以外の者による登録内容の確認	☐
受注申請者と受注入力者の職務分離	☐
正式契約が締結されたもののみしか受注登録できない仕組みを構築	☐
未承認受注データの定期的なチェックと未契約案件の継続的なモニタリング	☐
管理部門による受注の妥当性チェック	☐

（2）サブプロセス：出荷

① リスクの例示
- 異なる製品（商品）を出荷してしまう
- 出荷日または出荷数量を誤る
- 出荷の相手先を誤る
- 出荷データの入力を誤る／漏らす

② コントロールの例示

コントロールの例示	チェック
受注データに基づく出荷指示書の発行（連番管理）及び出荷指示書に基づく出荷	☐
出荷担当者以外の出荷確認及び出荷データ入力	☐
出荷データ入力者による出荷指示書等との照合（セルフチェック）及び出荷データ入力者以外の者による入力内容の確認	☐
出荷指示書と出荷データの照合及び上長承認	☐
出荷後の物品受領書等の入手	☐

（3）サブプロセス：売上計上（完成基準及び進行基準特有の統制を除く）

① リスクの例示

- ●架空または二重の売上計上がなされる
- ●売上計上を漏らす
- ●売上の計上金額を誤る
- ●売上の計上時期を誤る（特に、早期計上）

② コントロールの例示

コントロールの例示	チェック
販売形態や契約形態に応じた収益認識基準の規程等による明確化	☐
収益認識を誤るような取引を類型化し、該当取引については事前承認制度及び事後のモニタリングを強化	☐
契約書での買戻し条件の有無を確認	☐
営業担当者と売上入力者の職務分離	☐
受注登録がないものは売上計上できない仕組みの構築	☐
同一プロジェクトコードでの二重売上は販売システム上入力できない仕組みの構築	☐
販売部門による売上計上基準を満たしていることの確認及び上長承認	☐
売上計上の原始証憑等に基づく売上データの入力及び入力後の売上データ入力者以外の者による入力内容の確認	☐
プロジェクト別（製品別）の計画値と実績値の比較検討	☐
管理部門による売上計上の妥当性チェック （例） ・検収書等の証憑の正当性の検討 ・収益の認識が契約書で定められた取引内容、対価、納期等と整合していることの検討 ・異常粗利率の取引、決算日前後の異常取引（期末日直前の多額の売上計上取引、期末日直後の返品・値引等）の有無及びその妥当性の検討	☐
出荷または検収済み売上未計上リストの作成及び調査並びに管理部門で調査結果のレビュー	☐

コントロールの例示	チェック
納期経過売上未計上リストの作成及び調査並びに管理部門による調査結果のレビュー	☐
納品後のアフターコスト(瑕疵担保費用)の実績のモニタリング	☐
パッケージ製品の販売において、売上計上の根拠証憑(納品基準:納品書、検収基準:検収書、出荷基準:送り状など)の入手を確認	☐
ライセンス契約に係る収益認識にあたって、納品書等の入手を確認	☐
インターネットでのダウンロード販売における、販売承諾したことの証拠(電子メール等)の適切な保管及び上長等によるレビュー	☐
市場販売目的ソフトウェアのカスタマイズによる販売の場合、取引実態に応じた収益認識時点の規程等による明確化	☐
市場販売目的ソフトウェアのカスタマイズによる販売の場合、適切な納品書、検収書が入手されていることの確認	☐
市場販売目的ソフトウェアのカスタマイズ部分に進行基準を適用する場合、「成果の確実性」確保のための情報・証憑の整備	☐
無償のトレーニングサービス、保守サービスについて、発生する費用を合理的に見積るための体制の整備(進行基準を適用する場合は「成果の確実性」の要件を満たす必要あり)	☐
販売代理店、小売店等との間での適切な取引基本契約書の締結	☐
販売代理店による販売の場合、販売完了報告書または仕切計算書の入手、最終ユーザーに対する販売の場合、納品書または送り状の入手の確認	☐
販売代理店への販売で債権が長期未回収となっている場合、ユーザーの実際の利用状況と対比	☐
ASP 等に関して、ユーザーとの事前の契約締結及び契約に従った売上計上	☐
販売代金の回収状況のモニタリング	☐

（4）サブプロセス：複合取引

① リスクの例示

- ●売上の計上金額を誤る
- ●売上の計上時期を誤る（特に、早期計上）
- ●複合取引の認識を誤る／漏らす

② コントロールの例示

コントロールの例示	チェック
取引形態別の対価や権利義務の帰属等の契約書への明示及び契約書の標準化	☐
一つの契約に複数の要素（製品、サービス等）が含まれ、その対価の内訳が明示されない場合の対価の分割方針（例えば、契約上の対価を公正価値による分割、社内の標準価格表の利用等）の規程等による明確化	☐
契約書で定められている要素（製品、サービス等）別の対価の合理性を検証するための体制の整備	☐
一つの契約に複数の要素が含まれている場合、その要素別のプロジェクト管理（売上及び原価集計を含む）の実施	☐
要素別に原価を集計する体制の整備	☐
要素別の粗利率の分析及び分析結果のレビュー	☐
要素別の売上計上のための原始証憑（納品書、検収書、送り状等）の入手を確認	☐
債権の入金条件のモニタリング	☐

（5）サブプロセス：特殊取引

① リスクの例示

- ●架空または二重の売上計上がなされる
- ●循環取引（U ターン取引）、商社的取引（スルー取引等）及びクロス取引等の特殊な取引による不正な売上が計上される
- ●リース取引を利用した不正な売上が計上される

② コントロールの例示

コントロールの例示	チェック
非定型契約や異常な契約の内容及び商流が把握され、適時に承認がなされる体制の整備（非定型取引申請書等による承認等）	☐
循環取引（U ターン取引）・クロス取引の禁止や商社的取引（スルー取引等）の純額表示取引の類型化及び規程等による明確化	☐
非定型取引や異常な取引について当該取引の必要性・合理性を検証するための上長及び管理部門による検証が行われる体制の整備 〈参考〉スルー取引の必要性・合理性検討のポイント ・特定の限られた従業員だけでなく、取引担当者の上長や関連部署も取引内容を適切に理解しているか ・通常の販売取引とは異なる商流での取引となっていないか（通常ありえない業種の会社が取引先となっている等） ・最終ユーザーは明確になっているか ・売上先と仕入先に同じ会社がないか ・取引の内容に照らして利益率が異常に低くないか ・取引の内容に照らして利益率が異常に高くないか（主に取引の起点となる会社） ・取引の内容に照らして、適格でない相手先との取引でないか（相手先に当該取引を実行する技術力が明らかにない場合等） ・新規の取引先にも関わらず、取引金額が多額でないか ・長期にわたり滞留している在庫はないか	☐
セール・アンド・リースバック取引を認識できる体制の整備	☐
リース取引は事業上の必要性のあるものか、リース契約の前後にリース料総額と金額の近い販売取引はないか等の検証 不適切な取引の兆候の有無の確認を行う体制の整備	☐
ユーザー、リース会社との適切な契約書による契約の締結	☐
リース取引による売上計上時の上長承認と管理部門による妥当性のチェック	☐
取引に応じた契約書、納品書、検収書等入手すべき証憑がすべて入手され、証憑自体の信憑性に問題がないかの確認	☐

（6）サブプロセス：総額・純額表示

① リスクの例示

- 純額で計上すべき取引が総額で計上される

② コントロールの例示

コントロールの例示	チェック
売上を純額で表示する場合の取引の類型化及び規程等による明確化 〈参考〉純額・総額表示の妥当性検討のポイント ・プロジェクト管理は自社で行っているか、外注先に委託しているか ・ユーザーに対して自社が主たる債務者となっているか（自社の仕入先がユーザーに対する主たる債務者になっていないか） ・自社が在庫リスクを負っているか ・自社が価格決定権を有しているか（自社の報酬が固定額や定率で定められていないか） ・自社が製品を変更したり、サービスの一部を行っているか ・自社が製品やサービスの仕入先を決定する権限を有しているか ・自社が製品仕様やサービスの内容を変更する権限を有しているか ・在庫に関する物理的な損失リスクを負っているか ・自社がユーザーの信用リスクを負っているか（自社の仕入先が信用リスクを負っていないか）	☐
売上計上時における管理部門による総額・純額表示の妥当性をチェック	☐

（7）サブプロセス：請求

① リスクの例示

- 架空または二重の請求がなされる
- 請求を漏らす
- 請求金額を誤る

② コントロールの例示

コントロールの例示	チェック
営業担当者、売上処理担当者及び請求書作成・発送者の職務分離	☐
販売システムの売上データと連動した債権管理システムによる請求書の自動作成	☐
請求書発行履歴の文書化(連番管理含む)	☐
請求書発行前の上長承認	☐
売上計上済み請求未了の取引の有無の検証(売上計上済未請求残高一覧表の作成及び査閲等)	☐

(8) サブプロセス:返品・値引等
① リスクの例示
- ●赤伝票の起票を誤る/漏らす
- ●架空または二重に赤伝票が起票される

② コントロールの例示

コントロールの例示	チェック
返品・値引・クレームの処理基準の規程等による明確化	☐
返品・値引・クレーム等が発生した場合、その原因を調査し、連番管理された返品・クレーム処理報告書等による上長承認	☐
返品・値引処理のための赤伝票を、返品・クレーム処理報告書等に基づき作成し、上長承認及び管理部門によるレビュー	☐

(9) サブプロセス:債権管理
① リスクの例示
- ●架空の債権が計上される
- ●約定と異なる入金期日が設定される
- ●滞留債権の認識を漏らす
- ●ユーザーの債務残高の認識と得意先元帳(相手先別債権残高)が不一致となる

② コントロールの例示

コントロールの例示	チェック
入金予定表を作成し、入金期日が約定と異なる債権の有無の確認及び調査	☐
赤残または滞留債権の定期的な調査及び調査結果の管理部門によるレビュー	☐
入金予定日経過の未入金債権につき、売上計上の妥当性を再検討	☐
与信限度額の超過の場合のアラーム設定または定期的なモニタリング	☐
残高確認の定期的な実施と差異調査結果のレビュー	☐

(10) サブプロセス：入金
① リスクの例示

- ●債権の入金消し込み処理を誤る

② コントロールの例示

コントロールの例示	チェック
売上処理担当者、債権管理担当者及び出納担当者の職務分離	☐
入金・売掛金消し込み結果の上長承認	☐
入金データと請求データ（入金予定表等）との照合	☐
不明入金については、適時に原因を調査し、調査結果に基づき会計処理がなされていることを確認	☐

2．メガプロセス：購買・外注管理
(1) サブプロセス：発注
① リスクの例示

- ●仕入先・品目マスターの登録・変更を誤る
- ●架空の仕入先マスターが設定される
- ●取引契約内容が不明確な発注がなされる
- ●発注内容を誤る

- ●発注データ(発注日・発注内容・発注金額等)の登録を誤る／漏らす
- ●架空または二重の発注データの登録がなされる

② コントロールの例示

コントロールの例示	チェック
仕入先・外注先・品目マスター登録・変更申請書(連番管理)による申請、承認及び登録の実施	☐
仕入先・外注先・品目マスターへのアクセス制限	☐
仕入先・外注先・品目マスター登録・変更申請者とマスター登録・変更権限者の職務分離	☐
長期間取引のない仕入先・外注先・品目マスターの定期的な点検	☐
発注手続の規程等による明確化	☐
取引開始にあたり事前に基本契約書等を文書で取り交わすことのルール化	☐
外注先・仕入先との契約は、一式契約ではなく、作業内容、対価、納期等が適切に定められていることを確認する体制の整備	☐
仕入先マスターに登録されていない取引先には発注できない仕組みの構築	☐
発注先の定期的な見直し(定期的な相見積りの入手等)	☐
購買システムによる発注書の自動作成または発注書の標準化	☐
発注依頼者と発注業務担当者の職務分離	☐
発注申請時にプロジェクトが特定され、実行予算で承認された取引のみ発注する体制の整備	☐
発注申請時における取引内容と金額についての上長承認	☐
発注書による発注またはEDI等の電子商取引による発注以外の発注方法の禁止	☐
発注データ入力者による発注データと原始証憑の照合(セルフチェック)と発注データ入力者以外による入力内容の確認	☐

（2）サブプロセス：検収・仕入計上

① リスクの例示

- ●検収処理（対象（成果）物・検収日・検収数量等）を誤る
- ●未検収状態のソフトウェアを検収処理する
- ●検収データの入力を誤る／漏らす
- ●架空または二重の検収データが入力される
- ●仕入計上（仕入日・相手先・仕入金額等）を誤る／漏らす
- ●架空または二重の仕入計上がなされる
- ●プロジェクトコードに正しく原価が登録されない

② コントロールの例示

コントロールの例示	チェック
発注担当者と検収担当者の職務分離	☐
発注データがないものは検収処理できない仕組みの構築	☐
相応の技術的能力を有した担当者による成果物の検収業務の実施（社内検査チェックリスト等の作成・実施を含む）	☐
検収データ入力者による検収データと原始証憑の照合（セルフチェック）及び上長承認	☐
管理部門による原始証憑（納品書・請求書・検収書（控え）等）と検収データの照合による検収データの確定処理	☐
検収データの確定による会計伝票の（自動）起票または原始証憑に基づく会計伝票の起票	☐
購買部門による納品予定日を経過した発注済未検収リストの作成及び調査、並びに管理部門での調査結果のレビュー	☐
発注申請時のプロジェクトコードにしか仕入計上（原価登録）できない仕組みの構築	☐
契約書上での値引・返品の条項の有無の確認	☐
値引・返品時の赤伝票の上長承認及び管理部門によるレビュー	☐

（3）サブプロセス：債務管理

① リスクの例示

- ●債務の計上を漏らす

- 支払期日経過の債務残高が発生する
- ユーザーの債権残高の認識と相手先別債務残高が不一致となる

② コントロールの例示

コントロールの例示	チェック
支払予定表を作成し、支払期日が約定と異なる債務の有無の確認及び調査	☐
赤残または長期未払債務の定期的な調査及び調査結果の管理部門によるレビュー	☐
検収済請求書未着の取引の定期的な調査	☐
必要に応じて定期的な残高確認の実施及び差異調査結果のレビュー	☐

（4）サブプロセス：支払

① リスクの例示

- 債務の支払消し込み処理を誤る
- 架空または二重の支払がなされる

② コントロールの例示

コントロールの例示	チェック
支払依頼書による申請と出納担当者等による請求書等の原始証憑との照合	☐
検収処理担当者、債務管理担当者及び出納担当者の職務分離	☐
財務部門長による支払データの事前承認	☐
振込データと検収データの照合と支払・買掛金消し込み結果の上長承認	☐

3．メガプロセス：研究開発

（1）開始・終了・著しい改良

① リスクの例示

- 研究開発費の認識を誤る
- 研究開発費の集計を誤る／漏らす
- 研究開発費の終了時点の認識を誤る

- 市場販売目的のソフトウェアでの著しい改良の判断を誤る
- 市場販売目的のソフトウェアの研究開発終了後の発生費用及びバージョンアップ費用の処理を誤る

② コントロールの例示

コントロールの例示	チェック
研究開発費の開始時点・終了時点の規程等による明確化	☐
研究開発費の範囲や著しい改良の判断基準の規程等による明確化	☐
製品マスターの定義、その判断要件等の規程等による明確化	☐
研究開発、その後の製品マスター制作及びバージョンアップ費用で異なるプロジェクトコードを発番	☐
会議体による研究開発の開始、終了時点、著しい改良等の判断の承認及び定期的モニタリング	☐
管理部門による会計処理の妥当性チェック	☐

4．メガプロセス：固定資産（ソフトウェア） ━━━━━

（1）サブプロセス：取得・除売却

① リスクの例示

- 固定資産管理システムへの取得・除売却入力(計上区分等)を誤る／漏らす
- 架空または資産性(収益獲得または費用削減効果)のないソフトウェアが計上される
- 資本的支出と収益的支出の認識を誤る
- ソフトウェアとして資産計上すべき原価の集計が漏れる
- ソフトウェア仮勘定からソフトウェア勘定への振り替えが漏れる
- 除売却損益の算定を誤る

② コントロールの例示

コントロールの例示	チェック
固定資産管理システムへの登録は承認済みの資産購入(除却)申請書等(連番管理)に基づき入力	☐

コントロールの例示	チェック
固定資産管理システムへの入力後の資産購入（除却）申請書及び原始証憑との照合（セルフチェック）並びに上長承認	☐
管理部門による資産購入（除却）申請書及び原始証憑（納品書・請求書・検収書（控え）等）と入力データの照合	☐
収益獲得または費用削減効果の確実性の判断基準の明確化及び規程等によるルール化	☐
販売計画等に基づく収益獲得の確実性の定期的な検討及び制作会議等の議事録による製品性の検討結果の文書化	☐
資本的支出と収益的支出の判断基準の明確化及び上長承認	☐
制作目的別・プロジェクト別に異なるプロジェクトコードを設定し原価を集計	☐
完成予定日経過のソフトウェア仮勘定リストの定期的なレビュー	☐
除売却処理時点における除売却対象のソフトウェアの使用状況を確認	☐
残存価額の照合等、除売却損益算定の根拠資料に基づく会計処理と上長承認	☐

（2）サブプロセス：現物管理

① リスクの例示
- 固定資産管理システムのマスターファイルの変更を誤る／漏らす
- 固定資産の現物、固定資産管理システム及び勘定科目別の残高が不一致となる

② コントロールの例示

コントロールの例示	チェック
固定資産管理システムでの番号管理・ロケーション管理	☐
固定資産マスター変更申請書（連番管理）による事前申請	☐
固定資産マスター変更後の原始証憑との照合及び上長承認	☐
定期的な棚卸及び差異調査結果のレビュー	☐

コントロールの例示	チェック
固定資産管理システムの残高と財務会計システムの残高の定期的な照合	☐
製品マスターファイルへのアクセス制限による管理	☐

（3）サブプロセス：償却計算

① リスクの例示

- ●償却開始時点の認識を誤る
- ●償却費の計算を誤る
- ●固定資産管理（償却計算）システムの償却計算の設定（償却方法・耐用年数等）を誤る
- ●見込販売数量（収益）及び残存有効期間の見積りを誤る

② コントロールの例示

コントロールの例示	チェック
償却計算の基準の規程等による明確化	☐
償却開始時点（市場販売目的：販売開始時、自社利用：リリース時）につき根拠資料と照合	☐
減価償却費の予算と実績との比較分析	☐
固定資産管理（償却計算）システム上での償却計算に係る登録条件の自動チェック	☐
管理部門による償却計算の設定（償却方法・耐用年数等）の妥当性チェック	☐
固定資産管理（償却計算）システムによる償却費の自動計算	☐
市場販売目的のソフトウェアについて、見込販売数量（収益）及び残存有効期間の見積りの合理性につき上長承認及び管理部門によるレビュー	☐
サービス提供目的の自社利用のソフトウェアについて、将来収益獲得の見積りの合理性につき上長承認及び管理部門によるレビュー	☐

（4）サブプロセス：市場販売目的のソフトウェアの製品マスター評価

① リスクの例示

- 見込販売数量（収益）及び残存有効期間の見積りが適時に見直されない
- 未償却残高が見込販売収益を超過する

② コントロールの例示

コントロールの例示	チェック
見込販売数量（収益）及び残存有効期間の著しい減少が適時に認識される体制の整備	☐
期末日時点における未償却残高と見込販売収益の比較による評価減の要否の検討	☐

（5）サブプロセス：減損

① リスクの例示

- 減損会計の認識が漏れる
- 減損損失金額を誤る

② コントロールの例示

コントロールの例示	チェック
グルーピング、減損の認識及び測定の基準の規程等による明確化	☐
減損の兆候が発生した場合、適時に報告される体制の整備	☐
定期的なソフトウェアの使用状況の調査	☐
減損損失の算定根拠資料に基づく会計処理及び上長承認	☐

5．メガプロセス：プロジェクト別原価計算

（1）サブプロセス：プロジェクトコードの発番

① リスクの例示

- 適時にプロジェクトコードが発番されない
- 架空または二重にプロジェクトコードが発番される
- 取引実態に応じたプロジェクトコードが発番されない

② コントロールの例示

コントロールの例示	チェック
プロジェクトコード発番基準の規程等による明確化	☐
プロジェクトコード発番申請者と発番者の職務分離	☐
発番申請時の上長承認(発番単位の妥当性)	☐
原則として正式契約が締結された受注案件のみプロジェクトコードを発番する特別の構築(契約締結前のプロジェクトコード発番の場合は、承認されたプロジェクトのみ発番)	☐
プロジェクトコードの事後的な分割の場合、分割の妥当性チェックを実施する体制の構築	☐
長期間原価発生のないプロジェクトコードの定期的な点検及び終了プロジェクト適時の閉鎖	☐

(2) サブプロセス:制作原価算定

① リスクの例示

- 制作費の認識を誤る
- 直接費と間接費の設定を誤る
- 予定単価が実態を反映しない
- 予定単価の設定を誤る
- プロジェクト別の稼働実績の集計を誤る/漏らす
- プロジェクト別制作費の集計を誤る/漏らす
- 間接費の配賦基準(予定配賦率)が実態を反映しない
- 間接費の配賦計算を誤る
- 原価差額の集計及び配賦計算を誤る
- 原価、製品及び仕掛品への振り替えを誤る(制作完了時点の認識を誤る)
- 売上原価の計上を漏らす
- 売上原価の算定を誤る(特に、過少計上)
- 売上原価の計上時期を誤る(売上との対応の不一致)

② コントロールの例示

コントロールの例示	チェック
原価計算方法、原価項目及び非原価項目の範囲について、規程等による明確化	☐
勘定科目別の直接費と間接費の区分、間接費の配賦基準及び原価差額の処理方法の規程等による明確化	☐
予定単価の設定時の承認	☐
予定単価の定期的な見直し	☐
稼働時間の適切な登録及び上長承認並びにプロジェクトマネージャーの承認	☐
検収実績データは購買システムより自動的にプロジェクト別に原価計算システムに反映される仕組み	☐
稼働実績データは勤怠管理システムより自動的にプロジェクト別に原価計算システムに反映される仕組み	☐
プロジェクトマネージャーによるプロジェクト別原価集計結果の定期的なモニタリング	☐
外注先からの業務経過報告書等を入手した上での、作業進捗状況の定期的なレビュー	☐
制作費(労務費を除く直接費)を賦課させるプロジェクトの決定を発注段階で行う体制の整備	☐
原則として締め後の勤怠実績の修正等ができない仕組みの構築	☐
受注処理がなされた時点より制作費を集計する等、制作費の集計開始時点の規程による明確化	☐
原価計算システムによるプロジェクト別原価の自動計算	☐
制作費のプロジェクト間の振替は、別途承認ルールを設定	☐
制作着手前の見積総原価等の承認及び定期的な見直し	☐
原価差額の発生原因の適時な分析及び管理部門によるレビュー	☐
原価差額の配賦計算の根拠資料の承認及び当該資料に基づく会計処理	☐
作業完了報告書等の書類に基づく完成処理	☐

コントロールの例示	チェック
販売システムの売上情報に基づく原価計算システムでの完成処理（売上処理したプロジェクトの原価は自動で売上原価として計上）	☐
プロジェクト別の予算実績分析	☐
異常原価率のプロジェクトの調査及び管理部門での調査結果のレビュー	☐
売上及び売上原価計上後の修正の場合、修正の合理性についての管理部門によるレビュー	☐
売上計上後の原価修正の場合における、修正であることが認識できるプロジェクトコードでの原価集計の実施	☐

（3）サブプロセス：給与

① リスクの例示

- 人事マスターの設定・変更（原価部門・職位等）を誤る
- 架空の人事マスターが設定される
- 給与マスターの設定・変更を誤る
- 給与計算を誤る
- 給与の計上時期を誤る

② コントロールの例示

コントロールの例示	チェック
各部門管理者による従業員リストの定期的なレビュー及び人事部門への適時な人事マスター変更申請	☐
人事マスター及び給与マスター（給与テーブル・源泉徴収テーブル・控除テーブルを含む）へのアクセス制限	☐
設定・変更申請に基づく人事マスター及び給与マスターへの設定・変更の入力及び上長承認	☐
人事マスターの定期的な点検	☐
勤怠実績の上長承認と人事部門によるレビュー	☐

コントロールの例示	チェック
勤怠管理システムのデータに基づく給与計算システムによる給与の自動計算	☐
給与等の未払計上の場合の上長承認	☐

6．メガプロセス：完成基準

（1）サブプロセス：仕掛品評価

① リスクの例示

- 滞留等の収益性の低下による評価損の認識を漏らす
- 滞留等の収益性の低下による評価損の算定を誤る
- 未契約案件の失注による損失発生の認識を漏らす

② コントロールの例示

コントロールの例示	チェック
仕掛品の評価方針の規程等による明確化	☐
一定期間原価計上がないプロジェクトにつきその原因の調査及び管理部門による調査結果のレビュー	☐
納期予定日経過のプロジェクトの原因調査、及び管理部門による調査結果のレビュー	☐
正味売却価額の算定に当たり、算定方法を規程等により明確化	☐
棚卸資産評価損の算定根拠資料の上長承認	☐
正式契約締結前の未契約案件の制作開始時における、先行手配作業開始申請書等による承認	☐
受注確度の判定基準の規程等による明確化	☐
管理部門による未契約案件のモニタリング及び定期的な損失発生の可能性の検討	☐

（2）サブプロセス：売上計上

① リスクの例示

- 架空または二重の売上計上がなされる
- 売上計上を漏らす

- 売上の計上金額を誤る
- 売上の計上時期を誤る(特に、早期計上)
- ユーザーの要求水準に達していない成果物の提供
- ユーザーの検収能力が低く、検収後も多額の追加コストが発生
- 検収書の記載不備等による実質的な検収への疑義の発生

② コントロールの例示

コントロールの例示	チェック
検収処理手続の規程等による明確化	☐
検収権限者の署名または押印があるユーザーからの検収書の入手の確認	☐
検収書に記載が必要な項目(案件名、作業内容、金額、支払期日等)の規程等による明確化	☐
ユーザーによる、成果物の仕様、機能、性能等の実質的な検収がなされていることの検収書等による確認	☐
ユーザーから入手した検収書の管理部門によるレビュー	☐
検収書を入手できない場合、収益計上の可否を個別に検討するための体制の整備	☐
長期未検収のものについて、適時に検出できる体制を構築し、原因調査結果に基づく改善措置を実施	☐
検収書を入手した後に、重要なバグ取りや仕様変更、機能追加等の作業が行われている取引がないかを確認	☐
成果物の存在または要求品質の客観性を確保するために必要な文書の規程等による明確化・定型化(仕様書・テスト結果報告書・稼働確認書等)	☐
制作担当者以外の品質管理担当者による成果物の存在または要求品質の客観性を確保するために必要な文書の整備状況のチェック	☐
重要な売上取引については、販売部門以外の第三者による最終成果物とユーザーによる検収内容の照合	☐
経理部門では検収書で内容・検収日付・押印等を確認後、売上計上し、上長承認	☐

（3）サブプロセス：分割検収

① リスクの例示

- 不適切な単位での分割売上がなされる

② コントロールの例示

コントロールの例示	チェック
契約を分割するに当たっての方針、決済方法、売上計上要件等、分割売上基準の規程等による明確化 〈参考〉次のような単位で契約がなされている場合には、慎重に検討 ・契約が成果物と対応していない ・後工程の契約が解除された場合、前工程の契約や支払いに影響が生じる ・支払いが後工程の完了後になっている ・契約が分割されることで、損益の発生状況に異常な偏りが発生している	☐
契約書において、分割単位（フェーズ）ごとの契約額、納品日、入金条件等が明示されていることの確認	☐
分割単位が成果物単位となっているか等、適切な分割単位となっているかを検討する体制の構築	☐
分割契約単位でのプロジェクトコードの発番等、分割検収単位ごとに原価を把握できる原価管理体制の整備	☐
契約変更により分割検収となった場合には、売上の早期計上を企図していないかの管理部門による慎重な検討	☐
分割単位ごとの一定の機能を有する成果物の提供完了（社内検査表等の承認確認を含む）及びその対価の成立の上長承認並びに管理部門でのレビュー	☐
検収対象となる成果物（プログラム、設計書等）をプロジェクト管理単位で作成	☐
分割単位別の成果物の特定が難しい場合、ユーザーが実施するその確認過程を文書化	☐
成果物単位に原価を適切に把握するため、各制作作業について作業スケジュールとその作業結果、制作される成果物との関係を明確化	☐

コントロールの例示	チェック
ユーザーからの分割単位（フェーズ）ごとに検収書が入手されていることを確認	☐
事後的に特定のフェーズの契約額や仕様の修正が行われる場合、既に計上した収益の妥当性を検討	☐

7．メガプロセス：進行基準

（1）サブプロセス：適用範囲の決定

① リスクの例示

●進行基準の適用範囲を誤る

② コントロールの例示

コントロールの例示	チェック
進行基準を適用すべき取引の規程等による明確化	☐
進行基準の適用範囲に含まれるかどうかを判断するための社内体制の整備（進行基準を適用すべき取引を判断するに当たっては、契約書の法形式だけでなく、契約内容の実質（成果請負か工数請負か）で判断） 〈参考〉進行基準適用の前提としての自社の作業完遂能力と作業完遂を妨げる環境要因を考慮する場合のポイント ・制作ソフトウェアの完遂能力について、案件の規模や難易度に応じた承認手続を定めた上で、社内における十分な検討が行なわれているか ・契約が新規の事業領域に属するものであるか否か ・契約が確立された技術以外の研究開発的な新技術等を必要としていないか ・契約について、仕様が未確定・不明確（一式契約等）でないか ・頻繁な変更が行われたり、契約書の記載内容が不十分であったり、複数の会社との共同作業等であるため、他社の作業状況により会社の業務負担の影響を受ける等の状況にないか ・過去の契約の履歴情報として、開発の延期、中断、仕損の発生頻度の高い案件を識別できる情報を蓄積し、新規契約時に類似の案件でないかの検討がなされているか	☐

コントロールの例示	チェック
類型化した標準の取引に当てはまらない取引が生じた場合には、受注承認の段階から管理部門が関与し、取引内容を十分に検討して進行基準が適用できるかどうかを判断する体制の整備	☐
契約単位の設定方針の規程等による明確化（見積りの精度を上げるため、可能な限り契約を細分化）	☐
契約単位の適正性を検討・判断する体制の整備	☐
契約書において、取引単位は一定の独立した成果物の単位になっており、対価の額、決済条件、決済方法が定められていることを確認（契約書未締結等の例外的取引については、個別に進行基準の適用の可否を判定）	☐
制作着手時に、成果物の仕様が確定していることを確認	☐
労務サービスのみで成果物の給付を伴わないものが適用対象に含まれていないことを確認	☐

（2）サブプロセス：収益総額の見積り

① リスクの例示

● 収益総額の見積りを誤る

② コントロールの例示

コントロールの例示	チェック
契約書の入手等、収益総額の見積りに関する評価体制及び承認体制の整備	☐
収益総額の見直しの要因となる事象（仕様変更・機能追加等による契約変更）を適時に把握し、見積りを修正する体制の整備	☐
収益総額の算定結果の上長承認及び算定部門以外の管理部門によるレビュー	☐
収益総額の予算実績の比較分析及び差異について改善のための対応策を検討・実施する体制の整備	☐

（3）サブプロセス：原価総額の見積り

① リスクの例示

- 原価総額の見積りを誤る

② コントロールの例示

コントロールの例示	チェック
原価総額の見積りに関する評価体制及び承認体制の整備	☐
原価総額の見直しの要因となる事象（仕様変更・機能追加等による追加原価の発生等）を適時に把握し、見積りを修正する体制の整備	☐
原価総額の見積りの精度を高めるための制作作業の標準化・細分化	☐
原価総額の算定結果の上長承認及び算定部門以外の管理部門によるレビュー	☐
原価総額の予算実績の比較分析及び差異について改善のための対応策を検討・実施する体制の整備	☐
過去の見積原価と実際原価との差異分析	☐

（4）サブプロセス：進捗度の見積り

① リスクの例示

- 進捗度の見積りを誤る

② コントロールの例示

コントロールの例示	チェック
進捗度（原価比例法、作業時間比率、作業単位比例等）の算定方針の規程等による明確化	☐
進捗度算定結果の上長承認及び算定部門以外の管理部門によるレビュー	☐
原価の発生状況と制作作業の進捗度の間に重要な乖離がないことをモニタリング（進捗度の適正性の確保）	☐
請求書の締日から月末までに発生した原価を集計する体制の整備	☐

コントロールの例示	チェック
外注先からの定期的な作業報告書の入手等、外注先の作業の進捗度を適正に把握するための体制の整備	☐

（5）サブプロセス：進行基準売上計上

① リスクの例示

- ●架空または二重の売上計上がなされる
- ●売上計上を漏らす
- ●売上の計上金額を誤る
- ●売上の計上時期を誤る（特に、早期計上）
- ●進捗度に基づく売上計上金額の算定を誤る

② コントロールの例示

コントロールの例示	チェック
進捗度に基づく売上計上金額の算定結果の上長承認	☐
制作終了時に検収書の入手の確認	☐
完成基準を適用している契約について、事後的に成果の確実性が認められるようになった場合の手続を規程等により明確化	☐
進行基準を適用している契約について、事後的に成果の確実性が認められなくなった場合の手続を規程等により明確化	☐
進行基準による収益計上額が為替変動の影響を受ける場合、適切に調整を行うための体制の整備	☐

（6）サブプロセス：分割検収

Ｃ．メガプロセス：完成基準の（3）サブプロセス：分割検収を参照

（7）サブプロセス：未収入金管理

① リスクの例示

- ●請求できない債権の認識を誤る

② コントロールの例示

コントロールの例示	チェック
得意先への請求が可能となる時点(ユーザー検収時点等)を明確にし、債権管理データ内で請求済・未請求を区分して管理する等の体制の整備	☐

8. メガプロセス：引当金

(1) サブプロセス：受注損失引当金

① リスクの例示

- ●受注損失引当対象プロジェクトの認識を漏らす
- ●受注損失引当金の算定を誤る
- ●受注損失引当金の計上を漏らす

② コントロールの例示

コントロールの例示	チェック
受注損失引当金の設定基準の規程等による明確化	☐
プロジェクト別損益(計画)情報が適時に作成または修正され、承認される体制の整備	☐
赤字見込みプロジェクトの報告体制の整備	☐
プロジェクト別原価実績集計に基づく最終損益見込のレポート作成と定期的なレビュー	☐
赤字プロジェクトにつき、追加的な引当または値増しによる取崩しの要否の検討	☐
受注損失引当金の算定結果の上長承認	☐
引当計上額と実績の比較分析等による見積り精度の向上	☐

(2) サブプロセス：瑕疵担保引当金

① リスクの例示

- ●瑕疵担保引当対象プロジェクト・取引の認識を誤る／漏らす
- ●一般引当の場合、瑕疵担保費用の見積り(引当金の算定)を誤まる
- ●瑕疵担保引当金の算定を誤る

● 瑕疵担保引当金の計上を漏らす

② コントロールの例示

コントロールの例示	チェック
瑕疵担保引当金の設定基準の規程等による明確化	☐
過去の瑕疵担保費用の実績を捕捉するとともに、制作原価と区分して瑕疵担保費用を把握するプロジェクト管理の仕組みを構築（具体的には、プロジェクトコードを発番する際、瑕疵担保費用であることが判明するようなコード（瑕疵担保コード）を付す等）	☐
制作原価に瑕疵担保費用が含まれていないかどうかを検証するためのモニタリング	☐
多額の瑕疵担保費用の発生が見込まれる場合、管理部門において瑕疵内容等を検討し、売上計上の妥当性チェック	☐
瑕疵担保引当金の算定結果の上長承認	☐
引当計上額と実績の比較分析による見積り精度の向上	☐

（3）サブプロセス：貸倒引当金

① リスクの例示

● 貸倒引当対象債権の認識を漏らす
● 貸倒引当金の算定を誤る
● 貸倒引当金の計上を漏らす

② コントロールの例示

コントロールの例示	チェック
貸倒引当金の設定基準の規程等による明確化	☐
過去の貸倒実績、滞留債権または回収不能（見込）債権の情報が経理部門に適時に報告される体制の整備	☐
滞留調査結果等による回収可能性の判断の経理部門によるレビュー	☐
貸倒実績率及び貸倒引当金の算定結果の上長承認	☐

9．メガプロセス：開示

（1）サブプロセス：開示（純額・総額表示を除く）・注記

① リスクの例示

- 開示の要否の判断を誤る
- 勘定科目等の開示を誤る
- 注記を漏らす
- 注記内容を誤る

② コントロールの例示

コントロールの例示	チェック
関連法規に基づく開示チェックリストを作成し、開示の要否を検討	☐
関連部門での開示検討結果の上長レビュー	☐
任意開示または注記項目につき開示方針の明確化	☐
財務諸表及び注記等のドラフトの開示責任部門における上長レビュー及び社内の会議体等での承認	☐
注記内容及び金額と財務諸表等他の開示項目との整合性を確認	☐
研究開発費の総額、セグメント情報等、開示及び注記のための情報が適時に集計される体制の整備	☐

□参考文献

・新日本有限責任監査法人編著『完全比較　国際会計基準と日本基準（第2
　版）』清文社
・アーンスト・アンド・ヤング LLP 著、新日本有限責任監査法人監修『IFRS
　国際会計の実務』レクシスネクシス・ジャパン

索　引

■編集・執筆

ソフトウェアセクター

　　　ナレッジリーダー　　　　パートナー　**中井　清二**（東京事務所 第3事業部）

　　　ナレッジサブリーダー　パートナー　**林　　一樹**（東京事務所 第2事業部）

品質管理本部 会計監理部

　　　　　　　　　　　　　　パートナー　**井澤　依子**（東京事務所 第3事業部兼務）

■執筆者

シニアパートナー　　　　**宮本　義三**（福岡事務所）

パートナー　　　　　　　**伊東　　朋**（東京事務所 第3事業部）

パートナー　　　　　　　**金野　広義**（東京事務所 第2事業部）

シニアマネージャー　　　**髙橋　　稔**（東京事務所 第3事業部）

マネージャー　　　　　　**田村　　悠**（東京事務所 第3事業部）

マネージャー　　　　　　**西岡　暢亮**（福岡事務所）

マネージャー　　　　　　**安居　良大**（東京事務所 第3事業部）

ベンダーとユーザーのための ソフトウェア会計実務Q&A

2016年5月10日　発行

編著者	新日本有限責任監査法人 ソフトウェアセクター　Ⓒ	
発行者	小泉　定裕	

| 発行所 | 株式会社 清文社 | 東京都千代田区内神田1-6-6（MIFビル）
〒101-0047　電話 03(6273)7946　FAX 03(3518)0299
大阪市北区天神橋2丁目北2-6（大和南森町ビル）
〒530-0041　電話 06(6135)4050　FAX 06(6135)4059
URL http://www.skattsei.co.jp/ |

印刷：美研プリンティング㈱

ISBN978-4-433-66756-6